Corporate Taiwan

產業台灣

產業台灣 9

一位台美人的奮鬥傳奇

王桂榮回憶錄（增訂版）

（原書名：王桂榮回憶錄——一個台美人的移民奮鬥史）

作者——王桂榮
執行主編——吳興文
責任編輯——鄒恆月、曹堤
封面設計——唐壽南

發行人——王榮文
法律顧問——董安丹律師
著作權顧問——蕭雄淋律師
排版／鴻柏印刷事業股份有限公司
印刷／鴻柏印刷事業股份有限公司
初版一刷／1999年1月12日
四版二刷／2012年1月10日
ISBN／957-32-5686-X（平裝）
平裝版定價／新台幣380元
行政院新聞局局版北市業字第1295號

Since 1975
遠流出版事業股份有限公司
台北市南昌路二段81號6樓
郵撥／0189456-1　電話／（866-2）2392-6899　傳真／（866-2）2393-2558

7F-5, 184, Sec. 3, Ding-Chou Rd., Taipei, Taiwan, R.O.C.
Tel:886-2-23651212 Fax:886-2-23657979

YLib

http://www.ylib.com.tw
E-mail:ylib@yuanliou.ylib.com.tw

一位台美人的奮鬥傳奇

王桂榮回憶錄（增訂版）

王桂榮　著

《產業台灣》出版緣起

王榮文

連橫先生在《台灣通史》中曾說：

「夫史者，民族之精神，而人群之龜鑑也。代之盛衰、俗之文野、政之得失、物之盈虛，均於是乎在。故凡文化之國，未有不重其史者也。」

同樣地，產業史也是記載一產業中個別廠商興衰的發展過程。注重「經驗心智」的人，擅長由歷史進入，於鑲嵌著種種經營管理議題的產業史特定時空細節(idiosyncratic details)中，汲取經驗智慧，不僅可以深究過去經營歷史，減少犯錯的機會，更可以藉由產業中脈絡化的產業智慧(contextualized industry recipe)而觀照現在與未來。

而五十年篳路藍縷、創千億美元出口外匯的「產業台灣」經驗，正需要從產業史的角度記錄、分析。因此，《產業台灣》叢書的出版，便是基於下列信念：

植根於本土產業經營的實踐智慧，絕對是所謂「台灣經驗」中最動人的一章。

從早年的樟腦、糖、香蕉，到六、七〇年代的電視機、自行車、洋傘、運動鞋、成衣，以至八、九〇年代的個人電腦相關產品，台灣均曾一度或仍然在全球的商品供應鏈中，成爲重要的製造基地。從「製造優勢」的煥發到近日矽晶產業的鷹揚睥睨，「產業台灣」正閃現進入「知識世紀」的鋒芒。

其間許多人物、組織與事件，交織成豐富動人的奮鬥與勃興之故事。

《產業台灣》叢書將一方面試圖註記本土經營環境今昔之變，詮釋台灣產業組織興衰之理。另一方面，從本土產業、企業發展經驗中，提煉出能準確描繪「產業台灣」特質的組織語彙與管理思想典範。

我們盼望，讀者能從《產業台灣》叢書的紀傳敘事與編年說史中，自行探索史實，涵詠默化。逐漸自非結構化的情境(situations)中，整理出結構化的視野(vision)；自具體的經驗中，提煉出有體系的經營智慧。

我們也盼望，企業經營者能夠現身說法，提供第一手的故事素材，也歡迎學者專家們以本土產業爲座標原點，共同探討漸受世界各國重視的華人產業組織經驗，勾勒更豐富深入與多面向的產業奮起、開疆拓土、創業垂統之精彩圖像。

謹以此書紀念

桂榮和賽美的紅寶石婚

〈導言〉
鮭魚返原鄉

李仁芳

連雅堂先生在《台灣通史序》中曾說：

「洪惟我祖先，渡大海，入荒陬，以拓殖斯土，爲子孫萬年之業者，其功偉矣！

「追懷先德，眷顧前途，若涉深淵，彌自儆惕。」

四百年來，台灣在近代世界發展的歷史中，正處於四方交會的位置。這固然使得台灣曾經一再淪爲荷蘭、西班牙、明鄭、滿清與日本的殖民地，但不知不覺中台灣也成爲東西文化，大陸和海洋文明，最容易交匯融和的地點。

婆娑之洋，美麗之島。台灣今天已成爲五千年來華人最民主的社區（時間縱貫五千年華人歷史，空間軸橫跨中國大陸、新加坡、香港），是唯一可以對領導人公開、隨意加以批評的華人社區。台灣今天也已成爲五千年來華人最物阜民豐的社區。五十年篳路藍縷，千億美元出口創匯的產業台灣(the Corporate Taiwan)經驗，屢屢成爲先進國敬佩，後進國景仰學習的典範。

民主社區，豐饒之島——不是紙糊的東亞之虎

一九九七年東亞金融風暴以來，唯一在產業基本面挺立昂然的，也只有台灣而已。在日本、韓國、泰國、馬來西亞、印尼、香港，甚至新加坡等地，哀鴻遍東亞之際，唯有台灣屹立，顯示東亞之虎至少有一隻不是紙糊的。

歐美各國精英媒體不斷詢問，如美國Business Week、英國Economist及Financial Times，甚至世界銀行也與美國賓州大學及國民經濟研究局(NBER)進行專題研究。他們的共同好奇與問題都一樣——

「到底台灣爲什麼？」

到底爲什麼在這一波金融風暴中，衆人憔悴，而台灣卻獨英姿煥發？

大家的初步探討都指向同一結論——

台灣人的創業動力(dynamo)，產業台灣蓬勃旺盛的興業精神

(entrepreneurship)。

無論先來後到，生活在台灣的居民血脈深處，均流著先民「渡大海，入荒陬」，「爲子孫萬年之業，以拓殖斯土」，具開拓、冒險，向未知領域前進的興業精神血液。

這樣的精神，五十年來在島內擘建了舉世矚目的「產業台灣經驗」。近年並有大規模南向經營與西向延伸動作，產業台灣的主體——台商，正將其生命活力與創業熱情延展到其原鄉以外的社區。

在這場台商經略四方的壯闊圖像中，較少被描繪的一面，是台灣企業家在北美奮鬥的動人故事。大家熟悉的在美台灣人社會領袖形象還是以學人、專業人士爲主。其實像本書傳主王桂榮先生這樣的台灣企業家，可以說是全面描繪產業台灣圖像時，絕不能不注目的一種典範。

以七萬美金出鄉關，在異族異地異政府，完全是別人屋簷下，全家總動員艱苦卓絕從事旅館事業第一線工作，終能六年內積攢一千萬美金，奠下事業進一步飛揚的堅實基礎。

王先生事業的成功有兩件重要的因子，一項來自他自己的特質，一項可以說源自他的母教。

以知識打造動態能耐

首先，王先生年輕時代起，就一直是個勤奮吸收知識的人。六十年代在台灣經營西藥業務，就喜歡閱讀新藥方面的書籍，美國的藥典《Pharmacoperia》(USP)、日本的《National Formula》（國民處方）以及《日本藥局方》、《日本新藥》是他每天必讀的書。

在過去台灣資訊缺乏的時代，每個藥廠老闆及化驗室人員、工廠廠長，都喜歡王先生的拜訪，因爲能夠帶給他們新藥的消息與供應來源。在六十年代藥界的不景氣中，王先生的生意卻能一枝獨秀，才三十歲出頭就能擁有自用汽車，這在當年的台灣，是很傑出的成就。

一九七四年爲經營第一家旅館Newland Motel，王先生進入Golden Wese College進修會計簿記，也與王夫人賽美女士一齊到Cypress College進修旅館經營課程。

懂得以蓄積「知識資本」來搭配「金融資本」兩條腿走路，經營企業齊頭併進，也懂得以「知識服務」搭配「實體商品」，爭取顧客認同與銷售商機——王先生四十年來經營事業，一直緊抓住「以知識提昇競爭力」「以知識培育動態能耐(dynamic capabilities)」的智慧與原則。

創業垂統，政通人和

王先生事業日益騰達第二個原因是他的「人和」與他對待同仁的寬厚。當然創業惟艱的初期，家人同心協力與犧牲奉獻，厥功至鉅。但隨著事業規模擴大，組織經營需要更多專業經營人才的承諾與投入。此時有心「創業垂統」的事業主，如何不僅要求同仁「共苦」，在經營有成時，又是否能與同仁「同甘」，便成爲事業進一步成長與否的關鍵契機。

六十年代王先生在西藥事業經營有成時，慨然取出當年度純利三百多萬的十五%，賞給所有同仁做爲年終獎金。此舉在台灣當時產業環境下極不尋常，更何況王先生是在未事先知會其他股東下先斬後奏的（雖然他是大股東）。

作爲一位事業家的肚量，相信王先生在相當程度上受到其令堂的感召。他在回憶錄中提到一九四五年美軍大空襲台北城前後：

「有一天母親在廚房煮綠豆湯，我在旁邊等著吃，突然間，住在隔一層木板的鄰居，房東阿好姨的兒子在哭肚子餓，母親聽到即把整鍋綠豆湯拿到隔壁給他們吃。我當時很不高興的哭起來，母親說：

『憨仔！你今天才吃，隔壁的囝仔聽說已經兩天沒吃。』

「母親常說：『厝邊頭尾的人平安，咱才會平安，社會若好，咱個人才會好。』」

在美國創業有成，王先生在一九八〇年為愛德華・甘迺迪總統候選人舉辦千人募款餐會，出錢出力，此舉直接促成八二年美國政府給予台灣兩萬移民配額。八二年王先生與其家人共同捐出百萬美元創立「台美基金會」：「獎掖海內外，不論出生地，凡關愛台灣、認同台灣為故鄉的傑出人才」。每年對科技、人文與社會服務等三方面有傑出表現者，頒發每項一萬美元的獎金。

王先生的理念是：

「台灣若好，住在台灣的人就好。台灣傑出的人才有一日若在世界出名，咱的鼻子也會高一點。咱的子孫才會有自信，才有希望。」

慈心感召，鮭魚返原鄉

做為一位台灣企業家，無論是其對待事業同仁的肚量，或是其鮭魚返原鄉回饋台灣的義舉，王先生均深受其令堂社區關懷的慈心所感召。

王桂榮先生及其事業經營的事蹟，可以說是遠流《產業台灣》(the Corporate Taiwan)叢書中極具特色的一種角色典範。

不論出生地，不論國籍，不論族裔，凡關愛台灣、認同台灣爲原鄉的傑出產業人才，其所創建或參與經營的事業可以在台灣本島或海內外各地，只要其秉持務實觀點，關切經營知識與實務操作，並能建構事業網絡與社區網絡，透過網絡組合，動員資源，直接、間接從事回饋台灣原鄉的事功，讓台灣更好，也讓住在台灣的台灣人與全球各地的台灣人更好——像這樣的角色與事蹟，都是遠流《產業台灣》系列叢書要註記的對象。

我們很欽佩王桂榮先生這位出身台灣，在台美兩地創業均有所成，又對故鄉魂牽夢縈，努力鮭魚返原鄉回饋的台灣企業家。我們也很榮幸能將其回憶錄收入爲「產業台灣」中燦爛的一章。

【導言者簡介】李仁芳教授，曾任輔仁大學管理學研究所所長，企管系系主任，現任政治大學科技管理研究所教授，主授「創新管理」與「組織理論」。近年研究工作重點在台灣產業史的記錄與分析。著有《管理心靈》、《產權體制、工作組織人間關係與組織生產力》、《矽日東升》（遠流版）和《7-ELEVEN統一超商縱橫台灣》（遠流版）等書。

〈序〉

半世紀的情誼

劉 冰

半世紀不是一段短的時間，一九四九年我從上海到台灣就讀於成功中學，班中五十幾位同學，來自內地各省市的很多，但仍以本省籍同學爲多，大家和睦相處，沒有覺得有任何省籍的隔閡。現在尚有印象的不多，當時桂榮兄沒有什麼特別，不過我記得他坐在中間前面，個子不高，滿頭烏髮，好像還有幾顆金牙，不太講話，循規蹈矩。高中畢業，我跟桂榮兄進入同一所大學，接受同一期預備軍官訓練，雖然不同系、不同隊，經常還是見面寒暄。就業以後，我和他都幹過一段時間的公務員。然後我進入出版界，他進入西藥界。有一次成功中學我們這一班同學聚餐，飯後他邀我們去他家喝茶。那時他和吳西面兄（也是我們成功中學同班同學，台北市人，曾任洛杉磯太平洋時報社長，才華洋溢，可惜英年早逝）正在共同經營綠藻生意，暢叙回家，他們送每位同學數盒綠藻糖。

一九七二年桂榮兄和我先後來到美國加州打天下，我帶了五萬美元開中餐館，不到二年，全部賠光，祇能重操舊業，做我的印刷圖書出版，開長青書店，每日除了坐擁書城，一無所得，桂榮兄也帶了七萬美元來，但他善於經營，和其賢內助，美麗而十分能幹的王大嫂共同努力之下，早已坐擁金庫，名利雙收。

有錢沒有什麼稀奇，錢是賺來的，而要知道捨，能捨更能得，桂榮兄就是有能力賺錢，他也捨得捨錢，並且捨得其所，大如創立台美基金會、台灣會館、台美商會，甚至北美洲台灣商會等，他的眼光及魄力是難能可貴，值得敬佩，這些大事在這本傳記中都有。小的如我們成功中學同學會，中興大學同學會，只要選在他屬下的場地舉行，那包括餐會在內，全部由他包了，害得我們同學會都不敢選在他屬下的旅館場地舉行，怕他又請客。

我們在美國二十餘年時常見面，談起來比我的親家吳西面兄更爲接近，雖然吳西面姐姐的女兒嫁給我姐姐的兒子，但我覺得總沒有桂榮兄和我親近、投機。

桂榮兄對南加州華人社會的貢獻有目共睹，這本傳記是台灣光復後的社會現況與一位少數族裔來美國闖天下的一部歷史見證，我和他五十年的友情，以有這位同學爲榮，我知道他寫好了，主動的介紹給王榮文兄出版，也樂爲之序。

〈序〉

我和王桂榮

林衡哲

一九九七年十一月當我在亞特蘭大接受台美基金會第十屆人文獎時，那是我在美國流浪三十年生涯中的高潮，而在接受王桂榮先生的頒獎時，我的心情與前一年在此領到金牌的世運選手的心情是一樣的感到光榮與驕傲，我得到了台灣人的奧林匹克獎，又有機會與時代雜誌的年度人物何大一博士同台演講，並接受他的美言，那天確實是我終身難忘的經驗，而最大的意義便是我多年來對台灣文化的努力與奉獻，透過王先生所創辦的台美基金會，普遍獲得海外台美人的肯定，因此我從內心的深處，感激王桂榮夫婦對海內外台灣人所做的義行，我一生中碰到過不少會賺錢的台灣人，但很少碰到過像王桂榮這樣善用自己的財富，對整個台灣人的社會做出貢獻的人，在這方面的成就，他不愧是台灣人的「諾貝爾」。現在他把他多彩多姿的一生，寫成了一部生動有趣，內容豐富的回憶錄，交給遠流出版公司發行全球中文版，並列入我主編的《台灣文庫》，這表示我們對他一生所作所爲的肯定，他這位愛國懷鄉底台美人所走過的歷史足跡，相信將會引起讀者的共鳴。

我與王桂榮一生中相處最久的好朋友吳西面，反而比較熟，因爲吳西面先生與我共同催生了太平洋時報，曾經爲太平洋時報同甘共苦過十年的歲月。我認識王桂榮先生大概是在一九七八年搬來南加州後不久，爆發了轟動海內外台灣人的高雄事件，一九八〇年初海外台灣人爲了共同催生第一份海外台灣人的報紙，曾在王先生經營的假日旅館，開了好幾次籌備會，那時我把當年海外兩枝健筆孫慶餘與陳芳明從西雅圖引來洛杉磯，後來因理念的不同，許信良與陳婉眞創刊了《美麗島週報》，不久王桂榮也創辦了《亞洲商報》，當時因爲「台灣」二字太過敏感，才改用「亞洲」商報，後來陳芳明做了《美麗島週報》的主編，孫慶餘則先到許信良的《美麗島週報》，再轉任《亞洲商報》的主編，記得當年我把政治性的論述投給《美麗島週報》，文化性的論述投給《亞洲商報》，後來我出版《雕出台灣文化之夢》時，雖然由陳芳明寫序，但在《美麗島週報》發表的文章全部割愛，但在《亞洲商報》發表的文化性論述，則全部收入我這本處女作。

後來在王桂榮先生與我的共同催生下，由我伯父的女兒郭惠娜出面創設郭雨新和平紀念獎，肯定陳菊、林義雄、施明德、姚嘉文等人對台灣民主運動的貢獻。記得首次頒獎給陳菊時，是在華盛頓郊區的Sheraton Hotel，那天王先生與我都應邀致詞，那是郭雨新在海外最受台灣人懷念的一刻。

王桂榮先生可能是海外台灣人中，催生最多台灣人社團的人，從海外台灣人第一個專業公會——旅館公會到台美商會，從第一個在海外成立的基金會——台美基金會到FAPA，以及南加州台灣長輩會等社團，他都是最重要的催生者之一，而且都出奇的長命，目前這些社團都還活著，其中最令我難忘的三次歷史性盛會，便是他所催生的在世紀廣場大旅館舉行的甘迺迪募款餐會，那是台灣人在美國政界初啼新聲的大日子；台美基金會在蒙市誕生的盛會；以及FAPA（台灣人公共事務協會）在他自已經營的Ramada Inn成立大會，海外台灣人精英大會合的日子。

一九八六年我與吳西面共同催生了南加州台灣人聯合基金會，企圖把台灣文化推上國際舞台，我特別感激王桂榮夫婦每年都會自動買榮譽劵，來欣賞每年基金會的「台灣文化之夜」的盛會，後來這二個基金會合作無間，例如台灣人聯合基金會曾委託蕭泰然創作三首國際水準的協奏曲，台美基金會便以人文獎肯定蕭泰然的貢獻，而我主編的《台灣文庫》，有不少作者如江文也、楊逵、張良澤、謝里法、李喬、東方白、陳五福、陳永興等也先後獲得台美基金會人文獎及社會服務獎，對我們台灣出版社的同仁也深感與有榮焉。

王桂榮是一位非常幸福的人，但他的幸福不是來自他的財富，而是來自他把自己的潛能完全發揮出來，一個在學生時代作文經常不及格的人，居然能以他的生花妙筆，娓娓道出他一生的心路歷程，不但遠流發行人王榮文先生與我看得津津有味，一口氣就把他讀完，相信許多讀者也會有同感。王桂榮的幸福更來自他有一位同甘共苦在家庭與事業都是他底永恆伴侶的王賽美女士，他事業的成功一半以上是他太太的功勞，同時他也有三位繼承他企業家精神的男兒，使他可以無後顧之憂地把他龐大的事業交給他們去經營，而且他比他的老友吳西面更懂得生活的藝術，他住在海濱別墅，享受高爾夫、遊艇、旅遊之樂，出版他這部海外台美人最長的回憶錄（東方白的《眞與美》是海外台「加」人最長的回憶錄）之後，我建議他學習吳濁流在寫完自傳《無花果》之後，帶著他心愛的另一半。去環遊世界一週，畢竟那美好的仗已經打過了，現在是他享受人生的時刻到了。

王桂榮心目中有兩個祖國，一個是讓他新生獲得事業成功的美國，一個是多災多難、度過難忘童年與青壯年的台灣。他對兩個祖國的愛，並沒有本質上的衝突，他以他在美國社會的成就，回饋他的母國台灣，在這方面他可以說是台美人的楷模，在事業上他雖然一帆風順，但在台美人社團的參與方面，他一路走來也是歷經風風雨雨，但最後總是証明他對祖國台灣的愛，是永遠不會改變的，希望這本回憶錄的出版，能激起連鎖反應的效果，激起更多台美人，寫出他們自己的回憶錄，爲時代與歷史做見証。像王桂榮先生一樣替台美人留下歷史的痕跡。

一九九八年十二月二十三日寫於花蓮

〈序〉

《王桂榮回憶錄》包君滿意

伊藤潔

因爲郭雨新先生的鄭重推介，我得與王桂榮兄與夫人王賽美嫂相知相識。與桂榮兄初次見面是一九八〇年九月中旬、我由南美洲智利首都聖地牙哥搭機直飛美國洛杉磯的事。搭機前我們曾通過電話，我堅持桂榮兄不必到機場接我，我將自行設法到王家去。可是，當我辦完美國入境手續、正要離開機場大廈時，聽見有人大聲直呼：「劉桑！劉桑！我是王桂榮」。當時，桂榮兄說：「你們宜蘭人有獨特的『味道』，我聞得出來」。就這樣，我們一見如故。

到達桂榮兄邸第後，賽美嫂未及端茶請客，開口就說：「歡迎海外台灣『聞人』劉明修桑光臨」，一時之間令我不知如何自處，因爲當時不能立即明白這句『聞人』到底是「迎客」抑或是「拒客」之辭。賽美嫂接著就說：「最近的『顯微鏡下的台獨』中『劉明修』也被解剖了一番，另外，最近台灣發行的月刊《中國報導》刊載中共南方指揮部的極機密文件《台灣自治區人民政府人事》，其中：副主席・郭雨新、台灣高等人民法院院長・林義雄、警察總署署長・施明德、一般經濟委員會主任・劉明修……，因此，我對你劉明修桑很有興趣，所以歡迎你的光臨」。有雨新先生的鄭重推介，以及蔣家國民黨政權的「反面」背書，讓我與桂榮兄及賽美嫂不僅一見如故，而且馬上就「交心」，從第一次見面以來，我們成了莫逆之交。

我特別提起郭雨新先生，不只因爲雨新先生與桂榮兄是忘年之交，更因爲雨新先生是台灣民主化運動的先驅，先覺者。宜蘭縣在「蔣家國民黨」或「李登輝國民黨」的時代，都是國民黨的「淪陷區」，這個「榮譽」的存在，雨新先生之功不可沒。雨新先生是宜蘭農校（宜農）的第一屆畢業生，因成績優異而免試直升（保送）台北帝國大學農業專門部（今之台大農學院），戰後雨新先生亦長期擔任「宜農校友會」會長。可是，國民黨政權每逢宜農校慶，不僅不讓校友會會長返校出席慶典，更拒收其致贈的禮品，這種糗事經由小道消息的傳播，宜農的畢業生或在校生都心知肚明。我就讀宜農時，學長學弟耳口相傳，我們大都討厭國民黨。記得在唱國歌時，不知是誰的「創作」，將「三民主義、吾黨所宗……」改唱成「放屁主義、火車相撞……」。總之，宜農的「優良傳統」是我「政治早熟」的重要原因之一。一九五〇年代，台灣經濟尙未「起飛」，宜蘭人，尤以家境淸寒卻又熱心敎育的家庭，大都鼓勵子弟投考宜農或台北師範，而宜農的畢業生又大都留在宜蘭縣內服務。所以，這些宜農畢業生大都成爲雨新先生選舉時的「義務助選員」，這是雨新先生連續當選省議員、以及宜蘭縣之所以成爲台灣「民主聖地」的重要原因。當然，蔣家國民黨政權的刻意打壓也是重要的原因，正是所謂「官逼民反」的最佳例證。

※※※

我之所以敬重桂榮兄，並非因爲他富甲一方、素有「洛杉磯的土地公」之稱，更因爲桂榮兄生爲台灣人、熱愛台灣，而且做爲朋友誠實可敬又可愛。如果有人問我「王桂榮的可愛度」，我必毫無遲疑地說「可愛到可以接吻」。

桂榮兄爲了台灣人的公共利益一向是出手大方，但生活上卻有自奉儉樸的一面。自黑名單解除以來，我也經常往返台北與東京之間。在台北我是「有路無厝」，每次私事到台北，我幾乎固定地住在一家老飯店。這家飯店當然不是很氣派，但是交通方便、便宜又實惠。有這家飯店我曾兩次與桂榮兄不期而遇。我是一介「陽春敎授」，住便宜的飯店自屬當然，而富甲一方又出手大方的桂榮兄竟與我住宿同等級的飯店，我的感受，相信各位讀者女士先生應當可以領會。

一九九三年八月，我訪問立法委員曾振農先生時，曾夫人張花冠女士的一句話，「我們夫婦兩個人加起來是100%，但如果分開了的話不是各爲50%而是0%」，最令我印象深刻。以「兩個人加起來100%」來形容桂榮兄賽美嫂的關係，也是最恰當不過的。桂榮兄背後的另一半常被遺忘，這是不公平的。至於桂榮兄追逐「王賽美小姐」，打破「同姓不婚」的傳統觀念等等，雖然不能和莎劇《羅密歐與茱麗葉》相比，但是桂榮兄與賽美嫂的往事是人間眞實的love story。《王桂榮回憶錄》也留下令人嚮往而又甜美的記錄，讓讀者女士先生共卓。

《王桂榮回憶錄》的內容不僅是桂榮兄個人的記錄，同時也是戰後五十多年台灣史的另一個側面。尤其可貴的是桂榮兄深入地參與海外、特別是一九七〇年代以後台灣人在美國的各種運動的「第一手」資料。這些記述有些部分可能連無孔不入的蔣家國民黨特務都不知道，因此，除了可讀性之外也具有史料性的價值。

在此，我要鄭重推薦《王桂榮回憶錄》，包君滿意，保證值回「書」價。

日本杏林大學教授，台灣自由時報特別顧問　伊藤潔（劉明修）謹誌

一九九八年十一月一日　於東京

目次

前言

移民的動機

一九七一年七月美國國務卿季辛吉秘密訪問中國，隨後尼克森總統也訪問中國。三個月後的十月，台灣在聯合國的會籍被剝奪。次年台灣又與日本斷交，在國際社會上，台灣與中國的地位逆轉。「中華民國（台灣）是唯一的中國」、「國民黨政權是中國的正統政府」的說詞，隨之崩盤瓦解。

二十多年來，台灣人民接受了國民黨的恐共敎育，視「共匪」、「毛匪」、「周匪」如猛獸，當時中共對台灣的圖謀，仍然是鍥而不捨，加上蘇聯不斷地給予全力協助與支持，造成了島民人心惶惶的局面，許多人張惶失措。

我是一個守法、守分、從未涉足政治、道道地地的生意人，經營進出口貿易在商界已有一席之地。突如其來的碰上了「退出聯合國」，且原有的常任理事國的席位也爲中共所取代。這種令人震驚的改變，發生在一夕之間，好不容易建立的產業恐將化爲烏有，將來在中共統治下，更將是生活在極度的恐懼中，眞是情何以堪？

當時恐懼中共政權的統治是絕大多數台灣居民的共同心理。親友們彼此爭相走告這一信息，也都一致認爲台灣勢將陷入混亂的狀態。我的太太因在美國學校任職圖書管理員亦在兼教，對於台灣小學的塡鴨式教育時有怨言，希望小孩能受更好的教育因而也有意移民，於是我與愛妻經過反覆磋商，決心作一次冒險，向海外「移民」，遠離生於斯、長於斯的故土——台灣，尋找一處安靜的樂土，企能開展事業，過祥和的生活。

對移居國家社會的奉獻

本來鎖定巴西爲移居國，卻因警備總部出入境管理處的刁難，而陰錯陽差變成移民加州後，才發現美國是眞正民主自由的法治國家，猛然覺醒發現台灣的「民主」，祇是做給外國人看的假民主，實際上是一黨獨大、獨裁專政的國家。

小時候親身經歷了二二八事變，因白色恐怖而不敢言。雖然，經就業考試，就任公務員，卻因不願同流合污而屢遭調動，經商後又發現不設兩套帳簿，無法維商，許多能夠走私逃稅者多引為傲。任何行業，主管的機關多如牛毛，一年至少三節的大紅包絕不能省，與保衛國家的軍方的交易最少要付二十五%的佣金，是所有機關中最黑的。

在台灣對小學生塡鴨式的教育，課堂的壓力透不過氣的小孩，到了美國以後都活潑起來。學校當局對學生無微不至的照顧，若照佛經裡所說天堂在西方，則對小學生來說美國就是天堂。

親身體會美國社會的恩惠後，我忽然感覺，應該努力賺錢、多繳稅，多做些社會公益來報答這個民主自由的社會。

當我拿到美國籍時，內心的喜悅眞是無法形容。回顧生為漢民族，卻是日本籍的二等國民，戰後恢復中國籍的興奮卻被文化差異的同種民族欺侮，終於發生二二八事件，還是淪為二等國民。在白色恐怖中過驚驚恐恐的生活，只敢求安定，經政府與人民合作努力，台灣終於發生經濟奇蹟，光明的日子將來臨時，中華民國卻遭國際社會遺棄，比從前的國軍更可怕的共匪就要來了，以前嫌為包袱而無情無義遺棄的孩子，現今，看其長的亭亭玉立又滿身帶著金飾珠寶，竟無恥的要她回娘家。

中國的近代史是一部悲慘蒙羞的歷史，受日本侵略，受歐美各國蠶食。當聽到在上海的租界立牌註明「狗與中國人不得進入」時，生為同種民族的任何華人都會憤慨。台灣人在巴西看到巴西人，以手指比劃，舉大拇指為日本人第一，而倒小指笑中國人為最末時，心裡眞是難過得淚往肚子呑，而裝做日本人。看到菲律賓及印尼的排華報導，深深感覺中國非強大不可，中國若強大，所有海外華人也沾光有了尊嚴。

但是什麼是強大的中國呢？土地比美國還大，人口有十幾億還不夠大嗎？還稀罕僅有海南島之大及人口僅有二千萬的台灣擁為己有才夠大嗎？還是說武力強大，能夠制服日本以雪恥，更能震驚東亞各國才算強嗎？如果中國人夢想的強大是能夠侵略鄰邦震驚全世界的武力強國，那是人類的悲哀。

我以為中國之強大，應該是高文明、資訊發達、生活水準高、社會秩序好、科技發達、衛生好、學術高、政治精明、人人守法、經濟發達、就業率高、尊重人權的民主自由法治國家。

這種強大的中國是人人羨慕、有尊嚴的國家，就是那位金飾珠寶滿身的孩子說不定也會考慮回來團聚，不需要口說和平統一卻又不放棄武力，讓台灣人爭相逃渡國外流浪。

美國是很有秩序的社會，一切都很有規律，除非很有天才發明什麼，否則要賺大錢很困難。但若守法規規矩矩按規定去做，賺小錢過一般正常生活絕無問題。要奉獻社會成爲一個好公民亦不困難，人人皆可做到。

比如我在Santa Fe Springs市購入一個老舊的購物中心重建美化，按照該市政府的計劃去做，不但得到該市的百萬補助，還得到市長獎。在長堤市、蒙地貝樂市投資也得到優良公民社區服務獎，甚至在El Monte市爲台灣老人興蓋公寓，也得到洛杉磯市議會的特別服務獎。受獎的理由卻是幫助市政府美化都市，雇用當地人減少失業，減少政府應支付救助金。連我捐款成立「台美基金會」，獎勵有成就的台灣人，也得到洛杉磯市長及州務卿的獎狀，理由是鼓勵人才向上對社會風紀改善有助。又因常常參加長堤市商會，舉辦各種慈善公益事業，而得到模範家庭獎、青少年楷模獎。比較特殊的是爲甘迺迪參議員競選總統舉行大型募款餐會，得到善意回應，台灣獨得兩萬移民配額。後經華美協會的推薦得到傑出亞裔獎，晉見雷根總統，並在美國國會受到表揚。另外與同志組織FAPA的國會遊說團

1988年5月美國雷根總統頒給作者「傑出亞裔獎」；作者夫婦在白宮門前合影留念。

1988年12月Santa Fe Spring市長Kernes頒給作者「優良市民獎」。

1991年3月長堤市頒給作者全家「模範家庭獎」。

體，對台灣的民主運動也竭盡了棉薄之力。又發起組織在美國第一個專業公會——南加州旅館公會、台美商會，以及北美洲台灣商會聯合會等，對團結海外台灣人盡了一份力量。

我出生的時代背景

我生於日據時代的昭和六年（公元一九三一年），當年台北市最繁華的大稻埕太平通，現在的延平北路二段二〇四巷。

一九三一年九月發生「滿洲事變」，次年三月建立「滿洲國」，中日關係逐漸惡化，一九三三年二月日本被國際社會孤立乃退出國際聯盟，一九三七年七月因盧溝橋事件發展爲中日戰爭，一九四一年十二月更因偷襲珍珠港引發太平洋戰爭演變成第二次世界大戰。日本殖民地的台灣也就被編入戰時體制。一九三六年九月爲了對應戰時體制，乃派海軍大將小林躋造爲台灣總督。小林總督一就任就表明台灣人的「皇民化」、台灣產業的「工業化」、及把台灣做爲進入東南亞基地的「南進基地化」等基本政策。

所謂「皇民化」即是同化政策的加強，它是要把台灣人變質爲天皇陛下的赤子的「皇民化運動」。自小林總督一就任就廢止新聞的漢文欄，推行日本國語，撤廢寺廟之神像，強制日本神社的參拜，並禁止台灣一般習慣之儀式，等等破壞台灣傳統文化，改造台灣人之精神。爲了加強其效果，更在一九四〇年二月十一日的「皇紀二六〇〇紀念日」，鼓勵台灣人改變姓名，而開始使用日本姓名的「改姓名運動」。並利用戰時物質的管制，施行「食物配給」，以較好食物優先配給實行改姓名講國語的所謂「國語家庭」。

在行政組織橫的方面，設立「奉公壯年團」、「產業奉公團」、「挺身奉公隊」、「文學奉公隊」及未婚女性組織的「桔梗俱樂部」。又爲了養成要員進出東南亞設立「拓南農業戰士訓練所」、「拓南工業戰士訓練所」、「海洋訓練所」，訓練台灣的青少年。

所以「皇民化運動」，實際上不只要把台灣人日本化，更爲完成戰時體制遂行戰爭，把台灣人捲入戰爭的大運動。

本來日本政府對台灣人不課予兵役義務，但因戰線之繼續擴大、兵員不足，乃把台灣人徵用爲軍屬或軍夫，大量送去前線。自一九四二年四月起，更以「志願兵」爲名實行「徵兵」，即所謂「陸軍特別志願兵」、原住民的「高砂義勇隊」及「海軍特別志願兵」。根據日本厚生省的資料，被徵的台灣軍人一共八萬四百三十三名，軍屬軍夫十二萬六千七百五十名，共計二十萬多。

小時候我們在大家庭裡日常講的話多是台灣話，但是哥姐們彼此交談多夾雜些日語，我們這些小弟妹們都把它認爲是台灣話，一直到入小學校以後，才知道台語與日語之別。

二次大戰爆發後，因學校禁止講台語，講日語快速進步。等講慣了日語，不久戰爭結束，「昨日的敵國」忽然變成「明日的祖國」，本來認爲的「同志」突然變成「敵人」，有很多台灣人去打日本人的警察或老師。所有的同學以爲台灣話就是中國話，豈知大陸來的中國人所講的話，我們連一句也不懂，似外星人。忽然間，國語由日語變成中國語，尤其日文教科書忽然改爲中文教科書對我們學生的衝擊很大。老實說，從初二到高二期間，除了數學以外，簡直不知道在讀什麼，尤其國文及史地等課程。

我們這一期的同學到現在還是使用中、台、日三種混合語言才能交談，我們這些從台北第二中學到成功中學一起念書組成的同學會「二成會」，我發現沒有一個人可以完全使用自己的母語台灣話或流利的中國話演講，眞是悲哀。

我最好的一半

我生而有幸，有一位聰慧賢淑的妻子——賽美，這是上蒼的特別眷顧。我們育有三個兒子，全由她一手撫育，讓我無後顧之憂，在商場上毫無保留地全注精神往前衝刺。更難能可貴者，如我母親所言，她是一位很有幫夫運的人，任何事情經她一觸都能逢凶化吉。

我是一個粗心大意，任何事情只抓重點而不管細節的人，她則較爲細心，凡事都要求十全十美，也懂得享受人生，懂得欣賞珍貴的東西。我只知道賺錢，但不會用錢。我的興趣就是工作，不管爲自己或爲別人，工作使我起勁。我賺錢，她花錢，我們配合得很好。

我最欣賞的是她從未與外人或朋友爭吵，也不講人家的是非。

她一生都很幸運。在台灣時，她僱有三個女傭人，分別照顧我們三個兒子，使得她有時間去打羽毛球、打網球，甚至打高爾夫球，結交許多朋友善於交際。

1984年5月作者的太太（中）被加州州務卿余江月桂（左）聘爲加州代理州務卿一年。

1991年5月台灣長輩會吳金烈會長頒給作者的太太「模範母親獎」。

到了美國之後，除了剛開頭那四、五年期間，必須自己操持家務事外，我們家僱用一位墨西哥女傭人已二十年了，至今還在。

她不是封建時代三從四德那一型的傳統女性，而是一位有創意要有權威的新時代女性。她要我苦盡甘來後能懂得享受人生，不要退休後整天還爲別人奔波操勞，還被誤會、受氣。

她深知我不喜在外應酬，就把家裡佈置很精緻，使我在家不外出也能享受人生、家庭的樂趣。

她未出嫁前是家裡的掌上明珠，嬌生慣養，而我自幼失父、苦學因此一生自奉甚儉，但因承繼了母親的慈悲性格，因此我又從事慈善及公益事業，努力回饋社會，我認爲是上帝賜給我財富的眞正意義。

我倆夫婦出自不同的家境、不同的理念，而連枝四十年來相安無事，還得到在美國長堤市的模範家庭獎，實在不可思議。這可以說是我們有愛心互相容忍，任何事都能考慮對方而妥協的結果。她對於我後半人生的影響很大。我們一家人能順利移居美國，並開拓事業，及其後盡全力奉獻於台美社會，若沒有她的同意、支持與鼓勵是難以達成的。

傳記爲什麼自己寫

像我這樣華語華文都不行，在學校的國文科從未考過六十五分以上的人，連做夢都沒有想到今天會用中文寫自傳。

原來在美國經過八年的奮鬥，在事業上稍有成就後，我捐出百萬美元設立獎掖人才的台美基金會。在我創辦的《亞洲商報》一位記者楊立正先生，在他所著的一本《奮鬥飛揚》書中，寫出我的故事約一萬多字。後來太平洋時報的名筆胡忠信先生，根據該故事來訪問我十次，寫了十篇我的口述傳記約二萬多字。本來他想把我的傳記在太平洋時報連載，要我過目核對。但因剛好我被推出擔任FAPA總會長，而辦公室在美國東部的華府遠離加州的家三千哩，三年會長期間因事情多，沒有過目該傳記而遺忘了。一直到前年有一位曾在FAPA訓練營受訓的幹部周威霖學生來訪，說服我寫傳記做爲台美人歷史的一部份，而介紹中國時報的名記者張平宜小姐，她遠從台灣來美國兩個月，從我的口述及我多年留下來的資料寫了八萬多字，因報社請假時間已到，沒有完成就回台。

後來因我事業都已交給三個孩子繼承比較閒下來，取出楊、胡、張三位作家的大作重唸時，偶然發現，他們都是向我問出他們有興趣的問題作文章，沒有問到的或我忘記提的事都沒有寫出來。而當我在核對他們的文章與我留下的資料時，慢慢記憶起很多更有趣的事。

本來我想在他們的大作中補述一些資料，但寫法不同，用語及語氣也有異，而更困難的是由我當做第三人寫我自己的事，所以最後決定自己執筆試試看。

開始寫時很困難，很多中文字寫不出來，就拜託朋友林中山先生給我修改。但後來愈寫愈順手，速度也加快，不知不覺中寫出二十多萬字，而每寫出一篇就傳眞給在台灣的大媳婦守眞修改錯字。她雖然在淡江及輔仁大學執教大衆傳播很忙，但因能夠知道我一生的奮鬥而樂此不疲。

二十多萬字當中，當然有很多是過去在美國各地演講稿或對時事的評論做出的文章。

我更感謝鼓勵我寫這一本書的周威霖先生，及想把我的史事收載於台灣文庫的林衡哲醫師，也要感謝過去寫我的楊立正、胡忠信及張平宜三位大作家，因有他們的記載爲參考才有可能在一年內完成這本書。

最後，我要以最誠懇的心情向我太太及家人表示謝意，沒有她的關心和鼓勵，百忙的我可能半途而廢。書中提到的人物，很多現在仍活躍於政、商領域，她甚怕我無意傷到他們而要求我修改，或輕輕一筆帶過，以免有不必要的困擾。三個乖孩子及媳婦們每次見到我就問：「爸爸自傳寫到那裡，快完成了沒有？」使我不敢怠慢，才能在一年內完成了二十多萬字的書。

本書寫好了之後還是發現遺漏了許多值得一提的，但再修改補充下去，恐怕一生都無法出版，只好留待下次如有機會再補述。

這本書能夠順利出版，得感謝長青書局的老闆劉冰及遠流出版公司的發行人王榮文先生。劉冰將我的部份草稿電傳給台灣的兩大出版社「天下」及「遠流」。當我回到台灣前往遠流出版社時，在其門口看到「歡迎王桂榮先生來訪……」字樣的紙條，而與王先生見面時他第一句話是：「很想出版你的書，但不知誰來的電傳，故無從聯絡到你」，對於榮文兄的熱誠與敬業的態度甚爲感動，我就當場決定由「遠流」出版，不再找「天下」。而在美國的部份就請王先生諒解以台灣文庫（林衡哲醫師創辦）的名義出版交由長青書局代理銷售。

特別感謝王榮文兄的美意，選賽美與我結婚四十周年的一月十二日出版本書，也感謝吳興文先生的配合趕出排印。

第一章　我的家世

大稻埕的封建家庭

我的祖籍山西太原，後來移民到福建同安，曾祖父是一位武將，移民到台灣時，淪落爲街頭賣藝者。我們王家移民到台灣算來已有一百多年，台灣割讓給日本後，曾祖父就留在台灣，沒有回大陸，一生不太如意。

祖父王圓，就是在窮苦困頓的環境下長大，小時候曾到大直基隆河畔去作牧牛童，有一次肚子餓了，想早點回家吃飯，回到家中，桌上正擺著曾祖母煮的一大鍋稀飯，可是要用勺子攪拌三次以上才准吃，祖父等不及，想要爬到桌上偷吃，沒想到曾祖母突然出現，嚇得祖父趕緊從桌上跳下來，不小心跌傷，嘴角因此缺了一角，其痕跡到老還淸晰可見。

祖父是白手起家的傳奇人物，自小刻苦、認眞，僅讀了幾年私塾便出社會工作了。他有兩位兄弟叫王偏、王槌。他到一個日本人的磚窯廠做工，對工作熟練又負責可靠，遂受到當時日本大企業家後宮新太郎的賞識，全權委託他供應建築用的磚塊，以後就由祖父承包，因而逐漸致富。其中承包了今天桃園溪圳的磚塊，更令他錢財滾滾而來，成爲富甲一方的巨商，在台北大稻埕（即延平區）是家喻戶曉的有錢人。

祖父曾向我透露他有多少財產，當第一次大戰時，他說他的錢可以從大橋頭買到北門口（即現今延平北路一段到三段）的所有樓房；在高雄三塊厝及桃園，擁有規模頗大的製磚廠；在中和的枋寮也有製磚廠，叫做「海山製磚廠」，小時候，我們一家跟著父親在那裡度過一段時日。他在三重埔擁有製紙工廠；台北市著名的電影院「太平館」（戰後改爲國泰戲院）及「第一劇場」也持有股份，小時候我們因此可以看免費的電影。他同時也是商工銀行（後改爲第一銀行）的大股東，也租給別人經營台灣第一家夜總會（大屯酒家），戰後一度租給國防部，此外，淡水、大直、三重埔更有他名下的龐大房地產。

家財萬貫的祖父，生活卻自奉甚儉，粗衣淡飯，安步當車。他很喜歡抽煙，連最廉價的「樂園」牌香煙都用剪刀剪成三截，分三次抽完。他常掛在嘴上的口頭禪：「小富由勤儉，大富由天來」，「不偷不搶，什麼生意都可做，不必顧慮面子」，「賺錢靠勤快，不是靠學問」（他本人就是最佳例子），充分表達其賺錢哲學和務實的人生觀。

祖父節儉得出奇，也不重視教育，但對企業和公益善事卻不落人後，非常慷慨大方。台北市大龍峒的「王氏宗親會」數百坪土地就是祖父獨自捐出來的；第一次世界大戰爆發引起全球經濟惡化，第一銀行發生財務危機，也是靠他賣大批房地產來支撐，才免於倒閉關門的命運。也許祖父好積陰德，因而長壽活到八十一歲，一九六五年一月二十七日，眼看著我的第三個兒子滿周歲才過世，那時我已三十三歲了。

祖父非常疼愛二叔父王火炎，愛屋及烏，連二叔父的兒子天送及金地也十分寵愛，經常暗中給他們零用錢。他們向祖父要錢立刻可以拿到，我則備受祖父的嘮叨。記得小學一至五年級就讀附近的太平國民學校，由於阿公是有名的富翁，學校興建游泳池發起的強制捐款附加在每學期的學費上，一般同學每學期繳日圓一元學費，我則需繳一元四角，祖父每次遇到這種情形就喃喃自語，走來走去，坐立不安，很不情願地才把錢給我，說他不注重教育，但當我最小的弟弟志成要到美國留學時，他也到機場送行，並送他一個大紅包。

後來祖父分家產，二叔父分到最多，其他的叔父們因而心中忿忿不平。當時分田產，最好、最值錢的延平北路一帶如大屯酒家（後來租給國防部）樓房是王家的象徵，都分給二叔父。二叔父頭腦非常靈光，畢業於台北二中（成功中學的前身），幼年時極爲得寵，長大後反而不學好，一天到晚花天酒地，又賭博欠了一屁股債務，爲了還債，把大屯酒家廉價轉售給小叔父順發。小叔父留學日本工業大學，回台後執教台北工專擔任電氣科主任，分家產時分到不值錢的板橋一帶田園，後來，時來運轉，與三叔父（明旗）一樣，田園的地都變成建築用地而成富商。二叔父所有值錢的延平北路樓房都變賣償還賭債還不夠，債權者要其後代代爲償還，子女對此頗有微辭。

我們這一房，雖然家父身爲長男，但由於早逝，財產分得最少。祖母認爲祖父沒有良心，長男應該分得最多才對，祖父說：「在我名下的不動產將來都要歸他們大房的」，但後來卻將名下的剩餘不動產悉數贈給了小妾，因爲她替祖父生下三男一女。

財產分得最少，三七五減租後更加縮水，加上大直一塊土地被國防部接收，蓋了參謀大學，憑心而言，我從未自祖父那裡得到什麼。一九七四年母親去世時，按照台灣的習俗祖產僅分給男孩子，我們把家產分做五份，四兄弟各人一份，另外一份做為公產用，但我自己的一份，給了大姐及兩個妹妹，我的姐妹們不知道我太太賽美對我放棄了應分得的祖產並不知情，而向她道謝，讓我太太覺得莫名其妙。

祖父厚彼薄此，對二叔好反而對我們並不好，大大地影響我的人生觀，為什麼世界如此不公平？二叔父一生無所事事、游手好閒，卻在富裕享樂中度過，我的母親一生勞碌，卻不曾享受過好日子，這豈非太不公平了嗎？

祖父在三重埔擁有「東洋製紙廠」，三叔父明旗十七歲就接任董事長，也許太年輕，經營不久即轉讓給他人。這些事情也影響我的思想。我曾想做第一流的財稅人員，也夢想成為小說家、美術家、科學家，後來也想做大企業家，我認為不要留財產給子女，應該讓他們受最好的教育，並灌輸回饋社會的企業家觀念，如果光留下不動產給子女，早晚會被花光。

我的祖父之所以能發財且頗有社會知名度，另一個原因是娶了一位善於理財的祖母黃氏，她常對祖父說：「當年嫁到王家，院子裡小得擺不下一檯花轎，如今這一大片財產，一半以上是我的功勞」，這些話倒也是實情，因阿嬤把阿公所賺的錢都拿去置產，祖母爲人急公好義，能言善道，脾氣又剛強，人人見她都敬畏三分，稱她爲「圓仔姆」。當年，祖父當大稻埕的「保正」（日據時代的里長），實際上卻是阿嬤在操作。

我家以前座落在派出所隔壁，通往太平館的巷子第一家，兩間店面三層樓房。一樓爲客廳，祖父母住在二樓佛壇的前右側，二姑母住左側；三樓則由我們及二、三、四叔父分住，前面有大屋頂庭院，可供小孩子們玩耍；還有飯廳，置放一張四角型餐桌，三邊各有一條長椅，每條長椅可坐三個人，另一邊只有一座大椅是阿嬤的特別座位。吃飯時，阿公及叔父、姑丈等男人先吃，第二輪是小孩子，第三輪是小姑們，等到最後一輪是媳婦及佣人上桌時，飯菜所剩已無幾了。另外，菜廚旁有一張小桌子是上學的小孩吃早餐專用的。

每次派出所更換主管，一定會先登門來拜訪，主管都是日本人但很有禮貌，拜訪時都脫了帽向祖父母敬禮，拜託多多關照。樓下客廳有一張大會議桌，做爲左鄰右舍或有夫妻吵架、或有糾紛要調解的場所，事情大都由祖父母出面排解。

祖母常批評祖父是「皇帝身、乞丐命」，她卻是「皇后娘娘」的命，很講究吃喝，僱有人力車伕，連車伕也要挑選最好的，車伕還曾得過太平國小運動會馬拉松比賽冠軍。

祖母喜歡將頭髮梳得烏亮，每天早上坐在二樓樓梯口，由幾個媳婦輪流幫她梳洗或擦身。我們家住三樓，小孩要出門一定得經過二樓，祖母端坐二樓樓梯口，她往往會大喝一聲：「要去那裡？」，「不行！」，小孩們只好乖乖退回樓上。由於祖母太嚴格，我大哥金生只好爬牆出入，不願遇到祖母遭其責罵，有一次不小心摔倒成疾，後來因體弱住院，由於戰時欠缺食物，營養不良，不幸於十九歲時去世。

祖母個性剛烈，十分豪氣，在鄰閭間有「慈禧太后」之稱。全家族中只有小叔父順發不怕祖母，他自日本留學歸來後，看到三位嫂嫂只是輪流燒飯做家務以及侍奉婆婆，根本無暇顧及丈夫家人，原先不肯結婚，後來跟祖母講妥條件：「除了輪流燒飯以外，妻子爲丈夫服務第一優先」才結了婚。所以小叔母最有福氣，不用事事服侍婆婆。小叔父與我大姐同歲，大我十歲，是我母親帶大的。母親很疼愛他，每週輪到小叔母燒飯時，母親會去幫忙，他們因感念母親，也就對我們兄弟特別照顧。

小叔父曾說祖母皮膚非常細嫩，肚皮沒有皺紋，生了十個孩子還是保養得宜，小時候祖母常帶我一起去洗澡，確實如此。

祖母信仰道教，我認爲她很迷信，有些走火入魔。父親過世後四十九天，每天都有一群和尚或尼姑們到我家二樓的大佛廳誦經，我們幾個兄弟輪流跪拜唸往生咒，每次跪拜約一小時後，膝蓋常常痛得站不起來，往生咒及觀音經也因此都背得滾瓜爛熟，至今還記得。相較於初中時代學的《三字經》、《昔時賢文》、《唐詩》，經過五十多年的今天，已經差不多忘得乾乾淨淨了。

祖母對寺廟的捐獻十分慷慨大方，木柵指南宮、大龍峒覺修宮的大廟柱上，都刻有祖父母的名字。由於信教，祖母四十歲就禁慾，與祖父分房，於是祖父便偷偷納了一個妾，所謂近水樓台先得月，她是祖母買來的客家下女「阿杉」。

我對父親（石塗）的印象不深，他在十兄妹中排行老大，很愛護自己的弟妹，五姑（金蓮）在日本留學時，他曾寄錢寫信予以安慰鼓勵，五姑至今還保留那些充滿親情的信函，曾展示給我看，姑叔們對我父親皆心懷感激。小時候我喜歡坐在父親的膝蓋上，記得父親很愛抽煙斗，若有賺錢即喜形於色，大抽煙斗，他曾在高雄及台北經營過磚窯廠，也做橡膠鞋生意。

我對父親有所不諒解，由於母親對祖父母太恭順，父親每次想帶我們出去玩或看電影，母親都懾服於祖母的威嚴而不敢去，長此以往，父親心生不滿，遂在外頭養女人。我曾親眼目睹兩個濃妝艷抹、花枝招展的酒家女到家裡來找我父親，母親不敢吭一聲，但祖母卻氣得雙手捉了兩個女人的頭髮，把她們從二樓摔到樓下。祖母哪來那麼大的力氣，可嚇呆了我。

我從未見過阿公打人，頂多罵兩句就咳嗽幾聲走開，阿嬤卻有兩種教訓家人的器具：一根木桿及一束小而細尖的竹子。木桿是打兒女、媳婦及下女用的。有一次阿嬤用木桿打我母親，直到我在旁看到大聲哭，她才停止。下女「阿杉仔」就沒那麼輕鬆了，任何小錯誤都會被打得在地上爬滾，母親看她被打得太可憐就出來擔罪，阿嬤大概看得出來，也就算了。那一束小細竹是打小孩用的，幾乎沒有一天沒有孫子被打得哭叫「後擺不敢了！後擺不敢了！」（下次不敢了）。

記得有一次，有人來我們家通報說二叔父被關在刑事警察總局，阿嬤急急穿上衣服，吩咐三輪車伕「標仔」載她到總局，將二叔父保釋出來，回家後二叔父跪在地上被阿嬤用木桿打得十分厲害，只聽到「哎喲！哎喲！」痛苦呻吟的聲音。

父親自小身體虛弱，常在北投、草山（陽明山）靜養，我有時與他住在一起，印象所及，父親的大半生都是在病榻中度過。聽三叔父說，我父親有一次到木材堆積場，因爲爬到木材堆上不慎被滾下來的木材壓倒，受了嚴重內傷，但不敢向祖母講起，因此沒有及時就醫，病情日趨嚴重，又被庸醫所誤。父親去世時享年僅三十八歲，留下五兒三女和已經懷孕快九個月的遺腹子，那年我才上小學一年級（八歲），小弟（志成）在父親過世大約一個月後才出生，母親從此便墜入更加操勞辛苦的歲月。

艱苦少年兄

依據台北延平區公所的戶口謄本記載，我一九三一年十一月二十二日出生於台北市，但母親說我是日本發動「滿洲事變」那一年的農曆九月二十五日卯時出生。若依在洛杉磯的神農氏批命書所推算，則爲十一月四日早晨六時，如果不是神農氏在十多年前替我批命時算錯，就是我父親延緩時日到區公所報出生。

我本自認在家中排行老三，但是弟婦、甥、姪、堂等晚輩都叫我二兄、二伯、二叔或二姑丈，戶口謄本卻記載我是四男，大概因爲母親的第一胎早逝，抱養了大姐，第二胎的大哥金生又在戰爭空襲中病死，小一輩的家族只知道在我上面只有一個長我三歲的志旭兄的緣故吧！

根據大姐的解釋，由於我小時候很愛哭，所以八歲才帶我去永樂國小對面的太平國小入學。當時，永樂國小是男女混合的學校，太平國小則是淸一色男孩子的和尙小學，學校以前每年只有五班，從我們那一學年開始才有六班，第六班的學生大部份都是八歲以上超齡的孩子，與其他班一樣七歲入學的小孩比較少。我進小學前也與妹妹（小我一歲）碧月在大稻埕幼稚園讀過一年書，大概這個原因吧，我在第六班內六十名學生中成績名列前茅，擔任級長或副級長，五年級時，包括六年級在內的全校考試得到第一名，全部六科目：地理九十九分、歷史九十八分，此外都是滿分，總共五百九十七分。因此每天早晨的朝會時，校長徐楓銓都要我上台做報告。

日據時代太平國小是八年制，到了六年級如果不想報考中學者，可以升到七年級，當時稱爲初級高等科一年級，或再升到八年級，即初級高等科二年級（等於現在的初級中學），或者六年級時沒有考上中學的，也可以在高等科班第一、二年重考一次或兩次。全校八個年級共有二千名學生，每天都是由我這個五年級的學生代表全校在朝會中做報告，因爲感覺難爲情，推辭了好幾次，徐校長卻說：「沒有關係，你是全校最優的學生，操行、學科都是第一」。記得四年級時也代表全校到新公園的廣播電台，報告「台北街市」與「太平國小」，日籍級任老師森田健吉先生說那是赤羽校長的意思。

記憶中，五年級時的第六班級任老師森田先生很精通史、地教學，教歷史有如講故事，學生都聽得非常入神，而教地理時在黑板上畫了好多地圖，清晰易懂，所以學生都很喜歡上史、地課。有一次森田先生要每一個學生站起來講將來的抱負，正值太平洋戰爭末期，日本局勢逆轉，在台灣徵召初級高等科一、二年級的學生去做「少年航空兵」，當時我很天眞，自以爲很「愛國」，表示要去報名參加少年航空兵打美國的飛機，森田先生似乎很吃驚地向我說：「大賀榮之助（我小時候的日本名字），你應該學習得到諾貝爾獎的科學家愛因斯坦，將來爲日本努力發明更先進的武器去消滅洋鬼」。第二位陳姓同學站起來發言說：「我小學畢業後要去考尋常科高等學校（這是比一般中學高一級的學校，進入該校就可直升大學，不用考試，彭明敏與李登輝都是進入這一級，是在日本的學校唸書。）」「馬鹿野郎！」森田先生大聲斥責一頓，說：「你能進本校初級高等科就很不錯了，一般中學還沒有你的份呢！」

這位老師很喜歡我、疼愛我，常帶我到他的宿舍，幫他改考卷，並留我在他家吃飯。

戰後他返回日本，我非常懷念他。有一次，在員林鎮紫雲醫院開業的內科醫生黃哲夫大夫（我在員林稅捐處服務時，租他三樓的一間房住半年）來台北迎接他的同學，一位名叫「川島」的日本會計師，順便來到我已與吳西面合作生意的安星貿易公司找我，並請我們吃飯，飯後我請他們到酒家喝「第二攤」時，向川島先生打聽森田(Morita)先生的下落。

不久，我因故退出安星貿易公司不再與吳西面合夥，賦閒在家，妻子賽美勸我難得有時間休息，應該到國外散散心。正好此時遠在日本的川島先生寫信告知，他透過日本富士電視找到了恩師森田先生，已退休在鳥取縣鳥取市驛站前的太平通開了一家皮包店，由森田夫人管理。我接讀來信，萬分雀躍，馬上著手辦理出國赴日本的手續，並寫信告訴川島會計師何時到達日本東京，由於做過貿易公司總經理的關係，出國手續很快得到批准（白色恐怖時期出國很困難），接著便按照預定日期，在幾十個親朋好友陪伴下，前往台北松山機場。

到了松山機場的民航(CAT)客機櫃台，排了很久的隊輪到我，櫃台小姐看了護照，說我是預備軍官，尙需要團管區的核准才可出國。當時頗爲氣惱售機票給我的旅行社，僅告訴我辦理警備總司令部的出國許可而沒有提到團管區，害得我不能如期出國，對前來送行的親朋好友頗覺過意不去，又得撥長途電話告訴遠在日本東京的川島勳先生改期來迎接。

過了幾天，總算抵達東京，親切迎接我的川島(Kawajima)先生說很可惜，本來富士電視公司打算到機場拍攝我與森田老師相會的感人場面，而森田老師也在前一天即遠自鳥取縣來到東京，因爲從鄉下的鳥取縣到東京，坐火車的時間要比我從台北搭飛機到東京長得多。

從東京搭乘火車，轉車一次，共花了六小時後，到達了鳥取縣鳥取市，森田老師已在驛站等我，從驛站過了馬路就是森田皮箱店，森田先生、夫人及三、四位女店員在門口熱情的歡迎我。年輕的女店員們很興奮，說她們早就知道我要來，大家都在討論猜測我的長相，得到的結論是：體格高大、皮膚黝黑、粗魯的生蕃土人！萬萬沒有想到，竟然是個白面書生，日語流利，就和在東京生長的日本人一樣。

當天晚上，夫人讓我們師生倆同睡一室，促膝長談塵封往事，直到天亮，令人百感交集。

再回到東京時，應川島先生的邀約到琉球沖繩遊玩，發現琉球人所講的語言和日語相差很多，倒與中國話有點相似，參觀博物館時才發現，琉球原屬於中國，只比台灣早十年歸屬日本。

我唸小學三年級時，日本掀起太平洋戰爭；唸五年級時，盟軍轟炸台灣。爲了避難，只好舉家遷到竹圍鄉下祖父擁有的柑仔山，隔了淡水河與觀音山遙遙相對，與表弟王天送每天徒步一小時到關渡國民學校唸書。

小時候，印象中常遇到可怕的事情，但尚能鎭靜以對化險爲夷。有一次發現從竹圍到關渡小學的路上，有一段火車鐵道較捷徑易走，比起翻山越嶺花一個小時才能到校的路程快多了，不料將到關渡（日治時期名叫江頭）驛站前有一隧道，走進山洞隧道半途時突然聽到火車聲，一時，洞裡濃煙密佈車聲隆隆，火車鳴笛聲音之大，簡直震耳欲聾，我急忙全身貼附在隧道牆邊，幸而未被火車撞到，結果全身烏漆嘛黑。

疏散到鄉下期間沒有什麼東西可吃，有時嘴饞，想到台北祖母家要些東西吃，便利用週末回台北。台北圓山有一條淡水線鐵橋，記得有一回我又想走捷徑省時間，在橋上遠遠看到火車急駛而來，正當千鈞一髮之際，我急忙躍下橋面用手拉住枕木，身體懸在半空中，火車經過時，橋身震動，身體搖搖欲墜，眞是可怕！等火車駛過，我才急忙爬起來。

又有一天，我帶著弟弟王天啓（戰後不久即因病死去）到竹圍山上的小學入學，順便拿了一根繩索，準備入山撿木柴，撿了三、四個鐘頭後，捆著一大堆乾柴帶著弟弟回家，我讓弟弟走在前面，我在後面跟。走了不久，前面的弟弟突然不見了，彼時身處深山林中，又逢雷雨大作，從中午走到黃昏，始終走不出去，我開始恐慌了，全身被雨水淋透，又冷又飢又渴，任我怎樣呼叫，還是沒有弟弟的回聲，我急得快哭出來，內心非常擔憂。等到雨停後，突然靈機一動，決定跑到山頂看地勢方向，便將那綑乾柴放在路旁，登上山頂向四處眺望，希望能看到回家的方向，但是所望見的卻是房屋密集的淡水街頭。原來我走錯了方向，於是決定反方向而行不再走田園間的羊腸小徑，因爲彎彎曲曲很容易迷路。心中有了盤算之後，我從山頂爬下來，卻發覺那綑乾柴不見了！眞是屋漏偏逢連夜雨。徬徨之際，隱約聽到有人在劈柴的聲音，原來一位婦人取走我所撿的木柴。我尋聲而至，恭恭敬敬的向她說：「可否將木柴還給我？」她似乎很不高興，故作不解狀問道：「怎麼回事？」我表示：「木柴留在這裡給妳，是否可將那一條繩索還給我？」便不管三七二十一把繩索解下來，然後走回家。

我朝著所決定的一個方向，途中不管水田或淺溪，依然向前一直走，絲毫不敢走彎曲的田園小徑，最後很幸運的終於回到家，但已是晚上九點了。當我看到弟弟已平安在家，放心之餘，由於勞累及緊張過度，倒在床上躺了三天三夜，昏迷不省人事，連續發高燒、做惡夢。後來母親到台北找一位無照漢醫叫「鹽仙」的醫生來爲我醫治，說是患了睏蛇，用小木板打我的背打到黑青，並灌我藥水，幸好，三天後我清醒過來，漸漸恢復健康。

由於小時候經過上述種種九死一生的生活經驗，無形中訓練我的膽量，愈危險緊張的時刻，我就愈沈著應付，在極短時間內思考出解決的良策，使我在人生的旅程上充滿自信，勇往向前邁進。這個臨危鎭定、有急智的性格，對於後來在和吳西面合夥做生意時發揮了很大的作用，克服許多創業的艱困難題，公司的重要事情也因此都由我獨自決定，使得業務蒸蒸日上，沒有發生任何不愉快。

我小時候很乖，在一大群孫輩小孩之中，除了我以外沒有不挨祖母打的。進入小學後，我從來沒有跟同學打過架，我們第六班的六十四位同學，桌子分四列，每列有兩排，每列設有列長及副列長坐在最後面，由老師授權管教各列學生，大部份的列長都很兇、很嚴，可以任意打罵該列的同學，只有我當班長也兼列長時很少打罵，因此同學不怕我，而只怕我屬下的列長、副列長。後來聽說被打的學生們戰後還去找那些列長們算帳，而我則得以倖免。

我在外面也不喜歡與人吵架相爭，僅有一次例外，那是初中時代在外賣香煙，鄰居有一個孩子大我一歲，老是欺負我，我一直忍氣吞聲，有一次他吃完香蕉，將香蕉皮丟在我的香煙攤上，實在令人忍無可忍，我將他摔倒地上後，把他的頭部按在水溝裡，也不知道從何而來的力氣。不過自此之後，他再也不敢欺侮我了。

有一位田姓同學對我非常友好，常常跟我一起上下學，但他很嚕嗦，有一次令我不耐煩，揚言跟他絕交，他不肯，我橫下心打了他一記耳光，他嚅嚅地說：「我很孤獨，父母都在日本，家裡只有一個祖父，沒有朋友。」又說：「我十分欽佩你，喜歡和你在一起。」我問：「爲什麼？」他說：「我曾經看過你爲人打抱不平，修理一個比你高大的同班張同學，令我十分佩服。」

另有一次，我二哥正在打罵女傭，我看不過去就說：「如果她會那麼棒，何必來給我們做女傭？」二哥氣得把我壓在地上打，但下手不重，我心想，他只是在維持做哥哥的威嚴，這是兄弟之情罷，俗語說：「胳臂往裡彎」，這句話令我體會很深。

自關渡國民學校畢業後，我與表弟天送兩人雙雙考取台北州立第二中學，打破了位居鄉間的關渡小學，從未有人考取公立中學的紀錄。其實，小姑丈范天富帶我們倆到第二中學報考時，只有口試及做伏地挺身動作，根本沒有筆試，錄取標準據說是依小學老師提出的所謂「內申書」——亦即在校時的平均成績。進入中學才發現，過去在太平國民學校五年級第六班的前三名：與我疏散到北投國校的黃暉煌以及吳沃洲三人，都進入台北二中；第四、五、六名的進入台北一中；排第七、八、九名的進第三中學。戰後，第一及第三中學合併改名爲建國中學，台北二中改爲成功中學。由於中國學制與日本不同，我的初二讀了一年半，損失了半年。初一時，因美軍飛機每天來空襲，學校也疏散到幾個地方，我被分發到北投分教所，當時設在北投山頂，徒步上山約需一、二個小時，加上我患了登革熱，接著又患瘧疾，病癒之後又疏散到台北縣的二重埔，故將近一年當中，實際上僅僅上課一次而已。

成功中學的第一任校長何敬燁很注重體育，記得初三時，無論籃球、排球或足球，在全島中學的比賽中都囊括了冠軍。可能是太注重體育而疏忽了學業，大學的錄取率因而落後建國中學，建中則一躍成爲明星學校。第一中學及第三中學本來是爲日本學生而設，因爲怕受日本學生欺負，大部份台灣人學生都擠往第二中學聚集，成爲北部台灣人最愛的學校。

作者省立成功中學初中畢業照

第二次大戰結束後，大家陸陸續續從疏散地回到台北，但是我們這一個大家庭沒有一房想遷回老家與祖父母同住。物質享受比不上自由可貴，因祖父母在延平北路擁有很多房地產，我們一家住在延平北路二段一三七號三樓前半段，四叔住在同一層後半段，三叔則住在四樓，並在樓下店面開了百貨店，二叔則搬到斜對面的房子，樓下開委託行並從事西瓜子批發，店名爲「瓜子大王」，當年在台北相當有名氣。四叔因畢業自日本的工業大學，回台後在台北工業學校當老師，也有豐富的收入。只有我們這一房因爲父親早逝，小孩都還在唸書，故在生活上仍然要依靠祖父母的接濟。

位在國泰戲院旁的祖厝，僅剩祖父母及已育有一男一女小嬰兒的養女三人居住，祖母或因寂寞、或因需要人手幫忙管理家產，就叫我大姐及五弟天啓跟她同住，二哥暑假從台南成功大學返家也住在那裡。

祖母常要我去幫她收房租，並且每次不忘報酬犒賞我，既有敬拜佛祖的水果吃，又有零用錢可拿，何樂不爲。但是每每聽她數落我母親的不是，什麼「照顧娘家就是壞媳婦」、「施捨鄰居不知勤儉」等等，還要我勸勸母親。有一次我忍不住頂了嘴，祖母大發脾氣罵我這個不孝孫竟然如此沒大沒小，從此我再也不去祖母家，經濟來源也因此中斷了。

在涼州街經營洗衣店的小姑丈范天富，同情我們這一房生活無著落，建議我及妹妹碧月倆去賣香煙，同時，在華南銀行服務的表姐曹美燕批發給我們愛國獎券，寄放在三叔所開的百貨店零售，另一親戚也介紹我賣山水畫，每遇有結婚或喬遷喜慶，我就在山水畫上以毛筆紅漆寫上「新婚誌慶」、「鴻圖大展」或「遷家致富」，利潤還相當不錯，勉強可以維持一家人的生活費。

在做這些小攤生意時，我白天還要走四十分鐘路程到成功中學讀書，放學後才開始做生意，晚上賣香煙到凌晨二點。因爲我家巷弄後面有許多酒家，其中江山樓大酒家尤其聲名遠播，出入那裡喝酒的人都是富商巨賈，抽價錢最貴的美國煙或上海煙，因此賺頭頗豐。但是一到冬天半夜很冷，有時餓得腸胃出聲，剛好我的隔壁攤從半夜開始賣杏仁茶及米乳、油條，當時杏仁茶、米乳及油條每樣都是舊台幣一元，我說：「團仔叔仔，可否賣給我半碗杏仁茶及半條油條？」「半碗可以，但油條怎能賣你半條？另半條賣給誰呢？」「留著明天賣給我好了！」於是我每夜花一元舊台幣充飢保暖。

既要上課、又要做生意到深夜，我一天只能睡四個小時，在學校中午吃過便當後與同學們踢十五分鐘足球，就溜到禮堂睡午覺，禮堂內有鋼琴，同學林二時常到那裡練鋼琴就把我吵醒，偶而睡過頭也會被音樂課的聲音吵醒，因爲禮堂也是音樂教室。

祖母的親朋好友看到第一劇場及國泰大戲院大股東王圓的孫子，每天混跡於一群窮苦孩子的小販中，在戲院門口等散場的人買香煙，難免會嘀咕，雖然祖母覺得面子掛不住，卻也沒有採取任何補救行動，只是罵我祖父沒有良心，讓沒有父親的小孫子在外賣香煙，「不偷不搶，怎會見笑於世人？小孩子也可以學做生意。」祖父總是蠻不在乎的這樣回答。

祖母要二姑母或五姑母帶話給我：如果我願意向祖母道歉，就可得到經濟援助。我回答說：「妳們如果也認爲我的母親是壞女人，我就去道歉。」她們無言以對。就這樣我日夜辛苦了三、四年，直到二哥從台南工學院畢業回來才減輕了負擔。

自從改制爲成功中學後，所有的課本由日文全部改爲中文，老師大部份是大陸來的外省籍人士，教國文的老師是江蘇人，教化學的老師是四川人，教歷史的是浙江人，僅有教ㄅㄆㄇ的國語老師是北京人，常令我有「不知所云」的感覺，不知在讀什麼，戰後初期尚未改爲成功中學時，有一段時間國文仍由日本老師以日語讀中文課本，林子惠、謝尊吾、楊仲佐等台灣漢文老師則以閩南語教我們「人之初，性本善……」的《三字經》、《唐詩》、《昔時賢文》等，還多少懂一點。至於由大陸來的老師以各省口音所教的各科目，簡直是「鴨仔聽雷」有聽沒有懂，每學期末的考試，對於國文、歷史、地理、三民主義等課程，則以自己發明的特殊方法，按照每一個漢字先後順序強記於腦海中。通常每科考試都有四題，每題二十五分，雖不知考題內容問什麼，但可以猜，猜對了每題可得二十五分，猜錯題目就零分，所以每次考試每科都是壹百分或七十五分、五十分或二十五分，從不會有九十八分或七十六分等分數。

物理、化學、生物等課雖然也不大懂，但比較容易猜，勉強可以應付；數學方面如代數、三角、幾何，則輕易地常常得到滿分；至於英文，直到後來移民美國初期，我太太還以爲我跟洋人講日本話呢！因爲中學的英文老師是日本人或台灣人，所以發音日本腔很重。

一九五一年高中畢業，原本以爲數理科程度好，可讀大學的理工學院，不料有一晚，妹妹的男朋友好意送我一張大世界戲院的優待券，去看了一場日本電影（青色山脈），騎腳踏車回家途中，雷雨交加淋濕了全身，事後得了肺炎整整休學兩個多月，痊癒後要參加大專聯考，二哥說我的身體那麼虛弱不要考理科，於是我改考文科。

小學時，我的毛筆字寫得很工整，常常得獎，高中時水彩畫也得獎，因此自認可以作美術家，便臨時抱佛腳花了三天的時間，向同學蘇明敏的父親學用毛筆畫竹子，就這樣以國畫去報考美術系。

還記得當時作文題目是「塞翁失馬」，我連「塞翁失馬」的意思都不懂，怎麼作文呢？中學時我的國文課從未考過六十五分以上，總在及格邊緣徘徊，到了高三時才會講國語，就這樣，美術系落榜自是意料中事。

那時台北行政專科學校屬於省立，本來設在成功中學校區，後來在興安街建校，收容不少大陸來的各大學尚未畢業的學生以及青年軍。我聽說不但不收取學費，還有工讀金可拿，而且兩年就可畢業，因此前去報考財政科，錄取後也順利地拿到工讀金，負責刻鋼版、掃地，每個月有六十元新台幣，晚上便不再外出做生意，可以專心讀書，因成績好，第二年就做了班長，人也活潑起來了。就讀地政科的成功高中同學，現在在洛杉磯經營長青書店的劉冰說：「桂榮，你在成功中學，連屁都不敢放，怎麼到了行政專校後變成這麼活躍？」「我在成功中學，連睡覺的時間都沒有，那有時間放屁！」他聽了我的回答笑一笑，但似乎不大理解的樣子。

在行政專校與劉冰同班的同學黃詠匯，服預備軍官役時有一段時間與我同在砲校服務，與另外一個台大畢業生別號「小妹」的三個人，同一組在指揮所工作。我們這一組三個人的數學根底都很好，最認眞，算出來的砲距、方向既快且準確，是砲隊指揮所最好的一組。我和黃詠匯後來在美國加州相遇，他在頂好超市做事，我在加州稍有成就之後很想聘請他為我工作，可惜一直沒有機緣。

預備軍官第二期軍訓結束後，因就業考試及格被分發到了財政廳貨物稅課，但工作地點在新莊稅捐稽徵處第三課，當時剛好行政專校改制為法商學院（現在的中興大學），所以白天上班，晚上則回學校補修學分。

行政專校雖非名校，卻出了不少一流人才，如現在總統府資政、前民進黨主席黃信介（本名黃金龍）、行政院副院長徐立德、經建會主委江丙坤，及在美國加州蒙德利市（俗稱小台北）的第一任華裔市長陳李婉若等人。

値得一提的是，二哥從成功大學畢業回來負擔家計後，我的擔子一輕，精神放鬆，曾好一陣子沈迷於賭博，舉凡撲克、四色牌、麻將，無一不精。當時，向二叔父租一半店面開委託行的上海人，以及表弟王天送等人都是賭伴，曾有一次我輸了幾十萬，本來以為是玩假的，不料該上海人竟來要債，揚言要向我的祖父討債，我因而失眠了兩夜，表弟天送得悉後提醒我受詐了，乃教我如何在撲克牌做暗號，後來我再和上海人賭，贏了幾百萬回來，對方卻反過來說是玩假的，我便與他一筆勾銷，不再互欠賭債。這個教訓令我覺悟到賭博是玩物喪志的惡習，回頭是岸才是正途，加以母親從旁苦勸，終使我與賭博一刀兩斷。

戀愛・牽手

由於有第一劇場及國泰戲院兩家電影院可以看免費的電影，從小我便經常出入其間，看到電影主角會開車、射擊、騎摩托車、跳舞，非常羨慕，進入大專後，我也開始學跳舞。我們十六會（兄弟會）的發起人陳維賓住在中山北路的五條通，日本式房子後院鋪水泥，撒了硼砂就變成很滑的舞池，一部老舊的手搖蓄音機，每一張唱片一首舞曲，播完之後，必須再搖緊彈簧捲，換另一張不同的舞曲，舉凡吉魯巴、探戈、華爾滋、森巴、曼波、Blues、Skater Waltz都有，陳維賓及他最合得來的舞伴別名「阿蚊」兩個人舞跳得最好，是我們這群人的跳舞指導。

有一天「阿蚊」帶了一位年紀比她小很多歲的楊姓男學生來，他舞雖然跳得還不錯，但所有女舞伴的年紀都比他大，所以他很客氣地坐在角落，一直找不到跳舞的人講話，大概他看出我在所有男伴當中年紀最輕，也是學生的模樣，就跟我說下次要帶一位女學生來做我的女舞伴。

有一天晚上，楊先生帶來一位北二女高中生王賽美到陳宅。留著清湯掛麵式頭髮的王賽美，那天穿白色短袖有領的衣衫配黑色裙子，衣衫口袋左胸前繡有「北二女」三個字，她的下顎很飽滿，多福的臉型看來很清秀，長得瘦瘦高高，亭亭玉立，跳舞時總是眼睛默默含情一言不語，跟她講話則以微笑回答，她的身體很輕，跳舞很好帶，任何舞步她也都會，每次跟她跳舞像是摟了一位天使，飄飄欲仙的感覺，我心裡暗想這一位女孩可以做爲終生的舞伴。

本來，有一位很喜歡我的女伴，是一位劉姓少女，長得很甜、很可愛，她剛開始學舞，所以會的舞步不多。我跟王賽美一起跳舞很合得來，但因爲我們兩人同姓王，因此，從來沒有想到結婚的事情。

六年之後，我們在台中再度相逢。那時我在員林稅捐處上班，在一位黃哲夫醫師家租房子，黃醫師對我非常好，很欣賞我，希望我能和他的六妹結婚，可惜兩人沒有緣份，因此不了了之。黃醫師長得矮矮胖胖，體格看來頗結實，有一次，黃醫師邀我到台中探訪他也在當醫師的哥哥，順便去舞廳跳舞，結果在台中車站遇到王賽美，當時她在靜宜英專唸書，多年未見，我們相談甚歡，便約定以後在台北見面。

有一回王賽美來我家，因爲我家樓下租給楊東波醫院，楊醫師在天母有幾棟房子租給美軍顧問團的洋人，每遇房子有任何大小事都由賽美前去處理，兩家人彼此很熟悉，認她做乾女兒。王賽美說要介紹她的表姊給我，她的表姊因母親是日本人，講一口很流利的日本話，但我對她沒有特別的感覺，雖然來過我家許多次，但總提不起興趣，反而覺得她才是不錯的對象，於是我們愈來愈接近。

賽美自台中靜宜英專畢業後，進入美軍顧問團工作，後轉入台北美國學校，當圖書管理員兼教導小學生。她年輕貌美，薪俸優厚，而我則在社會上屢遭挫折失意，雖然如此，我們的感情卻與日俱增，於是委託乾媽到賽美家去提親。乾媽很驚訝地提到，很早以前她就認爲我們兩人很合適，想從中牽紅線，只是雙方家長都以同姓不可而拒絕。

賽美的父母這才知道女兒情有獨鍾，對象竟是大稻埕同姓大富翁王圓的孫子，台灣人的習俗是同姓不婚，因此最初不置可否，遲遲不敢答應，她的叔父王文鎮是有名的茶商，得悉此事後來找我晤談，我們相談甚歡。之後他就極力贊成這門婚事，勸他哥哥王文龍玉成。

賽美的母親沈阿招是一位鋼琴家，篤信道教，常在附近的眞聖堂拜神，與我祖母及蔡明燦的母親葉衛，是拜神的友伴，對鄰里傳誦我母親的美德早有所聞，所以對這門婚事也沒有反對之意。

我家親戚們大都反對同姓結婚，尤其以二姑媽爲最，她曾經介紹她在永樂國校的一位學生給我，對方畢業自台大經濟系，卻因她母親聽到傳言，認爲我是喜歡跳舞的紈袴子弟而猶豫不決。

我家四樓過去也常開舞會，在衆多前來參加的女伴中，母親最喜歡王賽美，她在衆多親戚的反對中卻告訴我，賽美的八字非常好，命中富貴，在家旺父，出嫁幫夫，極力贊成。這預言後來果眞應驗，自從我們結婚生子後，凡事一帆風順，很少遭到挫敗。

我自幼失去父親，所以理想的結婚對象希望能有一位非常偉大、在企業上有成就的丈人，好讓我有一位可以叫「爸爸」的人時常教導我做人處世、發展事業一展抱負，而賽美的夢想卻是學好英文，將來可以出國學習音樂。因此訂婚之後我倆有一陣子很苦悶。她的父親是音樂家、主修小提琴，三十歲就作曲，多首民謠曾轟動一時，不過以當時的社會環境，要靠音樂養家活口並不容易，因此，他戰後雖受音樂界推薦爲台灣交響樂團團長，他不但一口拒絕，還反對子女們接觸音樂。後來他轉行從商，與弟弟王文鎮合夥在台北的民生路開「台灣茶行」，出口茶葉到大陸，並在大連開設分行而致富。

賽美在家排行最小，嬌生慣養，是家中掌上明珠，仰慕追求她的人不少，出門一定要坐三輪車，我恐怕她不適應我家的生活，因此，我倆對結婚之事一度均感到猶豫，幸經雙方母親力勸，才於一九五九年正月十二日在國際飯店舉行結婚儀式，敦請法商學院法律系主任何孝元教授擔任證婚人。

賽美剛嫁到王家時仍在美國學校任職，上下班以三輪車代步，而我則踩腳踏車當送貨員，在她的少奶奶作風相形之下，令我感到窘迫，但祖父卻得意非凡，認爲是王家最具富貴氣派的孫媳婦。

幸好我發達得很快，第三個兒子誕生後她便辭職在家，跟著婆婆在家學做賢妻良母，改變之快人人稱奇。

我和吳西面合夥作生意期間，有次需前往彰化八卦山接受一個月教育訓練，

1959年1月12日作者與王賽美小姐在國際飯店結婚。

許多事務只好交由賽美去代理，結果她處理得有聲有色，令我刮目相看。後來我們移民美國，二十多年來共創事業，不論是在辦公室或在公開露面的場合，她儼然是一位成功的女企業家，可見她的才能、適應力及可塑性之強。

她最讓我感激的，便是營造一個舒適、溫馨的家，使我無後顧之憂，能全心全力在事業上衝刺。我們有三個兒子，很少讓我煩惱，都是賽美一手調教出來的。他們學校成績不錯，身體健康，溫文有禮，運動、音樂方面也頗有涉獵，譬如網球、羽毛球、高爾夫球都打得相當出色。

大兒子政仁(Kenneth)從小就非常謙遜客氣，記得我們住松江路時，公司在錦西街，他就讀的中山國小就在半途的民權東路，有一次他睡過了頭，爲了要趕上學，希望我能開自用汽車送他，但他不會說：「爸爸你載我一程。」而會問：「爸爸上班有沒有順路？」他的個性不會無故得罪人，深恐麻煩別人，與我的母親個性很像。

老二政中(John)比較挑食，對流行服裝很講究，可能是得自賽美的遺傳。他待人十分友善、親切。初到美國時，他尚讀小學四年級，便知道一大早起床騎腳踏車去送報，小小年紀已做「組頭」，分派報紙給別的小孩去送，已具有生意的頭腦。

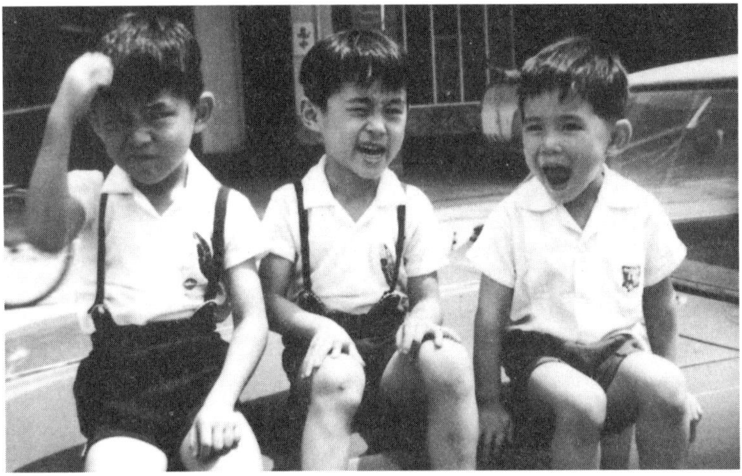

1973年移民美國前，作者的三個兒子：
左起：老大王政仁、老二王政中、老三王政煌

小兒政煌(Michael)生性節儉，有一次我載三個孩子去看電影，頭一家戲院大家不滿意，第二家到中山北路的金山戲院，還是不滿意，想另找一家，但僅有六歲的老三卻大聲向兩位哥哥說：「隨便啦！再找下去既花時間又浪費汽油！」他六歲便考慮到浪費汽油，節儉的個性似遺傳自我祖父王圓。

我來美國不久，有一次帶老三到KMART去買拖鞋，價格從三、四元至七、八元不等，我撿了一雙四元的拖鞋放在推車上，老三看到之後，便把該雙拖鞋拿回架子上，換了一雙八元最貴、但同Size（大小）的給我，自己卻拿了三元一雙最便宜的說：「爸爸，你應該穿好一點的！」

老二就不同了，有一次帶他去買襯衫，我挑了三、四件合身的給他，他都不要，說是已退流行，自己倒是選上一件名牌，我問他這麼貴哪來錢呢？他回答說：「爸爸，你用信用卡就好，不要現款的！」還教導我說：「賺錢的目的不在儲存，是要花用的。」

我家的兒子都很勤快、乖巧，初到美國即同心協力幫我照顧公寓、旅館，打掃房間、粉刷油漆、洗衣服、洗碗盤，吃飯時替我盛飯，歷經千辛萬苦。上大學後爲了賺零用錢，老大暑假自動當我的司機，不開車時帶工具隨修護人員維修旅館房間，老二坐櫃台(Front Desk)後，還到麥當勞去打工，說那裡薪資較好，最後在我旅館的餐廳當服務生，因爲有很多小費可賺。老三由於遠在舊金山的加州大學Berkley分校，不曉得他賺什麼錢。

不過他們卻沒有荒廢學業，老大政仁修建築系的工業設計，畢業於U．C．L.A.；老二政中先是U．C Irvine，後又到USC專攻商學；老三政煌畢業自Berkley後，又到北紐約的康奈爾(Cornell)大學修旅館經營，他們的表現使我非常寬慰。不過我曾經希望有一個兒子到西點軍校(West Point)將來爲國家服務的心願，卻因賽美的暗中阻止而沒能實現。

現在三個兒子都繼承了我所創立的事業，政仁回台灣發展三十年前我開創的功祥貿易公司；政中掌管金融，以及幾個購物中心；政煌管理所有的旅館；我已不管事業，專心做社會服務，回饋社會。

賽美年輕的時候對我百般依順，體貼溫柔，我發達的時候體貼她體弱多病，在松江路住宅中僱有三個幫手，一個歐巴桑幫她帶孩子、一個燒飯和清理房屋，另一女孩供她使喚差遣，她才有時間去打球鍛鍊身體，另外還有兩位家庭教師教三個兒子彈鋼琴及小提琴。

悟出人生哲理

從高中到大學，對一個少年的身心成長、思想的成型，是非常重要的階段。

我從高三時就一直在思考生命的意義何在，傳統社會的習俗是否公平？因父親早逝，母親卅六歲就守寡，家中雖算富有，但她每天任勞任怨地侍奉公婆主持家務、照顧家中眾多兒女，日以繼夜，夜以繼日，忍氣吞聲，一心只能指望兒女早日長大成人，但兒女長大之後，還是與上一代人一樣，爲三餐溫飽及照顧兒女一樣勞碌。我們兄弟姐妹成長之後，又如何能彌補她不平的命運呢？而家中的祖父母最疼愛的二叔（王火炎），平日花天酒地享樂無比，和母親的辛勞形成強烈對比。

另外還有一件悲慘的回憶，令我終生難忘。初中時，我每週末到基隆碼頭購買走私來的洋煙，當時和我做同樣生意的夥伴，有一位讀建國中學很優秀的陳姓學生。同年的我倆經常同車形成戰友，有一次正值火車上警察巡邏，我倆心虛之下，急忙下車迴避，再跳上調換車輛，那位夥伴可能因過度疲倦，一不小心跌落車下活生生地被輾死，目睹此一慘狀，使我年輕的心靈受到非常巨大的創傷！

做人是如此痛苦！又是如此不公平！人生的意義到底何在？正在苦苦思索時，有兩位人生哲學的啓蒙老師適時出現影響了我，一是大溪人簡建德先生，他對佛教禪宗有精深的研究，簡先生是駐英大使簡又新的二叔父，也是台北第二中學的前輩校友，由於就學期間罹患肺病，醫生認爲沒有希望治癒，因而休學在家休養並學習坐禪，讀悟佛經，漸漸地恢復健康，迄今仍健在，他經常對我談佛家的哲理和修養。另一位啓蒙老師則是蔡葉衛女士，是目前在小台北蒙德利市從事房地產生意的蔡明燦先生的母親，她是我母親的好友，收我爲乾兒子，非常疼我。

他們倆教導我《般若波羅密多心經》，這一部短短一百六十二字的《心經》，內容在說明宇宙與人的關係，經中所說「色不異空，空不異色，色即是空，空即是色」闡釋人與宇宙是合一的，根本沒有「我」的存在，人的靈魂爲肉身所束縛，成爲「小我」而已。如果能修行體會，打破「小我」，自然可以達到「大我」，最後靈魂與宇宙合一，即爲「無我」。人的肉身是假的，會壞，也會消失，昨日之我與今日之我不同，今日之我亦與明日之我不同，因爲身體細胞不斷分裂，死亡又再生新的細胞，一直在新陳代謝，哪天的「我」才是眞我呢？所謂「我」是指使我講話、使我思索、執掌身體行動的靈魂而言，但是靈魂與天體合一，無所不在，簡先生在坐禪中領悟出「佛」在心中，天堂地獄也在心中，與收音機一樣，只要調整心中的頻率，隨心所欲就可到達天堂或地獄等不同的境界。據簡先生敘述，他有一次面壁參禪入三昧後，眼前的牆壁自動消失，出現一朵盛開的鮮花，坐完禪步出庭院一看，牆後果然正有一朵鮮花。他又說，杯子是圓的，但丟在地上碎了，便不是圓的，因爲人對於玻璃杯是圓的觀念根深蒂固，實事上，圓或方都不存在。

《心經》上文有一句：「是諸法空相，不生不滅，不垢不淨，不增不減」與物理的「物質不滅定律」同意義，因此偉大的科學家愛因斯坦曾說：「人到了四次元的空間就到了盡頭，如果科學要再發展，便要靠佛理的指點。」

爲了體驗佛理，並治療我的胃病，曾一度上山在一個木屋內絕食坐禪三天，不眠不休思考佛理，領悟到道理應融合於日常生活中，日常的生活即是修行的生活，能夠每日平安的過活已屬奇蹟，還有什麼奇蹟可追求呢？

經過層層波瀾及佛理的啓發，我遂悟出如下幾點道理：

(1)**人的本性是自私的。**

我常常聽人說：「我不佔人家便宜，也不想讓別人來佔我的便宜」似是而非的說法，因爲講這種話的人往往佔了人家的便宜亦不自知，但是稍爲被人家佔點便宜則特別敏感，因而吵架、訴訟。如果每一個人都能體認本性的自私，因而願意讓人一點，很可能從第三者的角度來看，根本沒有讓人但亦沒有佔到人家的便宜，是很公平的。我的祖父在世時常說：「皮與肉給人家吃一點沒有關係，但骨頭不可讓人啃」也就是此意。

(2)人的「命」不能變，但「運」是可改的。

人要投胎在那裡，自己無法做主，生在皇宮，就是皇子，生在乞丐寮，就是乞丐子。我曾親眼看到母親嚐盡了逆來順受的苦日子，也看見了二叔父生來就只知享受，未曾做過任何賺錢的事而能花天酒地過日子，所以「愛拚才會贏」的歌詞「三分靠運命，七分靠打拚」，應該反過來改為「七分靠運命，三分靠打拚」。人的「命」雖然難以改變，但佛教說「善有善報，惡有惡報」，多行善積陰德，自然會有好報，應該可以改變運氣。

(3)要有寬厚仁慈的心，回饋社會

人的慾望無窮，應有適當的自我抑制，即時行善回饋社會。興建廈門大學及華僑中學的陳嘉庚先生說：「夫公益義務固不待富而後盡，如欲待富而後盡，則一生終無可為之日，救亡圖存，匹夫有責。」意思是說，當你想做某一件很有意義的事回饋社會時，切勿猶豫，若與他人商量後，往往會想以該筆錢先放利生息，或先利用該筆錢賺更多的錢以後再做，結果往往什麼事都未做就辭世了。日本松下電氣公司的創辦人松下幸之助曾說：「人到四十歲就應該自創事業，到了五十五歲就應該思考並開始回饋社會。」一個人若生活在無人島是不可能賺到錢的，錢是從繁榮的社會賺來，所以應該感恩這個社會而予以回饋，若大家都有這種信念並付諸實行，則社會更繁榮，最終還是自己得到利益。

⑷凡事應該多往好處而不往壞處想。

對人要相信，不要先抱著懷疑的態度，這樣處事待人有時也許會吃虧，但是只要小心一點就不會吃大虧，若經常產生負面想法，則很可能自己會吃大虧。

在大溪的一個朋友告訴過我，有一天早晨蔣介石總統由兩個保鑣隨侍在公園散步時，遠遠從對面走來一老人，突然把雙手放進褲子口袋內，兩位保鑣疑有不軌行動，即時拔搶射殺那位老人，走近一看檢視老人的褲袋，並沒有任何東西，可能是冬天早晨太冷，雙手插入口袋取暖而已。

小時候有一次早晨五時多我還在睡夢中，有一位朋友侵入我的房間，我驚醒一看他狼狽的樣子，好意待他並接濟他一些錢，後來有一天，這位朋友告訴我，那天因賭博輸錢，其實是想到我家偷東西去變賣，沒想到我把他當好人看待，感動了他，使他變成另外一個人。

(5)爲了幫助朋友而借出去的錢，就不開口討回。

爲了賺利息貸款出去的不說，如果爲了朋友借錢出去，最好是自己多餘的錢，才不會在乎將來錢沒有還，影響到自己的生活或拖累其他的朋友。我的母親就是一個最佳的例證。一旦錢借出去，不管是做生意投資要週轉或是生活費用，都要有收不回來的心理準備，尤其是經濟幫助，償回的可能性非常小，既然是出自好意幫助朋友就不要期待還錢。如果是生意投資就要非常謹愼，切勿輕易借出去，一定要先判斷該人的賺錢能力，除非你有把握他一定會賺錢，否則最好不要借出，避免將來催討，以致好友間反臉成仇。

我的大姐夫是一個很好的電匠，是以前從軍時在日本的部隊裡學的。因爲他有一身好工夫，戰後我設攤賣香煙時，他也在附近設一個攤位賣電氣類產品兼修理，生活過得不錯。有一天，他中意對街延平北路與民生路口一家要轉讓的電氣行，請我出面以房子擔保，向第一信用合作社借款壹萬元，我問他爲什麼不找二哥，因爲房子是四個兄弟共有，是由最大的二哥管理，姐夫眼眶有一點紅，說二哥不肯擔保。「姐夫要你擔保的壹萬元，是要頂讓電氣行做生意，又不需要你的現金，爲什麼不替他擔保呢？」我的質問顯得有一點激動，二哥卻冷冷地回答說：「姐夫不懂理財，對數目字不精算，做生意失敗的可能性很大，如果幫他籌錢，反而最後是害他。」我不懂二哥所講的道理，以爲是不肯擔保而隨便找一個理由搪塞，便自告奮勇到第一信用合作社替姐夫蓋章擔保。

大姐夫很得意的大事舖張，開業那天宴請了很多客人，並在電台大做廣告，一時門庭若市，生意很是興旺。但儘管生意好，他一個人怎麼應付得了！大姐有四個小孩要照顧，店與家兩頭跑，他又捨不得僱幫手，從早到晚自己忙得團團轉，一個小電氣行，一個月只能做幾千元的生意，但半年的廣告費就花了二十多萬元，結果經營了六個月後，上電氣行討債的人比客戶還多，最後只好關門大吉。我所擔保的壹萬元，還是由二哥去償還。

我的母親很仁慈，朋友鄰居若有困難向她求助，一概來者不拒，自己如果沒有錢，就向朋友、親戚轉借，或標會來應付他人之需，因此被很多親戚朋友拖累了。

我一生中，只轉借錢給人家二次。第一次是在順隆貿易行工作時，老闆紀順吉先生因欠人很多債務，每天上午都在打電話調錢，跑銀行的下午三點半，他照例每天問我什麼地方可以借到錢。有一天，我未婚妻的一個親戚來我工作的地方看我，聽到紀先生在電話中向人家借錢，主動向我提及他有一萬四千元私房錢可以借出，不過利息要高一點。紀先生不管利息多高，只要借到錢就好。當天中午，那位親戚利用電力公司午休時間拿錢來給我，託我轉交給紀先生週轉，不出幾日，紀先生把貿易行的所有大小事情交代我處理，而自己去了香港將近一年。其間，該親戚差不多每天都來找我要錢哭哭鬧鬧，逼得我只好招了一個「標會」，一萬四千元連本帶利還給他。

第二次是在美國，我所擁有的一家旅館Holiday Inn因隔壁木材行發生火災，消防隊員打破旅館面向木材行房間的所有玻璃，旅館因此一段時期無法營業，但開支照舊，損失不少，我只得向銀行借錢來週轉。這時有一個台灣同鄉會的朋友李博士改行做房地產生意，向我週轉美金五千元，我順便向銀行多借了五千元給他濟急，並向他說明付給銀行的利息是年息十三%，不包括手續費，所以不能照他的意思收九%的利息，當時他好像不太高興，但也在約定的半年內拿錢還給我。這也是我生平第一次收了朋友的利息。

我很少借錢給人，但一旦借出去，就不記掛在心裡，約定的日期到了不還錢，我也不催討，如此還錢的人還有二、三成左右，但大部份還是數年以後且貶值很多了，不付利息仍照原來借去的數目奉還，雖然損失不少，但並沒有影響到我家的生活，所以心裡也很坦然。借錢一次不還的人，不會再來借，逾期還錢的朋友，因為我從不催討也不收利息，內心都很感激，這些人當我有任何困難時，都會自動出面幫助我。

(6) 不要有貪念。

讀中學時，我曾經在南京西路天馬茶房一帶批售香煙，售完了就帶一袋錢回家，有一次回家途中，走在我面前的一位成人突然蹲下去撿一包東西，並回頭看看我，把我叫到一邊去，讓我看看包袱裡的一塊黃金，然後說，一塊黃金兩個人不好分，建議我取出袋裡的錢買他的一半，甚至如果我全部的錢不夠買他那一半也沒有關係，我說這麼貴重的東西，物主一定很著急，請他將該金塊交給派出所，他說我的心地善良，他要獨自拿去交給派出所後離去。約經過一星期，我們鄰居的一個老太婆哭哭啼啼說她被一個男人騙去很多錢，買了一塊鍍金的銅，後來聽說，報紙也登載最近有很多金光黨活躍台北圓環南京西路一帶。

(7)生爲台灣人的意義。

我常常想，世界那麼大，國家又那麼多，爲什麼我出生在台灣，又是大富翁王家，但過的卻是辛苦的貧窮生活。更難受的是在日本與蔣家政權的殖民統治下，台灣人是沒有尊嚴的二等國民。出生是日本籍，不久變成中國籍，到了日本眼見很多台灣人改名換姓歸籍日本，便少與同鄉來往；到了東南亞，看中國人被排華侮辱；到了南美巴西，很多台灣人不願歸類爲被看不起的中國人而裝做日本人。

在美國生活時發現，中國人竟忘記了自己是外來人，比白人更看不起黑人。缺乏衛生觀念、不遵守法律、又沒有禮貌的中國人，把不如意的事常歸罪於美國人的歧視。

吸收了充分自由民主的空氣，一九七九年八月二十四日當我拿到入籍美國證書時，喜悅與興奮的心情眞無法形容，因爲美國籍是我自己選擇的，出生爲一個台灣人，沒有自己的國籍，一會兒日本國籍，一會兒中國國籍，都是人家強給的，實在感到很悲哀。

在極端悲喜相互激盪中，忽然在我心底深處湧出堅定無比的信心，同時覺悟到台灣人必須靠自己的力量才能出頭天，我一個出生爲二等國民的台灣人竟能在美國的自由天地，以不到十萬元的資金，在短短六年內創造出上千萬的財富，一定是上天的安排，要我利用這個財富去改變台灣人的命運。我發誓，台灣人的童養媳婦命到我這一代爲止，我們下一代子孫無論走到世界上那一角落，都能夠抬頭挺胸被人家豎起大拇指稱讚。

小時候的困苦是上天的試煉，無才的我能夠在陌生的異國創出一番事業，並且在極短的時間內得到龐大的財富，一定是上天要我爲台灣人做事的資金，這就是我生爲台灣人的意義，也是我生爲台灣人的責任。一九七九年的八月二十四日對我的意義非常重大，從這一天開始，我每天都在思考如何回報使我發跡的美國社會，如何提高台灣人在美國的社會地位，如何改變在台灣的同胞苦難的命運，而把賺錢的事拋在腦後。

一九七九年是美中建交與台美斷交的一年，我發起爲愛德華・甘迺迪參選總統募款，因得到張燦鍙、許世楷、郭清江、簡金生等人支持而順利完成。一九八〇年得到甘迺迪參議員的回報與索拉茲眾議員的協助，成功地與中國大陸分開，台灣人獨享兩萬名移民額。同年爲了厚植實力，我組織了台美商會，集合有心商人融入美國主流社會活動，也參與組織台灣長輩會的成立，同時出刊《亞洲商報》爲台美人喉舌。一九八二年我捐款壹佰萬創設獎掖人才的台美基金會，同時集資力挽瀕臨破產邊緣的萬通銀行成爲唯一百分之百台資銀行，同年與蔡同榮、彭明敏、陳唐山、黃彰輝牧師及林宗義等人合創台灣人公共事務會Formosan Association for Public Affairs (FAPA)，遊說美國國會議員，向以戒嚴及白色恐怖統治台灣的蔣家政權挑戰，其後也爲了安頓台灣來美的老人，應賴高安賜會長的要求，與卓敏忠、丁昭昇、張正宗等人，不靠美國政府而自力建設鶴園公寓，執行這些上天要我履行的身爲台灣人的責任。

慈母往生

一九七四年底，我已取得綠卡得以長久居留美國，事業上第一個在橘郡西敏市投資的Newland公寓旅館，經營得相當起色，在附近購置了自己的安家房子，乃想迎接母親來美國享受餘年，打了一通越洋電話給母親請她準備。母親接到我的電話，得知我在美國已安頓就序，顯得非常高興而前往美容院洗頭燙髮，不料患有高血壓的她可能受不了高溫，覺得有些頭昏去看醫生，住進馬偕醫院從此昏迷不醒，我接到二哥志旭的電話，急喘地告訴我：「醫生說可能在等你回來，所以老人家還在拖。」令我頓時感到天旋地轉，於當天立刻飛回台北，志旭哥在機場接我，火速以計程車直奔在淡水竹圍的馬偕醫院急救病房：「媽媽我回來了，是桂榮——」她握緊我伸出的手，但仍然昏迷著，說不出一言半語。我長途跋涉加以一路未眠，志旭哥勸我先回延平北路老家休息，大約睡了二、三小時，三弟世豪回來搖醒我說母親於早晨六時逝世。當日是一九七四年十二月十四日（農曆十一月一日），享年七十一歲。翌日，賽美也帶了三個小孩回來了。

我們遵從她的遺言舉行佛教儀式的火葬，將她的骨灰安放在外嚴的寶纈寺。

母親一生為人仁慈，在鄰里頗孚眾望，對鄰居非常有愛心，常樂於施捨貧窮鄰居，以身作則，她的口頭禪：「鄰居好，咱才會好！」平日總是為別人著想，有功勞歸諸於他人，痛苦則自己承擔，我樂於助人但不輕易求人的性格，可能是來自母親的潛移默化吧！

母親出殯那天所有鄰居都來參加，雖然我們兄弟事業有成卻交際不廣，但是

作者慈母王鄭娘（阿招）。

母親葬禮陣列竟然有上千人，大部份是左鄰右舍以及母親的生前友朋。

母親鄭娘（又名阿招）生於三芝鄉（淡水），是鄭成功的後裔，她的祖父是一名秀才，卻因嗜好鴉片煙導致破產，因此母親十五歲時就被送到台北做我祖母家的童養媳，長她兩歲的我的父親（王石塗）有一天回家時，看到家裡有一位女孩，祖母告知是他將來的妻子。對這種封建傳統式的婚姻，父親心裡不太高興，母親終其生也就從未獲取丈夫的歡心。由於封建家庭的束縛，母親是長媳，自然要負擔起大家族的重擔，等於是「奴隸頭」的角色，加上祖父生性節儉，祖母剛強，丈夫早逝，陷她於必須逆來順受的宿命。威嚴十足的王家慈禧太后，對大媳婦以「養女」的心態頤指氣使。母親既要侍奉公婆，爲婆婆梳髮、擦身、清潔房間、衣物，同時還得操持三個小叔、六個小姑的大家庭的家務，自己還有九個稚齡的子女要扶養，不難想像我母親每天忙裡忙外艱辛的生活。

母親秉性至孝，又是寬容堅忍的舊傳統女性，待人接物謙恭有禮，是位以德報怨的人。她常告訴我「有寬量才有福氣」，因母親的啓迪，有時我遭人指責也能一笑置之。兄弟姊妹間若因故吵架，她就說「家和萬事興」，要「忍讓」。

她在家裡總是帶頭做事，雖然受祖母虐待忍氣吞聲，對祖母依舊十分孝順。

記得她時常買豬肝、豬腎回來煮，卻不敢說是她買的，並叫小嬸們端給祖母吃，可是祖母依然對母親不假以辭色，不准母親與她的親戚往來。每年正月初四才准她回娘家一次，因爲初二她要爲回娘家來的小姑們忙碌整天。

母親常捐獻給寺廟，亦時常幫助賙濟左鄰右舍，常被祖母指責爲浪費。父親過世後，有一次母親將他的一條西裝褲送給來訪的舅舅，祖母知悉後，還痛罵一頓說「照顧娘家的是壞女人」。母親戰戰兢兢的過日子，毋寧是封建時代女人的悲哀。小時候有一次我隨她回娘家，看到外公、外婆、舅舅、舅媽等對她如女王般的殷切，使我感慨萬千。

大東亞戰爭（二次大戰）末期，美軍空襲台灣的次數愈來愈頻繁，我們一家隨著母親疏散到竹圍祖父擁有的柑仔山，志旭哥與大姐碧雲仍留在台北大稻埕老家與祖父母同住，三個叔叔們也都疏散到其他的鄉下，我眞慶幸母親離開了祖母的束縛。

但是我們的生活更加困苦，三餐都是兩碗蕃薯簽稀飯，配蕃薯葉浸鹽水或撿蘿蔔菜炒鹽水，偶而到淡水海邊捉些小蟹打碎漬鹽，幾天後做爲佐餐。自己飼養的鷄鴨及豬則交換米及布料，從沒有嚐過肉味，油、醬油、味精等更是免談，燃料就要靠爬山撿乾樹枝了。

雖然生活過得十分艱苦，但是大家很和樂，尤其母親不用在祖母嚴厲督促下過著戰戰兢兢的生活。

一九四五年五月三十一日，美機B-26轟炸台北，我回台北帶祖母疏散到北投二姑媽家，本來搬到新莊的二叔父一家人，因靠近台北怕危險，也搬到竹圍來與我們同住。竹圍山上的小房子只有兩間房，因此分一間給他們後，我們一家大小七口就擠在六個榻榻米的小房間，僅有一個廚房，只好兩家互相輪流使用。看到二叔父一家人有魚有肉吃而流口水的我們，母親於心不忍，乃接受小妹幸子（碧霞）乳母的建議，搬到三重埔向其友人「阿好姨」租了一個破房屋居住，床只有一張，全家擠在床上睡覺，下雨還會漏水，滴在床上更加寒冷。為了支付房租及生活費用，乳母只好做些鹹粿給我及二妹碧月到處去販售。

自台北大空襲後，祖母搬到北投，志旭哥在台南高等工業學校（成功大學，台南工學院前身）不在台北，本來與祖母同住的大姐碧雲就到三重埔與我們團圓，但因長期的營養不良，加上登革熱、瘧疾流行，大姐生病，家裡沒有錢看醫生，母親只好到附近的德皇宮燒香拜佛討了一帖藥單，回來時在派出所門口撿到一個錢包，她要繳給派出所，裡面卻空無一人，由於急需錢用，便拿到中藥店買藥材，剩下的錢足夠維持生活費用以及做爲戰後的搬家費。日後母親常引用這個故事說「一枝草一點露，天無絕人之路」。

有一天母親在廚房煮綠豆湯，我在旁邊等著吃，突然間，住在隔一層木板的鄰居，房東阿好姨的兒子在哭肚子餓，母親聽到即把整鍋綠豆湯拿到隔壁給他們吃。我當時很不高興的哭起來，母親說：「憨仔！你今天才吃，隔壁的囝仔已經聽說兩天沒吃。」母親常說：「厝邊頭尾的人平安，咱才會平安，社會若好，咱個人才會好」。

母親沒有上過學校讀書，但篤信佛教，每天誦經，經文背誦得滾瓜爛熟。

八月的某一天，母親很高興的從外面回來告訴我們，她聽到廣播：日本天皇宣佈投降，我聽了很難以置信，豈有此理?! 日本是神國，那有可能戰敗投降？難道教育我們的老師說謊嗎？一定是母親聽錯了。不久後，鄰居們也都在傳誦該廣播內容而歡欣雀躍，遠處街上也傳來稀稀落落的爆竹聲。

大戰結束了，大家爭先恐後搬回台北，本來戰時傳言一棟房子只能換二隻鵝，如今都變成奇貨可居。我們住的這一棟樓房當時在延平北路是最高最大的，約佔地百坪，過巷與第一信用合作社爲鄰，該巷則通往風行一時的江山樓酒家。延平北路以前叫做太平通，日治時期是台北市最熱鬧的商店街，我家的門牌有二個：分別是延平北路二段一三七號及延平北路一三五巷一號、三號及五號，這棟房子是我祖父以我父親的名字建的。

爲了賺取生活費，母親就在三號樓下開設雜貨店，每天一早就到中央市場批來柑仔、香蕉、蔬菜及糖果、蜜餞、金紙、香條等零售。生意很好但並不賺錢，原來我們是大家族，親戚常來店裡只要喊叫一聲「阿姆」，就有東西可吃或有錢可拿，難怪未有盈利，加上巷仔內的窮困鄰居，往往欠帳不收，所以店愈開愈小，最後不得不關門大吉，遷到圓環租了一個百貨攤。圓環夜市很熱鬧，過路人很多，但對我們的小百貨攤卻無興趣一顧，有一次我放學後去看店，待了半天一個客人也沒有，這使我領悟到，絕不做小買賣生意，不做等待客人上門的生意，也就是說：做「批發」不做「零售」。

母親以慈悲爲懷，度量寬大，總是寧可自己吃虧給人好處，沒有錢就去標會，做會頭被人倒會也算了。我看不過去，有一次我到對面的一戶人家收會錢，進門一看家徒四壁，只有一張床和一個小火爐子，裡面一個小女孩看到我來收會錢，急得滴下眼淚，她看上去很清秀，但可惜右手被火燒焦了半截。我一時話說不出口，覺得還有些人比我們更可憐，心一軟，就空手回家了，也體會到母親爲什麼任人倒會不去收錢或任由人欠帳。

母親具有任勞任怨、悲天憫人的寬大胸懷，她最怕麻煩人家，待人非常客氣，對小孩子也不例外。小時候我的同學來訪，她都以親切的笑容迎接，拿出糖果、蜜餞、水果請客。如果正逢吃飯時間則特別從外面叫來切仔麵或客飯，因爲愛面子的她不想讓人家知道我們家窮，平日三餐，其實都很寒酸。

我三十而立，與同學吳西面合夥做生意，不到幾年賺了不少錢，三十多歲就在松江路買了一棟有車庫的洋房，庭園飼養很多孔雀、金鷄、銀鷄，並有噴水池養金魚。

母親則因不願搬移佛壇及祖先牌位而仍與志旭哥、世豪弟等在延平北路居住，但是每週必來松江路看孫子，她看到我有些小發跡很高興，談到以前被祖母虐待的往事，常會說到傷心處而流淚，她還提到祖父在台大醫院住院時，身邊只有她一人在身旁侍候，祖父說：「妳一生最孝順，也最沒有回報，你會有最好的後代。」祖父說完就去逝了，享年八十一歲。祖母晚年患有嚴重的糖尿病，移到我們家樓下由母親及三叔母照顧，但她七十七歲斷氣時，在身旁的也只有我母親，七十七歲的祖母離開人間時，剛好子孫有七十七人。

母親每次到我家頂多住一晚，因爲她每天一定要拜佛誦經，當時整條松江路二〇四巷只有我一部自用車，但她總是拒絕我送她回家：「我自己坐計程車回去就可以了！」她認爲我做生意很辛苦、太勞累、應該多休息，有一次我跟出去看她是否叫到計程車，卻發現她在門口公車站排隊搭公共汽車。

我在大專念書時喜歡跳舞，後來共有十六個舞友組織了一個「十六會」，由十六人輪流，每月十六日請大家吃飯，等於是結拜兄弟。其中的發起人陳維賓常跟我說：「世間若眞有活佛，那就是桂榮你的母親。」

我常感覺，我能在海外開創出一片天下，一定是慈母所積下來的陰德所賜。

「阿彌陀佛！」

第二章　親身經歷二二八事件

國軍來台

一九四五年八月十五日，日本向聯軍投降，同年九月二日，在東京灣的美國戰艦（密蘇里號）上，依照波茨坦宣言，日本向聯合國簽署投降文書，次日聯合國軍總司令部發佈第一號指令，命令在中國（不包含滿洲）、台灣及北越南的日本軍向蔣介石投降。這時，中國已經發生國共內戰，所以蔣介石麾下的中國軍，實際上就是國民黨軍。

蔣介石的國民黨政權沒有等待聯軍的第一號指令，即在九月一日公告〈台灣省行政長官公署組織大綱〉，並設立「台灣警備總司令部」，由陸軍大將陳儀擔任台灣省行政長官兼台灣警備總司令，葛敬恩爲長官公署秘書長。在無任何國際條約下，僅依據開羅宣言，蔣政權迅速地把台灣做爲中國之一省。於九月五日，陳儀在重慶設立臨時辦公室，自己擔任主任，其後九月二十八日設立「前進指揮所」，爲長官公署及警備總司令部的合同機關，開始準備占領台灣。

於此同時，前往大陸參加國民黨的部分台灣人先行返台宣傳，國民黨政權也暗地派遣隸屬特務機關的治安情報人員，擔任先遣部隊，爲權力移轉做暖身工作。

爲了接管台灣，長官公署自秘書長以下的八十多名先遣人員，於十月五日搭乘美軍飛機降落台北，並將前進指揮所迅速移至台北。其後的十月十七日，國軍二個師團一萬二千多名士兵及二千多名官員，分乘三十餘艘美國艦船，由美軍戰機護衛下登陸基隆港，並於次日進軍台北，雖說國軍戰勝日本，卻賴美軍全面的支援才占領了台灣。

進軍台北的官兵，士氣低落，軍紀渙散，衣服歪、帽子斜，身上掛滿了鍋碗瓢盆，排隊前往迎接的中學生及百姓們，目睹國軍的裝備與士氣高昂的日軍相差千里，驚愕之餘，不敢相信日本戰敗於中國，並開始有謠言相傳：「日本是戰敗於美軍，並非戰敗於國軍」。原來抱著歡欣期待的群衆，因驚愕與失望遂對於復歸祖國一事抱有疑慮。

承襲日本殖民統治

國民政府不但接收財產及統治機關，有一段時間還承襲日本殖民台灣的統治制度，依據〈台灣省行政長官公署組織大綱〉，行政長官在其職權範圍內可以發佈署令外，還可制定法規施行於台灣，又因兼任警備總司令的關係，亦擁有軍令、軍政等軍事權，這完全等同日本統治時代的武官總督，集立法、行政、司法、軍事諸權限於一身的新「土皇帝」。過去的總督府評議會改爲台灣省參議會，州與市的協議會改爲縣、市參議會，但同樣只是諮詢機關而非議決機構。一九四四年日本統治時代末期廢止的保甲制度，不但再度復活，甚至比以前嚴格，台灣總督府的保甲制度是十戶一甲，十甲一保的「十戶連坐」，而復活後改爲「五人連坐」制的鄰里制度，在新的官廳、公務員亦採「五人連坐」，對於住民的管制比日本統治時代還嚴厲。

「以黨治國」的國民黨占領台灣後，派遣許多人員整備黨的組織，台灣省有省黨部，地方有縣、市黨部、鎮、鄉設有區黨部，而在各黨部均有配置專屬的工作人員，監督指揮各級行政機關。國府以治安情報組織爲特務機關支持其統治，到處擴展其組織網，以警備總司令部的特務室爲頂點，自長官公署到末端的地方行政機關、公共團體、學校、公營企業都安排有特務網。

如此由黨、政、特的統治體制錯綜複雜，人員亦自然相當龐大，日據末期的台灣總督府，本廳人員僅一萬八千三百名，而長官公署則超過四萬三千名，不過是舉其一例。

台灣總督府及各級行政機關甚至日本企業，都歧視台灣人，上級職務全無台灣人，但下級職務則有相當多優秀台灣人，而這些有能力的優秀台灣人，原本期待復歸祖國後，享有活躍舞台的美夢，竟被外省人獨占而破滅，且其中太多無學識、缺乏能力的外省上司，使得台灣人更加不滿。

另一方面，曾經耀武揚威經常侮辱台灣人的日本人，及少數狐假虎威的台人刑警，在戰後多被算帳報復。台北二中，我的先輩有三人小組被稱爲「三隻烏鴉」，常替台灣學生打抱不平，戰後即回到母校找舊日老師算帳，他們在二二八事件後分散，一位是陳炳基逃往大陸，現擔任政協北京市委；一位是王子瑛被國民黨捉去坐牢，出獄後任職調查局，另一位是志旭哥。

接收敵產，大賺光復財

陳儀於一九四五年十月二十四日，率領長官與警備總部的幹部，從上海乘坐美國軍機飛抵台北，次日上午十時在台北中山堂（前台北公會堂）舉行「中國戰區台灣地區受降式」。

受降典禮儀式完畢後，陳儀經電台廣播，向島民發表聲明：「從今日起台灣正式復歸為中國領土，所有領土及住民的主權都屬於中華民國政府。」這個聲明，只是台灣土地領有權變更的單方面宣示，不管台灣人的意願如何，所有住民的國籍都從日本改為中華民國籍。

同日下午舉行「慶祝台灣光復大會」，台灣復歸祖國懷抱，台灣人的國籍變為中華民國，稱為「本省人」，而對中國大陸新來的人稱為「外省人」，並訂十月二十五日為「光復節」。

受降後，行政長官公署即遷往總督府，警備總部涉足台灣軍司令部開始接收，長官公署接收原總督府直轄官署，警備總司令部接收原日本軍設施，各縣也設有接收委員會接收地方官署。又「台灣省接管委員會」接管了日本的公營企業，而「台灣省日產處理委員會」則接收民間企業與私有財產，截至一九七四年二月底爲止，除了土地以外，接收的財產有：

⑴公機關五九三件，計二十九億三千八百五十萬日圓，

⑵民營企業一二九五件，計七十一億六千三百六十萬日圓，

⑶民間私有財產四八九六八件，八億八千八百八十萬日圓，合計五〇八五六件，總計一百〇九億九千九百九十萬日圓。以當時的幣值計算，是一筆龐大的資產。國民黨政府以這些原台灣總督府爲頂點的統治組織做基礎，輕而易舉在台灣構築了統治機構，全面掌握了台灣經濟，但在接收過程中飽私囊，人人皆知。

國府官僚的貪污不勝枚舉，穿著中山裝的官僚橫行於接收的地方，大斂「降伏財」或「光復財」，官吏們依照日本人所留下詳盡的財產目錄接收，但後來目錄屢遭竄改，很多被接收的財產消失無踪。有一則流傳民間的眞實笑話，由於財產目錄上登有「金槌」一項，接收官吏以爲是金製的，於是第一個要求提出「金槌」（按日本人的金槌，就是中國人的鐵槌）。長久受過日本教育，已成爲法治國家國

民的台灣人眼中，對於「祖國」官吏公私不分、貪污腐敗的駭人行爲，都覺得不可思議。對於一時之間從戰時體制下「滅私奉公」急轉變成「滅公奉私」的世界，台灣人心中對於「祖國」的國府相當失望而漸生輕蔑，不滿之情與日俱增。

被接收的公民營企業

日本的主要公民營企業被接收後，大部分變成國民黨的國營企業或台灣省營企業。

台灣銀行、台灣儲蓄銀行、三和銀行，合併爲台灣銀行；日本勸業銀行變成台灣土地銀行；台灣商工銀行變爲第一商業銀行；華南銀行爲華南商業銀行；彰化銀行爲彰化商業銀行；台灣產業金庫變成台灣省合作金庫，都屬於省營。經營生命保險會社的千代田、第一、帝國、日本、明治、野村、安田、住友、三井、第百、日產等，則被合併爲省營的台灣人壽保險公司。

海軍第六燃料廠、日本石油、帝國石油、台拓化學工業、台灣天然瓦斯研究所等，合併爲中國石油公司。日本鋁業變成台灣鋁業公司；台灣電力會社變成台灣電力公司；大日本製糖、台灣製糖、明治製糖、鹽水港製糖，合併爲台灣糖業公司；台灣電化、台灣肥料、台灣有機合成等，合併改爲台灣肥料公司；南日本化學工業、鐘淵曹達、旭電化工業等，被合併改爲台灣鹼業公司；台灣製鹽、南日本鹽業、台灣鹽業，被合併改爲中國鹽業公司；台灣船渠基隆造船所改名中國造船公司；台灣鐵工所、東光興業高雄工廠、台灣船渠高雄工廠，被合併改爲台灣機械公司。以上屬於國營企業。

另外，省營的還有淺野水泥、台灣化成工業、南方水泥工業，合併爲台灣水泥公司；台灣Pulp工業、鹽水港紙漿工業、東洋製紙工業、台灣製紙等，被合併爲台灣紙業公司；農林關係的八家製茶工廠、六家鳳梨關連的工廠、九家水產關連公司、二十二家畜產關連的公司，被合併爲台灣農林公司。又，二十四家礦業關連工廠、三十一家鋼鐵機械關連工廠、七家紡績關連、八家關連玻璃、九家關連油脂、十二家關連化學製品、十四家關連印刷、三十六家關連窯業、五家關連電氣器具、十六家土木建築等，則合併爲台灣工礦公司。

上述的四大省營公司，即台灣水泥、台灣紙業、台灣農林及台灣工礦，後來因陳誠省主席的「三七五減租政策」而釋放爲民營，而以該四大公司的股票爲價金，徵收我們王家的龐大土地。當時該四大公司隸屬省營而虧損累累，市場股票價格僅約值承受價格的十分之一，而我二哥把它賣掉，償還母親因濟助鄰居所負的債務而化爲烏有。

經濟破壞，社會混亂

國府占領台灣接收日產的一切，隨後即切斷台灣與日本的關係，從此台灣經濟納入中國經濟的一環，過去從屬於日本的經濟亦移屬於中國，當時的中國經濟，因爲對日抗戰及國共內戰而趨疲敝，正面臨崩潰的狀況，當然連帶波及到台灣。本來輸出日本的米、糖，轉向中國大陸輸出，而從中國輸入日用雜貨或工業用品。經濟崩潰前的中國，物資非常缺乏，加以惡性通貨膨脹，物價無止境上昇，由台灣輸出的貨品價格也被帶動猛漲。

國府占領後，將台灣圓以一比一比例兌換爲台灣元，並將台灣元與中國的法幣（後改爲金元券）兌換比率固定，不當地抑制台灣元之故，輸入的商品之價格就更加上昇，中國的惡性通貨膨脹，經過商品交易及通貨交換比率而波及到台灣，混亂了台灣經濟，威脅島民生活，占領台灣不到六個月的一九四六年初期，台灣的經濟就被破壞了。

被日本人譽爲「穀倉」的台灣，在終戰當時還蓄存可養十六萬餘軍人二年的食糧，到了同年十一月底，僅僅幾個月後就發生全台灣米糧不足的嚴重狀況，這是因爲大量的米被輸出到中國大陸。由於米糧不足，米價不斷地飆漲。終戰當時一斤兩角錢的米價，到十一月底僅數月就漲六十倍，達十二元，米僅是一個例子，實際上，到了一九四六年初時，所有物資均因通貨膨脹，苦透了台灣住民。而國民黨政權卻用增印紙幣的方式應付通貨膨脹的惡況，台灣銀行的印刷機每天加班印刷紙幣，一九四五年發行額五十三億多台幣，到了四八年已增加到一千四百二十多億，最後因來不及印刷，各銀行支店採取發行本票的對策，亂發本票的結果，使台灣經濟更加惡化。

經濟惡化加上失業者急增，混亂了社會秩序。日本戰敗，大量留學生從日本返台，調派前線的台灣軍人、軍屬、軍伕亦都相繼回到台灣，卻無工作機會可容納這些人，有的工廠在戰時受到轟炸損壞，有的工廠接收後未能順利運作，加上國民黨政權排除台灣人，因而就業機會銳減，三十萬失業人口溢湧於市區，使治安急速惡化，日本統治時的「法治國家」轉變為「無法地帶」，公共汽車、貨物列車等大眾交通工具或私人汽車等，都必須要有警護人員隨行保護。

山雨欲來風滿樓

除了因為失業人口激增，造成盜賊四起外，戰後駐台軍人的軍紀敗壞，也成為社會動盪的一大禍源，戰前的台北市，夜不閉戶、路不拾遺，商店定價後，不作興討價還價，但是自國軍（七十軍）來台以後，軍警作威作福帶來許多問題，簡單舉幾個例子：當時台人普遍都騎腳踏車，譬如到郵局辦事，都把車停在郵局前面的車架裡，那些兵一看沒鎖也沒人看，雖然不會騎車也把車背了就走。以前，房屋沒有鐵門也沒有圍牆，只是用幾塊石頭圍成院子種些花草，有一些士兵一看屋裡沒人，跑進去就拿東西。還有，不守秩序，坐車不買票，搭火車不走車站正門，從柵欄上就翻躍進去，下車也不走車門，從車窗就跳進跳出，軍人上菜館酒家不但不付錢，對女招待動手動腳，一旦惹起反感則開槍示威。從前，日本軍人若私人外出都換私服，若公事外出則一定穿整齊軍裝佩劍，穿長統軍靴，威風十足，比起戰後常常看到將校級軍人穿野戰軍裝，手拿菜籃，在市場買菜討價還價，實在看不習慣。國軍來台初期，大部分駐在小學校，因此小學生上課半天，但不久之後小學生沒有椅子坐，後來也沒有桌子，原來士兵們拿去當燃料燒飯菜呢。許多軍人穿軍裝公然偷竊、耍賴、詐欺、恐嚇、調戲、強姦、搶劫、殺人，無所不爲，更令人痛心！台灣人對於新同胞的統治者，從滿懷期望到失望不滿，開始批判，台灣人本來稱大陸的人爲「唐山人」，這不但沒惡意且有親切感，但繼而就叫做「阿山」，有些嘲笑鄉下人之意，到後來就變成「豬」，市街人民常感嘆「狗去豬來」，狗（日本人）很嚕嗦但會看家守護，豬就貪欲無窮且不衛生，十分輕蔑歧視。

台灣的知識鄉紳漸漸開始向長官公署提出意見與要求，但都毫無回應，因此自一九四六年起，台灣各地就有了「人民自由保障委員會」等組織產生。台灣大學教授林茂生所主導的《民報》社論就說：「台灣要維持法律秩序不能再靠警察了，人民必須採取自衛措施。」對長官公署的無能與腐敗大肆批評，台灣省參議會也震怒地批評長官公署的失政。加上一九四六年所發佈，預定一年後開始施行「中華民國憲法」，陳儀行政長官卻在一九四七年一月指出：「台灣人民長期在日本統治下，政治意識退化，缺少自治能力，因此必須多延二、三年才能施行。」更加助長了台灣人的不滿。

擦身二二八事件

一九四七年二月二十七日，那個掀起台灣民衆一頁驚濤駭浪命運的晚上，我人就在歷史現場，差點跟賣煙的婦人一樣成爲導火線的當事人。

五十年前，我只是一個十四、五歲掙扎於生活邊緣的少年，由於父親早逝，從小就利用放學課餘到住家附近的第一劇場，太平館（國泰戲院）前兜售香煙，賣些零食雜貨來貼補一家十口的家用。戰後初期，台灣物資非常缺乏，物價極度不穩，黑市交易活絡，住在大稻埕附近的市井小民，不少以販賣走私香煙謀生。我上了初中後與妹妹碧月及弟弟世豪，也專心加入賣煙的行列，以後更利用週日到基隆碼頭批煙，兼做中盤。台灣公賣局出品的香煙，「香蕉」牌、「樂園」、「新樂園」、「雙喜」等等不管什麼牌，剛出品時的品質還好，但經過數月以後就偷工減料降低品質，另換牌子以不同包裝方式漲價出售，所以走私的外國煙、上海煙很盛行。為了鑑定香煙的好壞，我自己自十五歲那年就開始吸煙，當時我在家門口擺香煙攤，晚上一邊讀書一邊做生意，每天賣煙賣到凌晨兩點，白天則由讀小學的弟妹們負責，因為學校被國軍佔駐一半，小學生只能上下午輪流上課，剛好補我的空檔。

二二八事件發生的那年，我是成功中學的二年級學生。我家住在延平北路二段一三五巷一號二樓，而那個被緝煙警察打傷引起二二八事件的婦人「林江邁」，是一三五巷尾的鄰居，巧的是不論零售或批發，她的煙攤都與我為鄰，阿邁姨是個命運坎坷的女人，她的丈夫被日軍拉去南洋當炮灰，靠著賣煙來扶養兩個男孩，大兒子「土龍仔」跟我同年。他的弟弟也跟我的弟弟世豪同年，在那個時代，大稻埕雖是台北市最熱鬧的地方，可是一到天黑，街上都很暗，所有攤販只有點著昏暗的硫磺燈，因此唯一有「電」，最明亮的「萬里紅酒家」、「天馬茶坊」附近，到了晚上就取代了台北後車站鄭州路一帶，自然形成煙販「批發市場」的夜市聚點，在燈火通明的走道兩側，滿滿的煙販大家各據地盤，攤在地上一塊塊布巾上，擺著各種品牌的條煙（每條十包），在此起彼落的議價聲中進行交易。

「二二八事件」風雨欲來的前夕，我們都有耳聞要抓煙販的風聲，但為了生活，大家還是鋌而走險。因爲，平常警察也常抓私煙，抓到了只抄煙不抓人，儘管不抓人，可是被抄的煙往往是煙販的全數財產。

二月二十七日那天晚上，吃過飯後，我又照例去「天馬茶坊」前，與阿邁姨並排賣煙，大約八點左右人潮最多時，我看到路上突然停住一輛軍車，跳下數名身穿黑色制服帽帶槍的警察，一副來勢洶洶的衝過來。「警察來了！」「緊走！」驚聲四起，全場騷動，我因年輕眼明手快，包袱一收拔腿就跑，跑路中，我聽到慘叫聲「阿榮仔！」回頭一看，林江邁抱著她的包袱，正拚命與一位緝私人員拉扯，我立刻趕回去幫助她搶包袱，就在僵持不下時，那位緝私警察竟然拔出手槍，用槍托打了「阿邁姨」的頭，血頓時湧了出來，趁對方鬆手的刹那，我搶回「阿邁姨」的包袱，一路奔往她家，告訴她的兒子「土龍仔」：「出事了！」

與「土龍仔」趕回現場時，我們看到頭上被綁上繃帶的「阿邁」，正搭上黃包車被送往醫院：而一群緝私警察原本躲在「萬里紅酒家」對面的「光」冰棒店裡，關起店門，舉槍向包圍的群衆亂射，不幸射死一位年輕男人後，一群憤怒的群衆遂將停放路邊的軍用卡車推倒，翻得四輪朝天的卡車因而起火燃燒，熊熊的火焰沸騰了現場的氣氛……

第二天，二月二十八日當天，我像往常一樣到了學校，發現學校不上課，老師都跑光了，才發現事態出乎意外的嚴重，大家解散回家的歸途中，在中山北路，我看到一群人圍著一個爬在路旁被脫光衣服的婦女，受大家謾罵無恥，嫁給外省人；再往前走，走到長安西路，一個穿長衫的外省人被打得右眼突出，雙手合掌向行人行禮，而旁邊有幾位台灣人護著他，繼續喊叫「不要再打！他不是壞人」。

此時有一群憤怒的群衆往台灣公賣局抗議，要求處分惹禍的緝私警察被拒，憤而搬出辦公桌椅及公務卷宗在路上焚燒。其後，群衆集合於長官公署前示威要求行政改革，遭到憲兵從屋頂架機關槍掃射，數十人死傷。

當我與鄰居的同學杜坤崙一起走回到延平北路時，看到群衆圍在「謝娥」女婦產科診所前，從樓上丟下傢俱在路上燃燒，有一洋人在照相時被阻止，差一點被圍毆。

在延平北路的路上有一群打赤腳的大漢，沿街以日語詢問穿長衫的可疑人，如得不到日語回答則疑是大陸「阿山」，加以拳打腳踢。

事態愈來愈嚴重，台北市的商店都關閉，工廠停止工作，學生罷課，警備總司令部宣佈戒嚴令，但是加入抗議的市民愈來愈多，並占據廣播電台向全省播報狀況，引起全省暴動，不可收拾。一年多來台灣人對國民黨的不滿全面爆發，不僅大都市，連部分鄉鎮都有群衆襲擊官廳及警察局，毆打外省人，軍警及憲兵雖然以槍炮鎮壓亦無法制止事件迅速擴大。

三月一日，台北市由民意代表組成「緝煙血案調查委員會」，向行政長官公署要求設置「二•二八事件處理委員會」，得到陳儀的承諾，當日下午陳儀廣播幾點要項：

⑴ 解除戒嚴令。
⑵ 釋放逮捕的市民。
⑶ 禁止軍警向人民開槍。
⑷ 組織官民合辦的事件處理委員會。

次日三月二日在台北市中山堂，以民意代表爲中心的「二•二八事件處理委員會」成立，長官公署亦派五名官員參加，但在會議當中街上仍槍聲不斷，委員會要求開槍的警察大隊解散又被拒絕。

三月五日「事件處理委員會」的〈組織大綱〉，被採用的「台灣省政改革」主要有：

(1)長官公署秘書長，民政、財政、工礦、農林、教育、警務等處長及法制委員會之半數起用台灣人。
(2)公營企業委由台灣人經營。
(3)即時實施縣市長民選。
(4)廢止專業制度、貿易局及宣傳委員會。
(5)保障言論、出版、集會的自由。
(6)保障人民的生命與財產安全……等等，「二・二八事件處理委員會」成爲政治改革的推進機關。

三月六日，事件處理委員會發表〈告全國同胞書〉，提出「……透過這一次事件，我們的目標是掃除貪官污吏，與實現台灣的政治改革，決非排斥外省人，我們也很歡迎外省人來參加政治改革行列。」

三月七日，事件處理委員會在仍舊混亂的局面中，採取了三十二條〈處理大綱〉以外，又追加了：撤廢警備總司令部，由委員會接管武器彈藥……等十條，合計四十二條，通過廣播電台公佈，但是次日三月八日下午，國民黨政權的增援部隊從基隆與高雄登陸以後，台灣頓時成為活生生的人間地獄。

虐殺與肅清

陳儀一方面派公署代表與事件處理委員會虛偽交涉，另一方面秘密向中央政府請求增援部隊，並暗中擬定肅清名單。

中國派來的憲兵第四團（連隊）二千名及陸軍第二十一師團一萬一千多名的增援部隊，從基隆及高雄兩港口上岸後，見到台灣人不管三七二十一就無情的開槍亂射，這些增援部隊的裝備與武器，都是經由美軍的援助而來，其精密程度與先遣的接收部隊不同，因此沒有武器的台灣人絕非對手。

陳儀得知增援部隊的到來，馬上宣佈「二・二八事件處理委員會」為不法組織，並強令解散，同時對於台灣人的殺戮整肅從基隆、高雄開始，由台北至台東、屏東，兩週之內鎮壓全省每一角落。

殺戮的手段除了使用機關槍以外，以刀削耳鼻、再以鐵線穿入掌心，數人一組繫在一齊，或裝入麻袋摔入海中……等，極為殘虐，被逮捕者在街上遊行示衆後再予處刑或棄置，很難相信此等暴行是二十世紀文明人所為，更不能相信竟是祖國同胞做得出來。

大肆虐殺後，警備總部於三月十四日放話：「三月十三日前已平定全省，即日起開始肅奸工作」，即以戶籍調查之名目開始全面搜查與逮捕，「肅奸」對象則是除了事件相關者之外，雖無關連卻是社會賢達、民意代表、律師、醫生、作家、教師等多數知識分子都被逮捕，我的同學的父親黃朝生醫師、台大教授林茂生、我太太同學的父親陳炘董事長、施江南醫師，其他如有名的律師湯德章、醫師張七郎都慘遭不幸，連屍首都無下落。

對於台灣人過分的鎮壓與殺戮，招致國際社會尤其美國的批判，美國駐中國大使司徒雷登於四月十八日提出給蔣介石「關於台灣的備忘錄」，嚴厲譴責國民黨軍對於台灣非人道的暴行。這時的國民黨因國共內戰已顯露敗跡，需要美國援助，蔣介石不能無視美國的意向，因此於同月二十二日將陳儀免職，並於五月一日將其召回南京，後因陳儀私通共產黨而經軍事裁判，以判亂罪處刑。

二・二八事件過後，學校恢復上課，但人人還是提心吊膽，常常在放學途中看到軍警或聽到槍聲，我們學生就躲進僅開小門的商店避一避，店東也多趕緊關門讓我們躲在裡面。經過虐殺與肅清的威脅，民眾都感到風聲鶴唳、草木皆兵，在極度恐怖中過日子。

肅清工作後，長官公署於二十日起開始了「清鄉工作」，陳儀在〈清鄉工作告民衆書〉發表說：「政府爲保護善良人民，維持治安，要徹底的消滅惡人，清掃隱匿的少數亂黨叛徒。」「主要對象就是武器與惡人，所有持有武器及知有惡人者，交給政府合法合理處理。」當時台灣人沒有槍，所謂武器即指「武士刀」、「木劍」，所謂惡人即指「批評過政府的知識分子」，許多外省人因無能被羞辱或貪污被告發者，藉此公報私仇，透過五人連坐制度及密告獎勵制度，陷害與事件全無關連的人，不勝枚舉。這些被害人大都沒有經過公開審判就被定罪，除非其家族償付很多「贖罪金」及賄賂金才能倖免。「二・二八事件」有關的逮捕到一九四九年開始緩和，但是「注意人物」的逮捕與監視則持續到戒嚴解除以後。

二・二八事件發生後的一個多月時間，被殺害的台灣人據統計約有二萬八千人，相當於日本五十年統治時期因武力抵抗被殺人數，至於被逮捕後處有期或無期徒刑的人，則因數目龐大無法調查，但台灣人的知識分子、社會士紳，都因被殺害或長期監禁，造成很長一段時間台灣社會沒有領導者。

在戒嚴及白色恐怖統治下，台灣人在政治上是沈默的一群，國民政府對於台灣人的政治改革要求以虐殺與肅清手段封住，且以身分證出身欄區分外省人與台灣人，製造外省人與本省人的對立。由於省籍矛盾，台灣人對於國民黨政權及外省人產生嫌惡感，深以做中國人為恥，而萌生台灣獨立的志向。但是在台灣，任何政治運動甚至組黨或示威遊行都被禁止，台灣獨立運動遂在海外展開，先由日本開始，漸漸延至世界各國，一九六〇年代以後，美國留學生急增，美國遂成為世界台灣獨立運動中心。

因二二八而開悟

近代中國最偉大的文史學家柏楊先生在其著作白話版《資治通鑑》第八冊第九頁中，答李寧記者訪問有關中國文化時曾表示：「我認為中華傳統文化中有很多是不值得復興的……，還應徹底消滅。」他舉例說：像殘忍的刑罰，包括誅九族、口供主義、宦官制度、小老婆制度、君尊臣卑、不把人當人的觀念，都是惡劣的東西應該消滅。他接著說，很少人了解古代中華文化是什麼，大家在高唱復興中華文化的時候，很多人都以爲中華文化全都優美，無懈可擊。但並不完全是，我盼望大家對中華文化重新解讀，不再人云亦云。

每次我聽到人說「中國五千年優秀文化」時，腦裡閃出來的除了中國菜、大圓桌、轉盤以外，我並不知道優秀在那裡？比起英文二十六個字母，日文的五十個字母，兩萬多個漢字阻礙了科學的發展，經過五千年只有極原始的四大發明及毛筆畫以外，實在乏善可陳，遠落後開發國家的文明，爲了探知中國優秀文化，我曾經請教過不少前輩卻從未得到要領，貴爲行政院副院長、考試院長的邱創煥先生寄了一本他的著作《孝》一書代替了對我的答覆。

綜括至今我所得到中華文化之優秀的認知不外下列幾種：亦即孔子之大同世界、忠孝仁愛信義和平、禮義廉恥、倫理，實際上——

(1)「大同世界」：只是理想世界，除非全國的人民都富有或都貧窮才有可能發生，只要稍有財富分配不均，就不可能實現，現實上，朝向大同世界的社會主義國家都沒有比資本主義國家好。

(2)「忠」：愚忠於皇君帝王，君尊臣卑，人民無自由、無民權，百姓如螞蟻。

(3)「孝」：孔子把「孝」分爲二十四孝，把製造人類後代列爲第一，說「不孝有三，無後爲大」，父母死，守其墓三年列爲第二孝，如今世界變化多端，日新月異，如父母不同時死，守墓六年斷絕社交，停止做事，不落伍、被社會淘汰才怪。在東方國家以日本及中國爲例，媳婦不論公婆待其如何，逆來順受三從四德，「孩兒有耳無嘴」，有些婦女出嫁後，思念娘家，小施奉獻回饋養育之恩卻被視爲大逆不道，我的母親即因小施接濟娘家被婆婆責罵不守婦道不知節儉。

(4)「禮」：中國人「禮多人不怪」，講禮數以紅包大小而論，「花插先前」鼓勵賄賂，沒有紅包或宴請就是不禮貌。

(5)「恥」：中國人愛面子、不知恥，以顧面子保持尊嚴。

(6)「廉」：中國官吏不論官位大小，很少有不貪污，以貪污來的錢買官位，求高昇，不知廉潔，行政機關、司法機關及軍隊都是如此。

(7)「仁愛」：仁愛是屬於宗教的情懷，任何宗教都有此類教導。受到印度佛教的影響，中國人談仁愛，仁愛並非中國的傳統文化。

(8)「信義」：中國人重感情，不講法、不守法，能詐善騙，無信無義（只有江湖義氣），陳儀即欺騙過台灣人。

(9)「和平」：中國的觀念是寧可資敵不予家奴。殺一儆百，寧可錯殺百人亦不放過一人。因無力打外國人所以中國人只打中國人。中國五千年戰禍連連，以槍桿取政權，現今中國對台灣仍說不放棄武力，難道這是愛好和平的民族嗎？

(10)「倫理」：一般對倫理的解釋是「尊老敬賢，長幼有序」，這並非中國特有，差不多我所到過的國家都是如此，包括英、美、日、南美等國家，英美日等國家都有「老人福利」，中國人是三代同堂，大家長式大家庭，老人照顧孫兒們，年輕人養年老父母。

總結上述人云亦云的中華優秀文化，就是孔子文化，就是皇帝文化、大一統文化。值此二・二八事件五十週年，台灣人必須認清二二八的起因與影響，從教訓中應徹底地覺醒，謀取光明的未來。發生二・二八事件的原因很多，如語言隔閡、風俗習慣不同，難與溝通，中國人仇視日本人，亦仇視受日本教育之台灣人，以戰勝者姿態君臨台灣，事件發生後處理不當，當政者分化本省與外省人使其對立等原因以外，最大的原因是文化差異。

中國五千年的貪污腐敗文化，與融合有歐、中、日混合的法治台灣文化之衝突，善良的台灣人及大部分外省人均受到災難。

在台灣已共生五十年的四大族群，若有追求獨立自主的決心，最重要的就是徹底改善中華文化，汲取西方文化精髓，融合開創新台灣文化，以適應進入二十一世紀後的國內外新環境。

第三章　阿兵哥生涯

鳳山軍校第二期預訓班

一九五三年我行政專校畢業，依規定，大專院校畢業生都要入伍接受軍事訓練，所以我們就到鳳山軍官學校受基本訓練四個月，我是屬於第二期預備軍官，在預訓班第一大隊第四中隊第三區隊第三班，班長是剛從陸軍官校第二十四期畢業的學生名叫林彤，是典型的廣東人，口音很重，頭一天點名的時候叫了三次我才知道是在叫我。他雖然管教得很嚴，但似乎很喜歡我的樣子，我也覺得他是仁慈的好長官。

每天早晨六時起床喇叭一響，起床、穿衣、漱口、洗臉、如廁、整理床務，軍毯必需疊得方方塊塊像豆腐一樣，這麼多動作必須在一刻鐘內完成，六時十五分集合早點名，做早操，六時半長官訓話（中隊長或區隊長）以及指導員（政工人員）講話後，七時吃早餐，每人一個饅頭一碗豆漿（或一碗稀飯與豆腐乳或幾粒土豆）；七時半，擦槍、清潔環境；八時起入教室上軍事課；十二點午餐，吃中飯，菜是由我們學生輪流採買，因此菜色好壞全靠運氣。午餐後約半小時自由活動後上床睡午覺一小時，睡午覺是強迫的，班長會來檢查是否每一個人都按時入睡，一小時後班長進來寢室吹口哨叫醒大家，起床整理床單軍毯後，通常都在操場上操槍或野外軍事訓練；六時晚餐後，大家都爭先恐後往福利社買木瓜或香蕉補充一點維他命C，否則會便秘。八時開始的兩小時夜間課以前，我們要洗澡，都是冷水澡，順便洗內衣褲和襪子，軍服則因為自己沒有時間及設備的關係，付費交由老兵們代勞。

晚上十點入寢室睡覺，睡覺喇叭一響，班長就進來查看是否每一位學生都在床上，每一寢室只能有一位空床，因為一定要有一人持槍站衛兵，每小時輪班換人。

鳳山軍校四個月的基本訓練是一生中最辛苦的，一個口令一個動作，把我們訓練成機械人一樣，但說也奇怪，當每一個學生都在喊苦時，我並不覺得苦，我虛弱的身體強壯了，有規律的生活使得我的精神飽滿了，不需要像小時候每天都在爲明天而煩惱，只要照班長的口令動作就可以了，四個月後畢業時，我的體重六十公斤，那是至今我最重、最健康的時候。

受訓大約第一個月以後，每週最守規矩的學生可以放特別假，即星期天可以外出。而得到特別假最多的是一位名叫陳欽思的學生，因爲他比我好，後來我與吳西面合開貿易公司時，我特地跑到北投請他來跟我們合作負責會計，他是台大商學系畢業的高材生，又是我學生時代常一起去跳舞的朋友陳欽亮的哥哥，這兩位兄弟都是後來我們十六兄弟會的一員。

軍校中有一個幹政工的指導員面孔看起來像土匪一樣，是軍訓學生最討厭的長官。我在行政專校時就經由同校前輩推薦介紹加入國民黨，而由訓導處金曄先生辦理手續，成爲正式學生黨員，兩位推薦人其一爲後來成爲桃園縣民選市長的許新枝，另一位則是現任總統府資政的黃信介先生。

這個幹政工出身的上尉指導員講話粗魯態度傲慢，似乎也管上了我們忠厚誠懇的中校級隊長，又常常利用我們中午午睡時間或晚上休息時間，召集我們隊伍裡的黨員訓話，內容八股，又要求我們每週寫報告，檢視那些人思想有問題或行爲可疑，因爲我最討厭做那些小報告，對他的話不太理睬，便成了他的眼中釘，處處找麻煩爲難我。

小時候母親曾帶我去給唐山來的術士算命，他說如果我去做軍人最有前途。軍訓受完了，有一天林彤班長找我談話，他說我很適合做軍人，應該去步兵學校謀求發展。本來我也很有興趣，在軍訓時成績也名列前茅，但是一想到有指導員那種人在軍隊裡，心裡就發毛，最後還是拒絕了，否則我的人生可能是另一番情況。

基本訓練結束以後，我志願分發到輜重學校，目的是想學開車，但是林彤班長指定我到炮兵學校，當晚我喝酒哭了一個晚上，林班長還來安慰我，苦勸我留在軍隊發展。

在台南炮校的生涯，有幾件難以忘懷的往事，值得一提。

我們一進台南炮兵學校，官階就是少尉，但是穿野戰軍服就沒有在鳳山軍官學校的呢布金黃色軍裝佩帶小劍、穿長統皮鞋那麼威風，不過每個星期日早晨，學校門口就有許多穿戴漂亮的姑娘們迎接我們出去上街遊玩，比鳳山的小姐們更高尚、更熱情。南部的女孩子都希望有機會交到北部來的青年做朋友，如有緣分的話還可嫁到台北。

萬萬沒有想到在文學校學到的幾何與三角，對於炮兵的領導與指揮那麼重要，剛好幾何與三角兩課程是我最喜歡的，從來沒有拿過少於滿分，所以非常愉快的度過在炮兵學校的半年時間。

公務員難爲

當我還是小學生的時候，正逢第二次世界大戰末期，每天都有美國軍機空襲台北，我經常躲在樓下的防空洞，爲了打發時間，通常看些日文歷史故事書籍。當時到北門口的市立圖書館借書完全免費，所以我走得很勤，差不多日本歷史上的偉人豪傑英雄傳記我都看過。有一本叫做《太閤記》的書，內容敘述日本戰國時代第一個統一日本的人物「豐臣秀吉」。豐臣秀吉小時候叫做木下藤吉郎，是一個浪人，窮得三餐不繼，但他後來有一個機會到當時的日本第一大武將織田信長處擔任小廝，負責看管織田的衣裳穿著，木下很誠懇細心，在冬天，他每天在織田未起床前就將織田的拖鞋放在胸中取暖，織田每早起來就穿到溫暖而不是冷冰冰的拖鞋。木下爲什麼會這樣做呢？因爲他認爲雖然做一個賤役小廝，但他要盡力而爲，要做第一好、一級棒，如此自然會受到重用與賞識，果然織田對木下另眼看待，不次拔擢，木下由此而昇爲牽馬、步兵班長，以迄武將，最後賜姓豐臣做到大將軍，成爲第一位統一日本的歷史大人物。當我還是小孩時深深地爲豐臣秀吉的故事所感動，常想以他做爲榜樣，這對我一生的作爲產生重大影響。

預備軍官受訓結束後，我依就業考試的志願被分派到財政廳服務，當年全省起徵的貨物稅是國稅，但是當時還沒有國稅局，所以被轉派到台北縣稅捐稽征處新莊分處，地點在三重埔，離我家騎腳踏車約十五分鐘。我的官階是委任九級，第一個月拿到薪水六百多元，剛好買了一件淺青色的夏天西裝。

我的主管課長對新起徵的貨物稅瞭解有限，所以叫我自己研究並嚴格執行。我的第一個工作就是到離新莊分處最近的一家專做縫衣線的木心的工廠，因爲木材必須課貨物稅十五％，姓盧的老闆囤積很多做木心原料的木材，對於我的查訪愛理不理，很不合作，我乃照課長指示依法嚴格辦理，但隔日課長找我談話，要我馬馬虎虎即可。

我所管轄的區域還有在新莊的美臣香皀廠及生產方糖的幾家小工廠，與在三重埔的製紙工廠。蔡老闆知道我的來歷後，告訴我他的製紙工廠以前叫做東洋製紙，是向我祖父買的。也有些製造化妝品的工廠規模都很小，設備也簡陋得很。

生產方糖的小工廠僅有兩三個大火爐與模型，而製造化妝品的則僅在客廳放幾個大面盆與包裝瓶，連一部機器都沒有，我眞不相信那也算是工廠，但客廳的牆壁上卻都貼有工廠登記證。這些不像工廠的工廠主人倒也都非常客氣，為賺一點小錢糊口，忍氣吞聲稱呼我這個小職員為大人，對於這些可憐的小商人，要我嚴格執行中華民國的稅法是一件痛苦的事。另一方面，對於大廠商要求我嚴格執行或馬虎放鬆的卻是我的頂頭上司。

初出社會擔任一個政府官員，我很想做盡職的一個好稅務員，當時還不會喝酒的我，每天晚上被上司及同事強帶去接受商人們的應酬，感覺非常痛苦。我這個小稅務員，同情小商人、不願接受大商人宴請招待的結果，就是六個月後接到派令，調動轉勤到新店分處。我在新店分處的頂頭上司名叫吳健行，是福州人，他很會做人，與我的交情非常好，一直到今天我們都還有來往，他結婚時我還做了伴郎。但是也不知何故，僅半年後我又接到派令，轉調彰化縣溪湖糖廠做駐廠員，配有日式房屋一棟，一個人居住，我當時尚未結婚，鄰居糖廠職員的女孩們爭著為我煮飯、洗衣，過得有如王子般愉快的生活。在這裡我認識一位保警童德愷先生，及溪湖派出所的一位巡佐鍾先生。童先生是溪湖糖廠的保警隊長，他說本來是刑事隊長，因誤殺了一個人被降級派到溪湖鄉下當保警，與我很合得來，差不多都在一起。鍾巡佐有一位大姐在菲律賓很有錢，有一天寄來壹萬元給鍾先生，要他改行去做生意；鍾先生於是由朋友協助向台北訂了一批貨，與在彰化的買主也講好成交價錢，篤定可以大賺一筆，到了約定到台北交錢接貨的前一天，突然接到次日起要演習的命令，禁止所有警察請假外出，只好請了一位朋友代他前往台北辦事，但事出意外，這一位朋友騎機車往台北途中與一部貨車相撞身亡，所帶的壹萬元也不見了。鍾先生覺悟了自己的命運就是終身當小官吏，不能擁有財富。

七分靠運命，三分靠打拼

有一個與吳西面很要好的陳姓藥商告訴我，他父親不能賺錢，每次賺錢就生病，賺了大錢就生大病、賺小錢生小病，不賺錢從來不生病。俗語說「人算不如天算」，從過去的經驗及所見所聞事，使我深深感到人的一生七分靠命運三分靠打拚，這不是說人的努力不重要，可以不努力每天等待運氣，我與吳西面合作做生意，前七年內沒有週末或週日的休息，且每天都工作十幾小時，像這樣勞力與腦力全部奉獻工作上，在我的事業成就上只能取得三十分。但是人的命運不是自己可以主宰，假定一個人的命運不好也不壞，平均可以拿到三十五分，兩項加起來就有了六十五分，在事業上取得了六十五分算小有成就了。一般公務員工作八小時，還利用公家上班時間看報紙小說的人，恐怕祇能拿到十五分成績，兩項加起來僅得五十分，如果不貪污則僅夠維持生活而已。德國獨裁者希特勒，每天祇睡四小時，當他運氣好，取得了七十分的命運成績加上三十分的全部努力，總分加起來一百分時，他可以號令歐洲，但他因壞事做盡而命運分數僅取得了零分時，就是拿到人爲部分的三十分兩項加起來也是只有三十分，就要失去一切權力而坐牢了。

「命」是註定，但「運」可以改，若是要「運」好，就要積善積德，俗語說「善有善報，惡有惡報」，「報應」有時很快有時很慢，但不是不報而是時機未到。

有一天，有一位財政廳的同事來溪湖出差，我親切地招待他到我的宿舍，他很羨慕我的工作輕鬆又有好宿舍住。其後約過了一個月，我接到調動令，乃前往彰化稅捐處人事處查問，原來是那一位受到我熱情招待的山東老鄉，去活動來接替我。

我在糖廠的工作就是每天早上約花一個小時，數數出廠糖包的數目、蓋蓋章、發一個完稅證明就了事，因為太閒乃與朋友合開英文補習班，教糖廠員工們英文，賺了一點外快，由於被調往員林稅捐處，不得不關門解散。

離開了溪湖，失去了宿舍沒有地方住，於是經同事介紹在菜市場附近的紫雲醫院三樓租了一個房間，紫雲醫院的院長黃哲夫先生及夫人待我如家人，變成很好朋友。黃醫師有一個六妹畢業自台中靜宜英專，長得很清秀，黃院長夫婦很希望撮合此椿姻緣，可惜我們沒有緣份，黃院長夫婦算是白忙一場。

有一天黃醫師約我一齊去台中探望他在台中開業的醫生哥哥。一出台中車站，竟巧遇了好幾年不見的學生時代的舞伴王賽美，我問她為什麼在台中，她說在靜宜英專念書，乘休假要回台北。這一次無意的相遇大概是上天的安排，我們成了終身伴侶。

美軍顧問團編譯官

韓戰爆發富裕了日本，越戰爆發富裕了台灣。一九五六年美軍顧問團大量增加來台人員訓練，國軍使用新武器及新軍事戰鬥法，需要更多編譯官，乃徵召預備軍官加以訓練英語充當編譯官，當時我在員林工作接到召集令，結束兩年公務人員生活回到台北，報到時才知道外語學校畢業的軍官不夠用，需要增加一百名編譯官，從徵召的五百名中訓練出英文較佳者錄用，被淘汰的四百名就分發到各部隊，受訓服軍務。

小時候，志旭哥說將來是日本的世界，要精通日文不需要英文，所以我在初中時上英文課都馬馬虎虎應付，能考到六十分及格就算了，此時很後悔，但世界環境既然已變，爲了趕上時代非努力不可。在學校訓練英文課三個月期間，我拚命地學習，早上起床上廁所，在廁所裡硬背十個英文單字，星期天放假亦在校用功不出門，皇天不負苦心人，報到時初試第一九七名，三個月畢業時幸運地擠進了百名內。

我被派到台南機場擔任空軍少尉編譯官，月餉六百元算是相當不錯，一般被分發到部隊擔任陸軍少尉，每月只能拿到壹百多元，還要帶兵，非常辛苦。

我跟隨一位陸軍少校赫克先生(Leonard T Hawke, US Army)，他是高射炮專家，高射炮在美國的編制屬於陸軍，但在我國則屬於空軍，我每天跟著他坐吉普車由中國駕駛兵巡行到每一個陣地，指導訓練高射炮部隊士兵。我們的駕駛老兵，脾氣暴躁，有一次不知何故得罪了他，惹得他罷工不開車，我不知講了多少好話，他才繼續開。第二次再發生時，氣得赫克少校自己帶我開走吉普車不理他，他回去後被記過一次，往後就不敢耍脾氣了。

塞翁失馬

在台南機場的高射炮營有五、六個編譯官，我與一位姓魏的工專畢業生，及另一位法商學院、成功中學都高我一年的方姓學長，三人同住一個營房，我們三個人每逢星期六、日都到台南市的盛場(Sakaliba)小吃市場大快朵頤，邀約台南的千金小姐去空軍新生社跳舞。轉眼間一年很快就過去，長久工作在一起，我與赫克先生遂成爲朋友，有一次放假期間我招待他到台北家吃飯，家母及大姐大做山

作者在台南機場，擔任美軍顧問團的空軍少尉編譯官。

珍海味招待，他問我退役後要做什麼？我說很想到美國留學，經過他的推薦介紹書及在學成績申請，取得了奧勒岡大學的入學許可及每年一千一百美元的獎學金，也接到該校學生會來信歡迎我，表示一千一百美金充分足夠支付學費及住宿費，所以除了雨衣及隨身衣物以外什麼都不用帶，洋溢熱情的書信，使我雀躍萬分告訴二兄志旭，殊不知志旭哥的回答是那麼冷酷：「不要太高興了，出國留學要兩千四百美金，等於新台幣壹拾萬元保證金，要從那裡來呢？我在電信局的薪水算很高，也不過每月三千台幣，根本幫不上忙，我曾經也取得留美獎學金，但阿公不幫忙，死了這條心吧！」

後來我家最小的、少我八歲的志成弟，自台灣大學農業化學系畢業服了預備軍官役後，取得普渡大學(Perdue University)的入學獎學金，那時我及志旭哥在商場上已稍有成就，不難幫助他，鼎力支持他留學，也圓了我們做哥哥的夢。吝於在學業上幫助我們這一家兄弟姊妹的爺爺，當我弟弟出國留學時也很高興的到機場送行。

志成弟要出國前幾天，我在松江路新購的住宅辦了幾桌菜，請了親戚朋友歡送他時，記得席間我講了一句話：「學成後一定要回來報效國家。」但一九七三年我到美國，去阿拉巴馬州探訪他時，呼吸到美國眞正自由民主空氣的我卻對他說：「志成，在這裡謀發展，不要回台灣去了。」

一九七五年全世界發生能源危機，許多留學生就職後面臨解職的威脅，一群一群到我的旅館請教我如何從商，使我回想當時我若順利地留學到美國奧勒岡大學，今天是否跟他們遭到同樣的命運？此時才體會到參加師範大學美術系入學考試時的題目「塞翁失馬」的眞義。

第四章　往商場發展

出道做生意

在中國官場上想求發展，除非有特殊背景，假如不願同流合污得罪了同事或上司，再怎麼努力也難昇遷。做了兩年的公務員，被調動三次換了四個工作場所，令人心灰意冷，因此自少尉編譯官退伍後就不再回原單位服務，而賦閒在家想做生意。

但是要做什麼生意，入那一行業呢？大學畢業，總不能再做擺香煙攤、跑單幫。想到跟人生最有關係，且每天都有關係的就是糧食，於是便依志旭哥的建議，到迪化街一帶去觀察。那時迪化街一帶都是批發罐頭、米糖、南北雜貨、穀類的食品業聚集最多的地方，每家店頭都有人群出出入入非常熱鬧，我看到來來去去的貨卡車裝上、卸下一包包一百台斤的糖米時，自認身材瘦小的我不適合這一行，回家路途中，又想到跟身體最有關係的是藥品，藥品貴重且體積小容易搬運。這個時候巧遇一位在成功中學及行政專校財政科的同班同學林常宏，他自預訓班回來後就到故鄉三峽王民寧開的中國化學製藥公司貿易部工作，已經學到不少藥品知識及貿易行業，正想找些朋友合作，正合我意一拍即合，林君另外又找了他的妹夫陳榮熙和也是同班同學的杜毓才，我們四個人都是預備軍官第二期的學生，陳榮熙是台灣大學商學系畢業，他的父親在迪化街開一家進出口行叫「五星行」，另外在北投也開了一家蓬萊閣旅館，在大稻埕一帶也是相當有名的人，杜毓才的父親與陳君的父親是親戚，所以林君、陳君、杜君三人是有親戚關係。

林君的父親曾是三峽國民小學的校長，現在已退休了，陳君的父親雖有錢，但對藥品業外行不肯出資，只答應我們使用五星行後面約四、五坪大的地方做我們的行址，暫時免費，將來賺錢再繳租金，杜君的父親因體弱退休在家休養，自然資金的調度就落在我身上，這也是他們召我加入合夥的原意。我經志旭哥的同意，把延平北路的住家先抵押向第一信用合作社借出十萬元爲公司提供資金。資金、場所都有了，我們遂組織公司叫「大東亞化學藥品供應社」、英文名叫Great

Asia Chemical and Pharmaceutical Co.，並做一個商標爲「GRESIA」開始營業。

我記得首批進口的藥品是Chlorpromazine HCl，是一種最新安眠藥（藥名叫做Wintamine）的原料。我們是以樣品方式只進口三公斤試賣，沒想到每公斤平均售出一萬五千元，而每公斤的成本只有五千元，故賺了三萬元，我們四位合夥人每人每月薪水是一千元。所以可以供四人半年的薪水，生意可說很順利的展開了。

約四個月後的某一天早晨，照例我到迪化街的五星行，一進門他們三人已在公司，面色凝重。林君突然說公司要解散，而杜君則把所有的卷宗、參考書籍、貨品分成四份，公司牌照行號也分了，做了四個標籤要大家抽一支，依照號碼各分一堆，眞是莫名其妙，生意做得好好的又從未曾發生過糾紛或不愉快的事情。林君沒有說出原因，只說要回鄉下休息一段時間再說。

過去在台灣做生意的習慣，每一個企業都至少有兩個行號以適應不合理的稅法，所以我們也沒有例外，除了「大東亞化學藥品供應社」以外還有一個行號叫「宇星行」，是取自「五星行」而來。

杜君抽到「大東亞化學藥品供應社」後，他另招募過去在成功中學常在一起打籃球的同學合夥，搬到長安西路去。林君回三峽沈寂一段時間後，突然以裕元貿易公司出現，與他的哥哥林常茂也是同學合夥，他代理了日本「協和發酵」、「味之素」等幾家大公司的產品，但不久兩兄弟拆夥，林常茂另開一家泉豐貿易行。陳君告訴我政府正在鼓勵出口，他正在與客戶接洽竹子出口，但是他後來也做藥品原料的生意，叫做勵成貿易公司。

當時我很痛心，拾萬元的貸款利息我每個月都要付清，但分家時只有拿到貨品而沒有現款，藥品的買方不知在那裡？六個月的合夥期間實在太短，只學到一些皮毛，經營貿易的要領和藥品知識還有問題，藥品界的客戶也不熟，想獨立操作實在也沒有把握，聽陳榮熙君說政府在鼓勵出口，乃去迪化街找一位過去常在一起跳舞的朋友陳天來，他提供給我幾項台灣的工藝品及脫水水果樣品，並給我介紹他們公司一位熟悉出口生意的老先生來兼任「宇星行」的出口經理，每日工作半天負責寫信到國外找客戶，以我家的客廳做行號地址，我買了一部舊英文打字機供他使用，信紙及信封印好就開始營業，每天發出數十封信及寄出樣品，經過一、兩個月後漸漸有回信來了，有的要買手巾、有的要買玩具、有的要買水泥、石炭，有的要買木材或是水果，沒有一樣東西我可以供應，辛苦了一年沒有做到生意就關門大吉，幸虧，其間林君介紹幾個廠家來買清我的藥品存貨，還了大部分貨款，否則我眞要去跳海了。

這個時候二哥志旭已經辭去電信局的工作，自己開工廠製造打火石，他有一位要好的同學在電力公司做工程師，電力公司向國外買的東西都要經過中央信託局的招標，這位林君工程師是幾位負責寫要買的東西的規格、廠牌、數量給中央信託局的人員之一。志旭兄看我的出口生意開展不起來，希望我改行做投標生意，並替他兜售打火石，每月付我薪水一千三百元，但沒有週末及星期天的休息時間。那是記帳整理內務工作的時間，於是我買了一份中央日報每天注意看中央信託局的招標廣告，而寫信打字到國外去尋找供應貨品，幾乎每天打幾十封英文信去國外尋求貨品後，就到中央信託局去參加投標，白忙將近一年沒有做到一筆生意，原來我不知道當時必須要先與中央信託局的有關人員勾結，才能做到生意。

當時台灣還沒有工廠製造打火機，市面上所有打火機及打火石都是走私進來的舶來品，經手販賣的都是街上的小攤及鐘錶行，因此兜售打火石不能以寫信或打電話來完成交易，因爲小攤販沒有地址番號，所以要提著笨重的打火石，每罐一磅放在提袋內沿街找客戶，爲了節省時間及出差旅費，我坐夜車南下高雄，早晨到達就沿街找客戶，全省走遍了，提袋貨品全賣空了才能回家。每次出差要帶三、四十磅打火石，若有剩貨回來，志旭哥的臉色就不好看。

去南部時坐夜班火車，回來時坐公路局汽車北返，不需住旅館，每週一次眞是艱苦。有一次在台南，遠遠看見往台中的公路局汽車到站，跑步過去左手剛攀上進門欄杆時，有一機車來不及煞車衝撞了右手攜帶的提包，我的身體倒下來，傷了小腿，痛得一時不能動彈。

有一天我向志旭說：阿公那麼有錢，沒有創造些企業留給我們後代工作很可惜，你很偉大，爲我們一家開創事業，我再苦也可忍受，不意志旭哥回答說：「這是我個人的事業，跟我們兄弟沒有關係。」我嚇了一跳，「我工作了一年，差不多三百六十五天沒有休息過一日，爲的是我們王家能創造一個企業，既然是你個人的企業，那麼你使用的樓下辦公室及四樓的打火石分裝工廠，是不是要付租金給母親呢？」翌日，志旭哥派他的周姓朋友，也是替他的工廠做會計的來告訴我，要給我介紹記帳工作，我知道被解雇了。我發誓要創造一個我們王家的事業，照顧所有王家人的家庭公司。這個理想終於十年後在我所創辦的功祥貿易有限公司實現。

一再受挫悶悶在家，不如去學習彈吉他，從報紙廣告欄找到一位吉他老師，學到彈「科羅拉多之月」(The Moon of Colorado)，每夜彈完該曲覺得寂寞傷心而暗泣。

母親深知我心，有一天帶我去找他妹夫紀順吉，他在迪化街開了順隆貿易行，是專門做水果輸出日本的生意，那個時候「青果輸出公會」由陳查某先生擔任公會理事長，我的姨丈則是理事之一，當時最主要的輸出品是香蕉，每一家貿易商可以出口香蕉幾籠是有配額的，輸出香蕉易貨蘋果輸入，利潤雙倍，是一種很好的事業，乃談妥條件擔任經理月薪一千元。原來在順隆貿易行的經理訓練我一週後，辭職到淡水信用合作社當經理了。當時我未婚妻王賽美在美國學校任教，月薪三千，是我的三倍，但我大喜過望，興沖沖上任，準備作個最傑出的貿易公司經理。

當時政府有一位財經大功臣尹仲容，對外匯貿易大力改革，我服務的小貿易行因而負債累累，瀕臨倒閉的邊緣。上班一個月後，紀老闆把公司職務全交給我，表示要到香港考察市場，誰料到竟然滯留不歸，不久我才發覺，公司週轉不靈欠債數百萬，老闆到香港另謀發展去了，而把燙手山芋丟給我。我爲了不想第一家上任的公司因自己撒手不管而垮台，有損將來自己的信譽，於是只好硬著頭皮撐下來。

因爲沒有薪水可拿，員工都走掉了，剛好有一位跟我同年的朋友蔡先生有意改行，不計薪水多寡來謀職，我只能每月給他五百元薪水換取他的貿易經驗，聘爲助理，同時召集債權人說服他們，先暫付利息，等老闆返台後再還債，等穩住陣腳後，我便開始動腦筋開發業務，打開香港、新加坡、東南亞的市場，非常忙碌，賺了不少錢，但亦僅夠付利息而已。這一年的時光儘管工作艱苦，卻使我認識許多商場朋友，學到商業技巧，可以說是最大的收穫。

這一年的經驗，有幾件事我仍記憶猶新。

有一次，新加坡方面要買台灣生薑五萬斤，報價之後我覺得划不來，主要是中國大陸參與競爭報價很低，若再加上運費，實在無利可圖。我左思右想十分爲難。

有一天我在中央日報上看到招商局造了兩條船，將往東南亞作處女航，剎那間，我判斷是空船出發，於是我打電話給招商局聯絡，洽詢是否可以載貨，他們答應考慮。我告訴他們新加坡要與我做一批生薑的買賣，但是中國大陸貨報價很低，我不甘示弱，希望能做成這筆生意，爭取華僑的向心力。招商局接電話的人說現在他們正在開會，希望我親自到招商局說明詳細，我即時騎腳踏車往招商局衝，結果，招商局推許我的愛國心，答應我四分之一的運費，我立刻打電報給新加坡，做成了這筆生意。

許多人也許注意到「處女航」這則新聞，但是只有我將之與生意聯想在一起，才做到這一筆原不可能做到的生意，對招商局也是一筆意想不到的額外收入。

還有一次，香港有了鷄瘟，當地商人缺貨，紀老闆打電報回來要我用飛機運四千隻鷄到香港應付過年之需。這在當時是件大消息，那時一斤鷄在台灣市場是台幣二十多元，運到香港可賣二十多元港幣，付民航局一架飛機六萬台幣估計可以賺二十多萬。結果，我是外行，鷄坐了飛機後會暈機，不吃飼料，到了香港不僅斤兩少了，還一隻一隻死掉了，不過損失的最大原因是中央通訊社刊出我用飛機運鷄到香港的圖文消息，在台灣及香港的頭條新聞都有我在飛機旁邊磅鷄的照片，而使香港鷄販猶豫沒有很快下手購買的原因是：黑色的鷄腳與他們習慣於黃色鷄腳不同，他們並不知在台灣烏骨鷄較一般土鷄貴。鷄在緩慢脫手中一隻一隻死去，眞可謂人算不如天算，不僅如此，台北市稅捐稽徵處說我至少賺了二十萬元，還要來徵稅，後來我包紅包請客了事。這是我第一次上報鬧了一個大笑話，令我終生難忘。

還有一樁賣鹹菜的生意。香港來電要購買一萬二千斤的鹹菜，價錢不錯，我四處探聽，鹹菜要到屏東去買，通常是用三十斤裝的木桶裝貨，木桶外再用鐵線綁緊，只要木桶破裂，鹹菜水就流光，鹹菜立刻變黑，價錢便差了，爲了避免此種狀況發生，我就拜託助理蔡先生先到屏東做三十斤裝的鉛桶共計四百桶。

蔡君到屏東監工三天，其間我在台北的台灣銀行辦好出口申請手續，拿到批准書就帶了新婚的太太往高雄，將批准書件交給同學袁世儒所經營的大同報關行，袁君說船下午開航，所以貨必須在上午前運到才能裝船。於是我把太太留在旅館獨自一個人前往屏東，到了裝貨現場一看，大批人正在將鹹菜從密閉的如小房屋一樣大的木桶取出裝入鉛桶中，爲了愼重起見，我拿了包裝好鹹菜的一鉛桶磅秤稱，連鉛桶總重量二十二斤，再拿起另一桶稱，只有二十一斤，眞把我嚇呆了！連續稱幾桶下來發現輕重不一，平均都在二十一斤重左右，如今我僅能裝八千多斤，勢必會虧損此筆生意，一急之下，當場想不開就責備蔡君太大意過分相信對方？一時間亦束手無策，就打電話給在高雄的袁君。「輸出許可證上寫的是鹹菜四百桶共計一萬二千斤，如有任何數目不對就出不了口。」他繼續說：「稍微遲幾個小時沒有關係，但數字一定要對，否則你就要回台北台灣銀行更正申請數量。」眞不知如何解決這個問題，於是我在街上閒逛，抽了半包煙，忽然看到街上有一店前放一個大型「風呂桶」（日本式洗澡木桶），我靈機一動，立刻買下全部浴桶四十個，加上三百六十個鉛桶裝貨，難題迎刃而解後，火速運到高雄港口已近黃昏，船正要開航了，由於最後到貨所以置於上艙，到香港後反而最先出貨，售到市面被搶購一空，賺了一大筆，轉禍爲福，由於解決了難題，高興之餘竟忘了帶太太來新婚蜜月旅行，生意是順便的事，深夜回到旅館被新娘罵了一頓當然免不了，回台北後帶她到宜蘭礁溪洗溫泉補行蜜月之旅。

「商場如戰場」，常常認爲穩賺的生意，有時反而賠錢，以爲會賠錢的反而賺錢，人間禍福操在天意，我們僅能盡力而爲，我就是自經驗中不斷學習，一步一步擴展生意，並加以活學活用。

向我買一船柑及一船生薑的新加坡重要客戶世裕洋行的老闆劉世裕先生來台時，爲了省些交際費，我拜託未婚妻邀幾位她的同事招待劉先生去碧潭划船，晚上招待劉先生吃飯，劉世裕先生感激高興，其後生意不斷源源而來。

自高雄回來後，我就打幾次電報告訴紀先生我已結婚，如果他再不快回來我就一走了之不管了。順隆貿易行在我的主持下，有驚無險的度過一年後，老闆終於返台，我立刻辭職把公司交還給他。因爲數百萬的債務可不是小數目，我無法負擔。總計下來，我做這一年的代理老闆，爲了信譽，我個人倒貼了一萬三千元，因爲我標了一個會替老闆償還了一筆我經手借來的一萬四千元，扣去頭一次拿到的薪水一千，我辭職要離開時紀先生特地包了八百元禮金以示補償結婚祝福，實際上倒貼一萬二千二百元。

結婚之後，眼看妻子肚皮一天天隆起，心裡十分惶恐，快要做爸爸的人了還無業在家，大丈夫總不能靠妻子養活，因此決定到香港去碰運氣，我向祖父借了七千元出發，到了香港住在陳榮熙的表兄陳榮壽的住處，陳兄向香港人租了一個小房間，廚房共用，他的姐夫葉先生也是無業，夜宿該廚房內，我去之後，葉先生睡在廚房上，我睡在廚下，廚上有兩個放鍋的大洞，他在上面舖了一張榻榻米，廚下是水泥汀，我就舖上一條毯子當床舖睡覺。

白天我就跟志旭嫂嫂的表弟陳守仁從九龍搭乘天星輪船，過去香港他的辦公樓，陳守仁是我世豪弟在泰北中學的同學，也是我大嫂（淑堯）的表弟，他的父親陳清波與叔父陳清汾都日本學習院貴族學校畢業的。

陳守仁、陳榮壽等人分別在香港九龍一帶住了有段時間，廣東話都講得很流利，但都尚未結婚，事業還無成就，生活也艱苦，我覺得難以發展，加以首次出國思鄉之情難以克制，決定錢尚未用完之前買些港貨，回台變賣賺些旅費，我在港九待了一個月就打道回府，祖父看我回來，立刻向我催討借款，我變賣貨品得款後，將借款連帶利息還給他。

七海可利痛

平心而論，我在台灣發跡，主要是從進入當年台灣老少皆知的「七海製藥廠」開始。「痛！痛！痛！可利痛」、「病在兒身，痛在娘心」兩句宣傳口號，隨時在收音機都可聽到，七海可利痛片錠風靡了全台灣。

我剛離開順隆貿易公司，加上新婚，感到負擔家計的壓力，四處尋找有關藥品方面的新工作，正巧，早我一期的施姓同學來我家租一間房間，離他工作場所較近較方便。施君本人在保力達製藥公司，負責在北部地區推銷很暢銷的保力達藥酒，得悉我賦閒在家但有意從事藥品生意，便介紹我去見正要僱請新職員的「七海製藥廠」老闆簡逸群先生。簡先生很欣賞我的抱負，但懾於祖父的大名不敢貿然用我，說我沒有經驗，需要考慮而將我打發掉。於是我建議施能通先生僱我做見習義工，跟隨送貨員認識藥房，先讓我有西藥銷售的市場經驗，不領薪水。施先生一口答應，於是我花一千四百元買了一部幸福牌腳踏車，揹著旅行社給我的旅行袋，每天伴隨送貨員施姓小弟去看西藥房的客戶。

每天早晨八點，我們就在延平北路一段、長安西路口的保力達公司門前會合，松山線、淡水線、新莊線、板橋線、木栅線等每天不同路線的客戶一一探訪，小弟送貨，我則幫忙與藥房老闆聊天，十多天下來，大概施小弟認爲有人跟隨實在有些不方便，有一天我照常八點正到公司，他已經走了。從那天以後，我就每天清晨七時在公司等候小弟來開門。

實習一個月後的某一天，施同學跟我說：「七海的簡老闆每天清晨都在對面街角一家賣肉羹、肉包、肉粽的小吃店吃早餐，很驚訝你的勤快和毅力，改變初衷，邀你到保力達公司隔壁的七海製藥公司當會計，月薪六百元。」我雖然覺得薪水少了一點，但是能夠如願到藥廠工作已是求之不得了，乃欣然答應。

等上任後，才發現已有一位跛腳名叫一郎的年輕人在擔任會計，他會因我而失業，我於心不忍，於是說服簡老闆讓我當倉庫管理，建立進出貨制度，有餘暇再幫忙會計。可是我到倉庫著手改革不久，卻遭到所有外務員的抗議，因爲他們一向鬆散慣了，沒有進出貨制度的傳統，其實也是藉此鬆散的作業方式彌補過低的薪水，由於我所建立的進出貨制度必須塡寫傳票及追踪，使得他們增加工作量而得不到好處，我才發現老闆的苛薄待遇並非專對我一人。

次日我請簡先生到波麗露西餐廳喝咖啡，口袋裡準備一份辭職書，我直截了當的向他說：「董事長，您的生意這麼好，錢賺得那麼多，爲什麼對職員的待遇那麼苛刻？員工的生活很困苦，尤其有眷屬的員工除非另找外快，否則根本無法生活。」說完隨著提交給他辭職書，簡先生看了我的辭職書，一怒拂袖而去。

我心裡想，這下子辛辛苦苦得到的飯碗搞砸了。但因辭職尚未批准，次日仍照常到公司，總經理（簡先生的太太）問我：「董事長昨日跟你出去以後，至今尚未回來，到底發生什麼事？他到那裡去了？」

令人意外的是，第三天一早，簡先生即約見我，說他本來很生氣，但回家途中愈想愈認爲我的見解有些道理，故沒有回家而到陽明山的一家溫泉旅館閉門思索，並研議出一套依學歷、資歷、家庭負擔及職位調薪的辦法，要我過目是否合理，同時他正式任命我爲總務部經理，薪水調高爲一千六百元。

其他員工也得到合理的待遇，藥廠管理也進入軌道。

不久，我又發覺七海藥廠所使用的原料，全部取自進口批發商，而以我曾經與同學合夥的「大東亞化學藥品供應社」從事原料進口的經驗，知道其間的差額很大，便建議直接進口，將其差額扣去利息後做爲員工福利金。

由於我擔任總務經理時，幾乎每天都有廣告公司的人拿衆多的支票來向簡先生兌現，我要替他計算利息，所以知道他有很多現款放高利貸，高利貸難免有時候會被倒掉，若將該資金充做進口原料則絕對安全，利息也可照收，簡先生喜出望外，償金五百元給我「Idea賞」（好建議獎金），要我立即行動，這對我來說是加重了工作，但能夠替員工同事們多爭取福利，也是很快樂的。

拿到獎金五百元我並沒有放在口袋，而於當晚宴請所有同事，鼓勵大家爲從善如流的簡先生及七海製藥廠的未來發展努力打拚，藥廠經營得很順，員工同事得到額外福利，簡先生也賺很多利息，說要升我擔任公司經理。

本來公司就有經理姓張，是總經理簡太太的親戚，生性溫厚老實，與我的交情也不錯，我不願意取代他的職位而婉拒老闆的好意。

這時，有一位許先生取得日本最大的廣告公司電通公司的台灣總代理後，進一步在台灣設立分公司，其屬下有一機構「田邊經營相談所」，是專門訓練企業經營人才及診斷企業失敗原因的公司，簡先生與許先生有交情乃加入股東，並派我到台灣電通公司接受田邊經營相談所的訓練。

不久，有一位基隆藥劑公會的總幹事林茂生先生想自己創業，來找簡先生合作開貿易公司。簡先生欣賞我的貿易專才及藥品知識，派我代表他並推薦我加入股東，但我因爲沒有本錢不敢做股東，僅答應代表他去新開設的新中台貿易股份有限公司擔任經理，簡先生認爲我已有能力獨當一面，並爲加重我的責任而借我兩萬元投資加入股東。於是我離開了服務一年多、不到兩年的七海製藥廠，一變而爲貿易公司的股東老闆，實在是連作夢也沒有夢到的事。

與吳西面合作創業

人生的際遇是很難逆料的，我的命運進入了一個轉捩點，由公司的職員躍升爲老闆階級，這段因緣要從我的中學同學吳西面說起。

在我結婚不久前，有一天吳西面來看我，說他在代理美國立達製藥廠的惠豐貿易公司做藥品介紹員，專門向醫院醫師介紹及推銷新藥，今天來延平北路一帶，剛剛與楊東波醫師做了一筆生意，順便到三樓來看看老同學。

我很驚訝，高等考試及格、台大化學工程系畢業後在石油公司有高職位的他，竟到貿易公司做藥品介紹員。我也向他敘述這幾年來爲了進入藥品界而苦鬥，認識台北很多西藥房，他得悉我認識很多西藥房，很感興趣，即問我是否知道有一家「華洋藥房」在延平北路，生意做得很大，擁有八百家醫院客戶，剛巧華洋西藥房正是向我五姑丈租店面，透過這層關係，我成功地幫他爭取了一個大客戶，他後來在我們夫婦的結婚典禮上擔任司儀。

我進入七海製藥公司時，台灣藥業市場開始趨於低迷，但建築界卻開始興旺，這個時候政府開放私人公司的股票可以上市，上市公司的年營業額必須高達三千萬元，但是七海公司的年營業額尚不到二千萬元，簡先生乃伸向建築業，以期年營業額到達三千萬元，他聘雇一位美國留學歸來的建築師，依他的建議在南京東路一帶建設數十棟公寓命名「七海公寓」，是全台灣最初期的公寓，因其觀念太新，台灣住民不習慣共用樓梯而遲遲推銷不出去，銀根愈來愈緊。

由於藥界持續不景氣，有很多藥房倒閉，拖累了批發商及製藥廠，「華洋藥房」也受累舉債不少，瀕臨關門的邊緣，我替吳西面向華洋藥房催討應收款，張老闆向我解釋他的困境，希望將他的藥房賣給七海製藥廠，我乃遊說簡先生把藥房接下來，簡先生最初答應派我代表洽購，我將此消息告訴吳西面，叫他放心繼續賒藥品給華洋藥房，當我清查華洋藥房的應收、應付帳款及存貨等財產，並講妥接手價錢廿四萬元後向簡先生報告時，簡先生說「七海公寓」的建築物有些缺點，以致已售出的部分公寓收不到後款還要出錢去修改，故已沒有錢收購華洋藥房了。

藥房售不出就沒有錢付貨款給債權者，包括我經手的吳西面的貨款，張先生希望我替他想辦法，否則只有宣告破產。

我想到，過去在「大東亞化學藥品供應社」學到藥品原料的知識，也認識了幾家外國的原料供應商，又在「順隆貿易」學到貿易與結匯手續，也在保力達公司、七海製藥廠工作期間認識很多製藥廠老闆與很多西藥房，而吳西面則認識很多醫院醫師，若兩人合作購買有八百家台北市醫師客戶的「華洋」作爲基礎，把自己直接進口的藥品原料分裝直銷給醫院，不須經過中間商，利潤一定會很高，於是便與吳君協商決定一起頂下「華洋藥房」。

我與吳西面各出兩萬元（我的兩萬元是向太太賽美借的），不足的錢請吳西面的父親吳德發先生擔保，向第一銀行貸款，當時第一銀行重慶分行的經理是陳夢蘭先生（南加州台灣長輩會第一任會長，是陳隆與陳堅的父親），他聽說是大稻埕王圓的孫子和雙連教會的長老吳德發先生的兒子，便無二言慷慨答應。我雖未分到祖父的龐大家產，卻意外沾了他的光；吳德發長老亦以虔誠基督徒的敦厚篤實聞名於鄉里，因而我們才能順利的接手華洋藥房，改名爲「宇星西藥房」，一切如所預期，業務一帆風順，平均每月可賺到二萬元，高興之餘我向太太承諾，如果賺到一百萬，我們可以花二十萬坐船環遊世界。

不過，「宇星西藥房」對我與吳君兩人只是兼差，吳君因惠豐行的石牧理總經理不放行，而我主要還在新中台貿易公司擔任經理，當時藥界不景氣，代理進口的日本成藥「維他伴」銷路沒有預期的順利，幸虧，剛從空軍高射炮部隊受訓三年回來的高中同學簡璋輝，也加入推銷陣容，由於他們的努力，新中台貿易公司還有些小利潤，但是七海公司的週轉卻愈來愈困難，簡老闆希望將他的股份出售（簡先生在新中台貿易公司佔有一半股份），林茂生總經理同情簡先生的困境，同意出售新中台貿易公司轉讓他人，他可以收回股本去開藥房，因為施能通的太太在延平北路開一家西藥房要出售，我乃徵得吳西面的同意，從「宇星西藥房」所賺的未分配盈餘取出二十萬元，購買了新中台貿易公司。

安星貿易公司展翅飛翔

購買新中台貿易公司，要向經濟部等政府機構申請換照，我與吳君到林森北路、長安東路口的亞士都飯店喝咖啡，商量今後營業方針及更改名稱等問題，吳西面說：「我們今天跑這麼遠來亞士都飯店開會，大概有緣，就取名Astar Trading Co.怎麼樣？」「很好！中文就叫做安星貿易公司，與『宇星西藥房』的『星』可以連在一起！」我說。「就這樣決定了名稱，但是エイチャン（小時候家人對我的稱呼，吳西面一直承用），你現在整個西藥生意流程都懂而且那麼能幹，可以沒有我，但是我不能沒有你，我既不懂貿易亦看不懂會計帳簿，更不懂如何帶領部

作者（左三坐者）與好友吳西面（中間坐者）合開安星貿易公司。

下，萬一你把我放鴿子，我怎麼辦呢？」他建議說：「既然經濟部、內政部、及市政府的營業登記證，負責人只有登載董事長的名字，就讓我做董事長，你來做總經理，但是所有公司的一切業務完全由你決定，我服從你不加干涉，如何？」「可以，為了讓你放心，發展你推銷藥品的長才，由你做董事長，但是做外務推銷藥品時希望你不要用董事長的名義，否則萬一發生錯誤有糾紛，我就難以補救。」我回答。「好！就這樣決定，今天我請客！」西面兄很高興的樣子。這是我們從「宇星藥房」開始合作生意的第三年。我們把安星貿易公司設在台北後車站的鄭州路，樓下二樓做為倉庫，西面夫婦則住在三樓。

在西藥界一片不景氣中，我們異軍突起縱橫藥界，迅速賺進了第一個一百萬元，轟動了同行業者。

甲狀腺專科醫師楊雪舫曾告訴我，他很喜歡吳西面但不信任他，每次吳向他推銷藥品，他雖然不想買，聊了半天後不知不覺中卻買了一大堆，事後覺得不對想退貨，但吳西面來收錢時不但貨退不成，還糊裡糊塗的又讓他收錢去了。

我則很喜歡閱讀新藥方面的書籍，美國的藥典《Pharmacopeia》（USP）、日本的《National Formula》（國民處方）以及《日本藥局方》、《日本新藥》，是我每天必讀的書，在過去台灣資訊缺乏的時代，每個藥廠老闆及化驗室的人員、工廠廠長，都喜歡我的拜訪，因爲能夠帶給他們新藥的消息與供應來源，因此在藥界不景氣中，我們的生意一枝獨秀，最先擁有自用汽車，而這時我們才三十歲出頭。相反的，自從我離開七海後，七海的業務一路走下坡。

一九六四年，西藥界不景氣，投資房地產又失敗，擁有三千坪土地在新莊的新建七海製藥工廠，僅以三百四十萬元賣給永安堂虎標萬金油，尚積欠債務三百萬元，我有感於昔日老闆提拔之情，便以此價收購該公司，始料未及的當上七海公司的老闆。

我與吳西面彼此合作無間，他的人緣好，銷售能力強，負責外勤，我則負責國外的原料進口兼籌劃與管理內務，我們在七年之內每天不眠不休的工作，連過年期間職員休假，我倆從不休息，在那幾年之內，我們憑著年輕人的創意和幹勁，在商場攻城掠地無往不利，名下擁有「安星貿易」、「華南製藥」、「七星製藥」、「七海可利痛」等等公司。

由於公司業務日益擴大，職員愈來愈多，鄭州路的辦公室已容納不下，乃搬到重慶北路三層頂樓上有八卦樓的大房屋，房東是一位在中壢開業的醫師，因房屋很久租不出去，遂以八千元月租的低價租給我們，我去看房子的時候，鄰居都說那是鬼屋，沒有人敢租的，基督徒的吳西面不相信鬼邪之事，我則有年輕人的魄力不在乎而承租下來。

不過開始的時候相當辛苦，因資金短、店鋪亦小，沒有倉庫，所以只能進口量少價錢貴而沒有競爭性的新藥原料，遇有客戶要買大宗貨，則必須向同行買來轉售賺些佣金，記得有一次永豐製藥廠要買五十公斤一桶的解熱止痛劑原料「Aminopyrine」，我向「益生行」批購，再親自騎腳踏車後架載貨，從台北後車站送到新莊工廠，其中有一段路是碎石子路，騎車相當勞累。

次日，永豐的廠長打電話來反應，說是我送去的貨化驗不合格，要求退貨或換貨，我乃打電話給「益生行」要求退貨，但益生行陳老闆卻說：「只是品質差一點才賣給你那麼便宜，不能退貨！」情急之下，我趕緊跑去新莊探問究竟，廠長表示Aminopyrine粉末的純度應該是九十九%，但這批貨經化驗結果純度只有九十五%，不合格，我說：「那還不簡單，多加四%份量進去打錠，如果可以解決的話，我可少算你五%價錢。」廠長回答說：「這個辦法很好，你很聰明，現在市場好像缺貨，你把所有存貨送過來。」於是我把「益生行」的所有存貨殺價後全部買下，用卡車送到新莊。後來我去收貨款，永豐的葉經理向我說：「你不是桂榮，你是鬼榮」，「鬼仔榮」便成了我在藥界的綽號，因爲我的獻策使三方均受益，永豐買到需要的貨，益生行出清了存貨，我則賺了一筆。

安星公司搬進重慶北路二段較寬敞的房屋後，樓下設爲倉庫，二樓做爲辦公室，三樓則請簡逸群先生管理七海藥品。

自搬進新址後發生幾件不愉快與不幸事件：

(1) 我的大姐在二樓辦公室大廳貼上一張神符避鬼邪，吳西面二姐的兒子陳志明在公司擔任送貨員，是一位基督徒，看到神符就把它撕掉，我大姐再貼，他就再撕，引發公司內不同宗教信徒的互相爭辯。

(2)簡逸群和吳西面個性合不來，兩人見面既不講話也不打招呼，簡直無法溝通。

(3)由外務員張政雄牽線，向當時在博愛路最大的華美西藥房買來所有的存貨，有的年效已過、有的變質，種類有幾千種不易管理，而華美大藥房的女老闆已移民美國去了，因而投訴無門。

(4)當時台灣有四大製藥廠，即中國化學、永豐、信東及在台南的東南製藥，「東南」後來首創製藥原料之合成，有最暢銷的解熱止痛劑原料，如Sulpyrine, Aminopyrine及Phenacetine，皆由我們安星貿易公司屬下「天星原料行」爲台灣總經銷，後來東南製藥廠突然倒閉，倒閉前週轉困難，我們除了預付款外也融資幫助，因此遭受了很大的損失，經報紙批露後，銀行縮緊了我們公司的銀根，眞是屋漏偏逢連夜雨，天星原料行隨之關門大吉。我與吳西面停止領薪，其他職員除小工人以外全部減薪二十%度過難關。

就這樣，在重慶北路的鬼屋只待八個月，我們就搬到民權西路六十一號，把已從延平北路搬到萬全街十二號的「宇星西藥行」，割讓給舊職員張瑞風及新加入股東方水金兩位先生。

我們在民權西路六十一號重整旗鼓，以「六一行」重新開業，從事原料買賣批發，原來的「安星貿易公司」仍然只負責進口與國外代理廠之連繫，事業上的風暴雖因搬移新址而停止，但在鬼屋營業期間所開拓的「國際綠藻公司」後來損失也不少，亦種下三年後與吳西面分道揚鑣的遠因。

我們代理了台南東南製藥廠的藥品原料後，為了擴大推銷網，把勇將張政雄調到原料部負責南部的藥廠，聘了成功初中同學田正信負責中部，我本人重披戰甲出征跑北部藥廠，內部的營業則聘請曾在台大醫院服務的小林坐陣，接受電話訂購。難得的是，三顧茅廬後請到二期預訓班的同學陳欽思加入股東，並負責會計及國外連絡的貿易部。

有一年的純利潤高達三百多萬，我私自取出十五%的利潤償給所有員工做為年終獎金。股東開會時我提出利益分配方法為股東所得七〇%，特別公積金十%，員工分紅十五%，員工福利金五%作為伙食費用及員工子女學費補助、生育補助。這個制度在當時的台灣企業界是破天荒的，因此股東藥學教授王仁澤

（也是成功中學的同學）憤而退股，因爲我沒有先徵得股東同意就將獎金發完，才提出分配方案，等於是先斬後奏，因爲我知道如果先提出方案則絕對不會通過的，果然吳西面也不高興，但他與我早有約定，一切由我作主，所以無可奈何。

一九六四年，我已有能力遷出延北平路的老家，在松江路二〇四巷二號購置房屋，備有自用轎車和車庫及大庭園，完全脫離了祖產的陰影，是我當年感到最自豪的成就。一九六八年的《台灣英文郵報》(The China Post)撰文報導我是台灣工商界新生代的佼佼者，多年的辛苦奮鬥總算略有小成，令我十分欣慰。

然而，我們的業務也不見得樣樣成功。無洗面（吳西面的外號）在彰化結識了一位農業家王先生養殖「綠藻」成功，爲企業化製造營養食品「太空糧食綠藻」，找我研究其可行性。當時市面上正流行著日本「淺田潤喉飴糖」，其劑型爲綠色小圓錠，可愛又好吃，我利用「七星製藥廠」的糖衣機及打片機等設備試製後，認爲相當滿意，以「康麗樂」Chlorella之商品名推出市場，碰巧就在推出一週前，突然有一種「台灣綠藻」上市，在報上大做廣告，是由台北市市長黃啓瑞與名婦產科醫師徐千田合作。他們的製品如日本的若素「Wakamoto」，有臭青味而且會黏牙，我們的製品則吃起來清涼有甜酸味，兩個不同的公司工廠同時上市，同樣原料的製品，消費者看了他們的廣告後，到市面藥房或食品店買的是我們的貨品，因爲都是綠藻Chlorella的製品，一般人根本混淆不清，看到我們成品美麗可愛的包裝及試吃後的味道，都選購國際綠藻公司的產品而不買台灣綠藻公司的產品，黃啓瑞花了很多廣告費，我們卻不花一毛錢廣告而產品大爲暢銷，惹得黃啓瑞火大了，由於兼任軍人之友社社長的關係，派了一位軍人特務來恐嚇我，意圖誣蔑我們賣僞藥，我回答說綠藻是在水池內培養的營養食品，並非藥品，那來僞藥？因爲台北市的藥政課與我關係頗佳，他們無從下手，乃利用無知的屏東市藥政課向屏東鄉下的藥房取締，沒收我們的產品，經報紙披露後人人恐懼，生意大受影響。

「無洗面」從日本回來說，他拜訪的日本綠藻公司告訴他綠藻是未來性食品，須苦撐十年才有希望，而主張結束生產，而我則捨不得，因我已聘請歌舞團到各鄉鎮去推銷，在台灣電視公司也開始做廣告，我自己也專爲產品做了一首歌，歌詞爲「康麗樂！康麗樂！康麗樂能使你健康美麗又快樂」，請歌手劉福助演唱，金錢及精神投注不少，想收也沒有那麼簡單，後來還是經不起惡勢力的繼續打擊，我們爲綠藻虧損了兩百萬元。

「無洗面」與「鬼仔榮」分道揚鑣

一九六八年底，「無洗面」邀我到他新買的大樓公寓吃晚飯，飯後他突然說：「エイチヤン Eichan（我小時候的稱呼），我太太一直很希望一個企業公司裡的人全都是基督徒，跟隨你那麼久，我也應該獨立了。我們在安星貿易公司各擁有將近四十五%的股份，誰出高價誰就買對方的股份。」「好吧！我考慮看看，過了年再說。」我想他是開玩笑，兩人合作十年從未發生過衝突，身價已有百倍以上，他可能喝醉了，「不行，若回去考慮我決標不過你，我們現在兩人手頭裡都沒有資料，依想像來評估我才有機會。」他一邊說一邊拿出兩張紙、兩支筆，就給了我一份。我看他那麼認眞，就在紙上塡「二百五十萬」交給他，我只是大約的估計，沒有想到他在紙上寫的是二百七十多萬還有出頭的零數目，我才猛然一悟，原來他是有備而來，但是已經來不及了。

他很高興的樣子說：「我贏了！我買你的股份，但我現在只有一百多萬現金，相差的一百四十萬就以在新莊我父親做養鷄場的一甲地給你，若不要，兩年後該筆土地一定會漲價到一倍以上，我現在就可開一張兩年後到期的兩百八十萬的票給你，請相信我決不會跳票。」我無可奈何的選擇了兩年後到期的支票，但他交給我支票時說：「兩年內你不能做與我同樣的生意，否則我就很難保證兩年後不跳票。」

我想也好吧，辛苦了十多年，身體已因緊張過度患了胃病，應該趁這個機會休息好好調養吧。

回家休養兩週後覺得太閒太無聊，想到在軍中時的同學曾義榮，曾帶我去鳳山他姐夫的養鷄場，他姐夫的朋友在中部做油漆工廠，剛好也到那裡玩。既然與無洗面約定不能做同樣生意，我做什麼生意好？也許去學習做油漆也是一門生意，就託曾義榮君介紹我到中部的油漆工廠學習一個月，學到了油漆使用的所有原材料，油漆的基材是鈦白粉(Titanium)，其餘都是顏色料，鈦白粉相當便宜，買賣數量都以噸計，除非有很大的倉庫否則這門生意不易做，於是又回到家裡閒悶著，太太賽美看到我每天愁眉苦臉不快樂，就建議我到國外去旅遊散散心，我決定去日本四十五天，旅遊繞日本一週，並探訪恩師森田健吉。

溫泉旅館與日本女性

探訪恩師依依不捨離開後，我前往北海道，從青森坐船經津輕海峽到函館，次日到溫泉勝地登別，一下汽車站，眼前有一列身穿「絆天」衣服的人（日本男人在祭日穿著背上印有店名的短袖半長短外衣），手執印有旅館名的旗子在歡迎叫客，其中有一位「第一龍本溫泉旅館」的人靠近我，很親切地說明他們的旅館如何如何好，就硬把我帶著走。因爲當時正下著濛濛雨，他所交給我的一把傘，一到門口便接手收回去，又跑回車站接客。我一進旅館，有衆多「女中」（女服務生）穿著很漂亮的和服跪著向我敬禮致意歡迎後，有一女侍就領我到房間，房間是日本式的榻榻米，約有八疊大，中間放置一張方型的矮桌，桌上有一碟日本甜點，女侍離開片刻很快就泡了一瓶熱茶回來，並取出一張旅館住宿登記卡請我塡寫資料，問我幾點要吃晚餐（日本的旅館都是免費供應晚餐及早餐），同時向我說明旅館內的設備情形，建議我換上浴衣後先去大浴池洗澡。按照她指示，我到了「大浴場」前有兩個入口，左邊的門上寫「殿方著換所」（男仕們換衣處），右邊的門上寫「婦女著換所」，我從左門進去嚇了一跳，有一個年輕婦女頭綁毛巾，全裸，剛從浴場出來要穿衣服，她長得比一般日本女性稍微高一點，身材凹凸有緻，兩胸雖不算豐滿，但大小配上身材剛好，令人印象深刻，我以爲進錯了門，說一聲

「對不起！」轉頭把門關上後，即移步到右邊，把門一開跑進去，一看，更不得了！裡面竟有一群婦女有的在脫衣、有的在穿衣，還有一些全裸著在吹電風扇納涼談話，把我搞糊塗了。我趕快跑出來看看左門，明明寫的是「殿方」，但還是不敢進入，這時有兩位男仕剛好來到，從容的從左門走進去，我就隨後跟進去，剛才那位年輕貌美的女仕已穿好浴衣，與我擦身而過對我一笑，大概在取笑我大驚小怪吧！

我手拿女侍給我的小毛巾，脫光了衣服，就跟著兩個日本男仕進去浴場，裡面蒸氣很濃看不清任何東西，我摸著索著慢慢走，想找浴池，突然有一個豐滿的屁股衝過我的屁股：「對不起！請您過去一點。」是女人的聲音——我很驚訝，擦拭眼睛後順聲一看，發現有一位婦人給一個男仕擦背，旁邊還有兩個小孩，原來是一家人來洗澡。我再往前走，這時蒸氣霧較細薄較可以看得清楚，發現中間有一個大浴池可容納幾百人，周圍亦有大大小小很多不同顏色的溫泉水池，也有幾條冷水瀑布，下面站了一個女人正在做全身淋浴，浴場裡面很多人，男男女女老幼青年全都脫光衣服在洗澡或散步，其中大約有一半是男女學生在戲水，大概是團體來的。難得的奇觀驅使我睡前再進去洗一次澡，但人群就沒有那麼多了。

我回到房間時，發現忘記帶回脫下來的金戒指，想回浴室去找，剛好女侍端來一盤豐盛的日式晚餐並附有一瓶啤酒，我告訴她忘了金戒指，因金屬浸溫泉的硫磺會變色而脫下，她說由她去找即可，於是很快的找了回來，說是在換衣處地板上檢到。她很有禮貌地替我開啤酒瓶蓋，在玻璃杯中倒滿啤酒後，又替我盛了一碗飯放在一旁，並請我先嚐嚐北海道的名產毛蟹。我從來未吃過那麼新鮮可口的毛蟹，眞是好吃，尤其浴後配了一瓶涼冰冰的啤酒，眞是令人飄飄欲仙。該中年女侍一直坐在旁邊替我倒酒盛飯，跟我聊天，等我吃完飯後她一邊收拾、一邊告訴我可到樓下地下室去跳舞及欣賞音樂。

我到了地下室，看見一排年輕貌美的小姐都穿洋裝，站在一邊，舞池裡已有幾對男女在跳舞，男仕都穿浴衣和拖鞋，小姐們都是洋裝、高跟鞋，我選了一位身高跟我適配的小姐跳了幾支舞，後來在帳單上才發現，跳舞伴舞都是免費。享受了一天吃、喝、住、跳，一共只花了三千多日幣，約值美金拾元。

回台灣以後告訴太太這一段奇遇，她覺得很有趣，於是次年一九七〇年日本舉行萬國博覽會時，也順便帶她去北海道舊地重遊，同住在第一龍本溫泉旅館，我們一起去洗澡，她從右門女更衣處進去，我從左門男更衣處進去，不久她就跑來男浴池找我，我問她怎麼來？她說女浴池在上面，從更衣處進去後要爬一層樓梯上去，浴池不大、人很多，且可看到下面男浴池很大而壯觀，又有一個樓梯往下通到男浴池，大家都禁不起誘惑要下來看看，她就跟其她婦女們下來了。她也很喜歡吃毛蟹，此後每年都吵著我要帶她再去北海道，但是到現在一直都沒有機會，一拖就三十年了。

次日我按照原訂的旅行計劃到達有名的啤酒產地札幌(Sapporo)，當晚在旅館吃過飯後就到樓上酒吧，酒吧設在榻榻米上，外面有一小池養有鱒魚，釣竿入池不到一分鐘就有一條魚上鉤，我以爲是幸運，再下竿不到一分鐘又一條魚上鉤，我不敢再釣，就把兩條魚交給吧檯秤重後，漬鹽炭燒做爲佐酒菜。

樓上酒吧不大，卻擠滿了人。在鄰座的七、八個男女團體，可能是看我只有一個人，就邀我和他們一起喝酒談笑取樂，酒吧女老闆也加入我們，替我們倒酒。她得悉我從台灣一個人到日本覺得很好奇，當晚我在睡覺時，就偷偷溜到我房間進入蚊帳內，我剛被她吵醒時，障紙門又被拉開，有一位男仕進來，我睜眼一看，就是晚上在酒吧調酒的老闆，他進來就說：「非常對不起，我太太喝醉了酒來打擾你，我將帶她回去，請您安睡。」就把她拉走。

第二次大戰後，戰敗的日本人很悲慘，在旅館服務的侍女們幾乎都是戰死軍人的未亡人（寡婦），一九六〇年代正是日本整頓重建從廢墟中要起來的時候，物價都與台灣差不多，並不貴。

就在我要出國到日本散心時，無洗面也趕到機場送行，交給我一張紙條，裡面寫有兩個日本女孩子的住址及電話號碼，叮嚀我到大阪時給她們打電話，他已去信通知她們了。

從東京到達大阪後我就給中村小姐打電話，另外一位佐藤夫人因已結婚，我怕引起誤會不太好，就沒有通知她。

不過，中村小姐到約定地點來接我以後，就直奔佐藤的家，佐藤夫婦已準備豐盛的晚餐在等我們，無洗面的信不知怎麼寫，她們對我已經有相當的瞭解，故談起話來非常投機，彼此一見如故，飯前佐藤先生邀我一起先洗澡，我們兩個互相替對方擦背，洗完澡出來時桌上已排滿了酒菜。吃飽飯後，佐藤先生說工作太疲倦，明天很早就得上班要先去就寢，進房不久後就大聲喊叫太太，佐藤夫人竟向中村小姐說：「拜託你去哄他睡覺好嗎？我在這裡陪侍客人。」中村小姐往裡面進去後，佐藤夫人向我說明，他先生已養成習慣像小孩子一樣，晚上沒有人哄他，他就無法入眠。

我們在客廳喝酒就聽得到男女的戲笑聲從房間裡傳來，大約二十分鐘後中村小姐出來就說：「報告夫人，任務完成，他已睡著了。」

小時候常聽我母親說「日本人有禮無體」，以前住在高雄三塊厝時，隔壁的一位日本夫人在洗澡時，聽到豆腐小販的叫賣聲，全裸就跑出來，僅拿一條小毛巾遮掩下部而已。

從「樂業」到「功祥」，成立家族公司

從日本回來後的次日，樂業貿易公司的老闆王履綏夫婦來到我家，希望我跟他合作，推銷他所代理的西德依・默克大藥廠的飼料添加劑（這時我住在民權西路六十一號安星貿易公司的四樓，松江路的房子則租給彰化銀行的總經理吳金川先生）。王先生說找我合作的事怕吳西面知道，因此每次經過三樓吳西面的辦公室，看他在就不敢上四樓找我。

飼料添加劑的藥品大部分是維他命，與人體使用的差不多，只是品質稍微差

一點，不過由於銷售對象不同，不會與安星的路線衝突，我就爽快的答應了。王履綏先生從我在七海製藥廠就認識，是看起來很忠厚老實的上海人，他說一直做上海同鄉唐先生的伙計很久，唐先生最近代理西德的汽車Volkswagen很忙，不再做藥品生意，就償他依•默克藥廠的代理權，希望他自立創業，但他沒有把握，所以求我合作，條件是兩人各投資二百萬元，他做董事長管理內務，我做總經理跑外勤、開拓市場，而他帶來的人希望我無條件全部接受。我完全接受他的條件後，就在錦西街十一號以一百零四萬購買該棟房屋的樓下店舖做爲公司（二樓則由另外一人以九十二萬買去）使用，租金每月五千元，他帶來的人是自己的太太及一位會計小姐、妹夫吳興寶，以及同在唐老闆屬下同事多年的鄧岳宗、嚴始新，還有年齡已屆七十，從中央信託局退休下來的蔡先生，他們一群人除了會計張小姐以外，沒有一個人會講台灣話，擔任外務的吳興寶說，購買飼料添加劑的客戶是養鷄廠、養豬廠及動物飼料製造廠等，大部分是中南部鄉下人，不懂台語很難溝通做到生意。這時我才知道王先生找我的原因，除了資金短缺以外，更需要我的台語及年輕的幹勁。

雖然，這一群人都是好人，但是年紀都很大，我乃另聘幾位年輕台籍人士如李誠孝、薛克明、李元郁等剛退伍未婚的人。

樂業貿易公司開展得很順利，我在吳興寶的陪伴下從宜蘭到屏東，每天在外奔波訪問養鷄場、養豬廠及大飼料廠，生意滾滾而來，因爲生意興旺，公司的週轉金不夠，我就向彰化銀行借款，後來每次我出差回公司，王履綏就要我去銀行借錢，終於使我覺得奇怪，當初要合作的時候已算好，四百萬現金投資絕對足夠週轉，就算營業再好也不應該相差那麼多。所以我把疑問告訴鄧岳宗先生，「你太老實了，王履綏把你交給他的二百萬現金存入銀行，以他的名義取得收據後給你看，說是他的投資金，實際上，他一毛錢都沒有拿出來，你們總共才投資兩百萬當然不夠了。」鄧岳宗的回答使我很驚訝，就去找王履綏查帳，「你不用查了！」王先生說：「既然你不相信我，我們只好分手。」就搬到建國南路去了。

他要搬走的時候，鄧岳宗、嚴始新及蔡公都不肯跟他走，鄧先生說他做生意最怕上海人，希望留在我這裡幫助我發展事業，而嚴始新本來亦想留在我這裡，但後來念及同是上海同鄉，對王履綏不好意思，而自己去創業做生意，蔡公很同情我但私下跟我講：「王履綏是很不應該對你那樣，我早就發現，但不好意思對你說，軍方及政府機構的生意我會幫你做，但我要離開你們，做些小生意養活我

1969年9月，家族公司「功祥貿易有限公司」成立，由左自右分別爲：王世豪、鄧岳宗、作者、吳松夫與林後山。

的一個孫女就可以了。」

樂業貿易公司要搬走的時候留下存貨及應收款，而王履綏說不足二百萬的部分，等將來國外的訂貨到了補足還給我。既然有些存貨及應收款，也有彰化銀行的貸款在身，又有人留下來替我做事，況且新僱來的年輕人也不能不照顧，於是我就去找志旭哥，請他投資，並告訴他我要組織家庭公司澤惠我們王家家族。

於是一九六九年的九月，家族公司「功祥貿易有限公司」在錦西街十一號誕生了，與樂業王履綏合作僅八個月就結束了。「功祥」兩個字是取自我的英文名"Kenjohn"的語音，參照相命書的筆劃而成。

功祥貿易有限公司開幕典禮時，「無洗面」亦來恭賀，同時告訴我，樂業公司王先生曾經找過他，要把西德藥廠依・默克(E.Merck)的代理權以二百萬元的代價賣給他，當時他不敢買，但現在E.Merck的名字已被我打響了，所以他想買。

這時，我才明白王履綏爲什麼詐我二百萬的道理，原來他認爲他的代理權值得二百萬，假如他當初不要客氣談清楚，也許我會適當的給一個價錢，就不致於雙方反目分手了。

「依・默克」的試劑(Reagent)及化工原料馳名全世界，學應用化學的吳西面得到依・默克的代理，等於如魚得水，把它發揮得盡致，十年後發了大財。

「功祥」發達了台灣化妝品業

創立了功祥貿易公司後，爭取了美國的"DOW" Chemical（陶氏公司）及法國Vetoquinol的動物藥品代理，奠定了在動物藥品及飼料界的基礎。基礎穩定後，我想起以前找不到工作的痛苦，祖父留下那麼多財產，卻沒有一點企業讓子孫繼承工作，於是下定決心將「功祥」做爲王家企業的中心，乃相邀志旭哥、世豪弟及五姑媽的大兒子吳松夫加入陣容。一方面「無洗面」可能想把「安星」基督徒家庭化，乃鼓勵陳欽思、張政雄及小林另起爐灶，成立了「六達貿易公司」，田正信則與吳西面性格不合加入我的陣容，以前在順隆貿易行做我副理的蔡鴻猷也來「功祥」，使得更加熱鬧。

一九七〇年日本大阪舉行萬國博覽會，我帶太太前去參觀遊覽，無意中在日本友人松平重造先生的「大阪貿易行」桌上看到一本小冊子，是「日光化學公司」的產品目錄，松平先生看我那麼聚精會神地看小冊子，就對我說，「那是一家專門製造『界面活性劑』的工廠，在化妝品及藥品工廠界很有名氣，假如你有興趣的話，可能取得代理權。」於是他打了一通長途電話後，就驅車六小時載我飛奔東京，會見國外部主任會田充敏先生，比我小幾歲的會田先生長得很帥，彬彬有禮，我們談得很投機，談畢就引見社長關根正巳先生，關根先生在二次大戰爭時做化學兵，受傷倖存，非常地健談，對我很有好感，遂允我接下台灣總代理。臨走時他們給我一套資料及原料樣品，其中有一本化妝品處方例。把資料帶回台灣後，我到倉庫翻找中學時代的化學課本時才憶起，界面活性劑(Surface Active Agent)究竟是什麼東西。沾有油脂的手用水洗不掉，如使用肥皀很快就能洗乾淨，油脂與水不能混合，加些界面活性劑就容易混合，因此可應用於化妝品、藥液及飲料，使用範圍很廣。

我即時購置簡單的化驗儀器如玻璃杯、試管、酒精燈等，在公司後面的廚房當做化驗室，依照日光化學的處方例試做面霜、髮蠟、軟膏等樣品，但很少會有像日光(Nikkol Chemical Co.)化學公司所說的成品，於是我每天一、二封信寫去日本向該公司請教，因爲寫信或電話都無法完全解決問題，日光公司遂派一位姓「堤」的化學師來台灣研究，結果發現台灣的氣候及水質等等都與日本不同，處方必要稍微修改才可，果然依照新修改的處方製造出完美的成品，令我喜出望外，邀請日光來台灣舉行化妝品展示會。一九七一年國賓飯店舉行的展示會，有衆多的化妝品業及藥品業者來參觀，功祥公司的名氣及日光的產品一炮而紅。

就在一九七〇年，無洗面曾經給我的面額貳百捌拾萬的支票將要到期時，他來找我商量，希望以他公司代理的維他命原料換回支票爲條件，允許我去賣給製藥廠，於是我把公司的人事從新安排分組，動物藥品飼料組由蔡鴻猷、薛克明、李元郁負責，西藥原料由田正信、林俊廷、王世豪負責，李誠孝負責電話及函購，吳松夫負責財務，陳碧珠當會計，而四川人鄧岳宗負責國外英文通信及找代理，我則專心研究開發新代理的化妝品部，聘請一位在台大化學系任教的林姓女教授爲顧問，及前成功中學的同學，後來唸台大森林系的黃漢揚爲我助理，將我試做出來的產品拿到全省的化妝品工廠招攬生意。

鄧經理岳宗兄曾在重慶市擔任空軍翻譯，英文底子很好，口才良好且做事穩重，爲功祥交涉取得了世界有名的荷爾蒙製造廠西德的先靈(Schering AG)製藥廠的台灣代理權，很可惜五十多歲就去世了。

田正信同學一生對我忠心耿耿，曾因有人在背後講我壞話而與之打架，他重回功祥服務時，帶了一位年輕鄉下小孩來做送貨及實習員，田說「這個小孩雖然只有初中畢業，但很用功，能吃苦、頭腦銳利，將來一定成器。」果然這位名叫林後山的雲林鄉下人，自修而通日、英文，也利用夜間部修到大學，現在已昇爲功祥的總經理兼王桂榮台美基金會的執行董事。

志旭哥則在功祥當總經理，爲公司開發了金屬部及食品添加劑和香料等領域，可惜亦於五十六歲就去逝，他的長男王朝聰畢業於淡江化學系，爲公司發展化妝品生意功勞很大，二男王堯倫有創業天才，開發「花仙子」等芬芳劑很成功，得到中華民國第十八屆青年創業楷模獎。

感念我一生中相處最久的好朋友——吳西面

吳西面和我有著長達五十年的友誼，在短暫的人生中，這份機緣是很少見的。他的猝死帶給我無限的悲痛、傷感，沒想到和我同年紀的他，竟然走的那麼快速！

當聽到他在馬偕醫院住院時，我有一種不祥的感覺，我打電話告訴他五月十一日會回台去見他，而且會先派正在台灣的兒子去探望他。沒想到又是因朋友（楊嘉猷）之子結婚婚禮在十二日，十三日搭機返台，到達台北已十四日晚上，因緣差錯，我竟差了幾個小時未能見到老友最後一面，是生命中的一大遺憾！

半世紀的友誼有太多往事值得回憶，西面和我是台北二中（現在是成功中學）的同班同學，畢業後我們組織同學會叫做二成會。在讀中學時，我倆經常爲了彼此不同的宗教而辯論，他常帶我去雙連教會後再去他家，他的家在牛埔仔（雙連），大厝前有晒穀的大庭，前有池畔，他費了很多心力想引我信基督教沒有成功，反而我到美國以後帶了三個小孩去洗禮信教，這可能是我倆彼此互相影響的結果吧！

為了孩子的信教，我開始勤於上教會而認識了許錦銘牧師，而由於他的引導，我加入了台灣同鄉會，認識了很多台灣民主運動人士，諸如許世楷夫婦、張燦鍙、彭明敏等人。

西面兄以前不抽煙，還常勸我不要抽煙，但他後來抽煙抽得比我還大，西面兄剛來美國聽我批評台灣的政治時，他總為國民黨辯護，但後來他批評得比我還激烈，總是嫌我太溫和。

我是在一九七一年台灣退出聯合國以後，當時的經濟部長李國鼎辦了南美貿易座談會鼓勵貿易商往國際發展，以發展經濟救台灣的號召，因而打算移民巴西。在巴西也是二中的同班同學簡瑋輝是台灣同鄉會副會長，介紹一本《被出賣的台灣》給我讀，讀後很感動，思想起了轉變，就捐款巴西同鄉會三百美金，後來在一九七三年我獲南美居留權，出國時竟被調回出境證，這個事件改變了我的南美移民計劃，移民到美國加州。

我讀法商學院的財政系，西面兄讀台大化工系，畢業受訓後經過就業考試，我被派到稅捐處工作，西面兄就職石油公司。一九五九年我快要結婚時，西面兄突然來我家，說他辭了石油公司，現在推銷美國立達藥廠的西藥給醫生，而我說我也辭了稅捐處改在七海藥廠推銷可利痛給藥房，大家決定一起合作西藥生意。我也請他替我們做結婚的司儀。我倆合作生意十幾年業務蒸蒸日上。開始合作的七年間，我們連一天也沒有休假過，非常打拚，賺了不少錢，頂峰時我們除了安星貿易公司外也擁有了三家藥廠。

西面兄口才好善於交際，很容易親近，初見面的人都說他一見如故。他不但是一流的外務人才，也很會做媒，他是我與賽美倆夫妻結婚的司儀，他自己的兩個妹妹以及陳夢蘭先生的女兒，曾外科醫師的兒子都是經他做媒結婚的。

一九七三年三月我順利移民美國，在橘郡的Westminster經營一家Newland Motel，西面和我聯絡打算也來美國，當時我就先聘任吳太太、陳信愛女士在我旅館工作的名義辦理手續，一年後西面全家也都移民來美。

西面來美國時帶來一些資料，說代理了日本一家電腦的工廠邀我合作，在美國推銷（電腦），他的著眼點是在賺維護費用，但因爲從日本進口全要現款，而出租客戶雖然可賺每月的修護費，但這種做法需要很龐大的資金，如果沒有廠商或銀行的大力支持是沒有辦法成功的，因此我勸他改行與我合作Motel，但是他說有很多醫生朋友要投資因而離開，他來美首次投資如我預期，就這樣失敗了，與他合夥投資的醫生們後來對我說投下去的錢一毛都沒拿回，西面兄在 Alhambra 市買的第一個房子也賠掉了。

西面兄的生意眼光和外交都很好，可惜不善於理財，而我正是理財能手，過去我倆合作，他主外我管內，非常成功。合作十幾年從未吵架，非常愉快，我倆合作成功當時成爲西藥界的美談。因爲我比較老成，他比較活潑，同業界有不少人誤認西面兄是我弟弟，也有誤認他爲我的兒子，其實西面兄早我出生九十九天。

西面兄跟我合作十多年沒有學到我的人事管理與理財，反而學到他的父親吳德發先生置地致富的奧妙。他曾帶我到台北縣新莊看他父母在那裡買一塊園地在養雞，土地會增值，雞鴨不過是保持農民身分及繳Mortgage，銀行貸款償還完了以後，會再去買土地，西面到美國以後，買了好幾筆土地，有一塊地在Chino養金絲鳥，在Barstow也有一塊地在養鴨，另在奧勒岡有山地種香菇等等，他學他父親不留現金，如有現款就買土地。我讀經濟「馬克斯」說不動產增資是不勞而獲，受此影響我認爲賺不勞而獲的錢不光榮，因此他邀我一起買地我都拒絕，我認爲憑雙手苦心賺來的錢才是光榮，就這樣老實說西面現在的財產不知比我多好幾倍，尤其他在台灣的不動產應該現在都很值錢了。

西面兄是個有情有義的人，他決不佔人家便宜，在台灣我和他拆夥時由於買我的股份不夠現款，他以新莊的一塊田約一甲折算一百四十萬給我，或者兩年後給我二百八十萬的支票，他認爲兩年後保證一定會漲到二百八十萬以上的。我選擇了支票，但兩年快到時，他用三寸不爛之舌說服我買他的藥品，而以藥品換回支票。

一九七八年我在Montebello買了一家Holiday Inn，本來要同我合資購買旅館的田姓仲介人等我交出訂金簽約後就找不到人，我十分著急告訴西面兄，但西面兄因當時經營電腦失敗沒有錢，就去找剛來美國的以前合唱團的老師林寬先生幫助我解困，後來我出售Holiday Inn賺了不少錢，而捐出百萬設立台美基金會，也投資當時瀕臨破產的萬通銀行百萬。

西面兄聰明頭腦敏捷反應快，但是善變、忽冷忽熱很不穩定，遇到不如意的事容易衝動，一緊張就不知所措，我很奇怪依他的性格竟能夠辦報維持《太平洋時報》七、八年，自從辦了《太平洋時報》後，他頭髮禿了、白了，外表看起來也比我老了，以前是有可能虧本就收的人，這次明知一定虧，很難爲，但他繼續做到他去世了，他曾對我訴苦很多次，也請我去幫他，但是我以前辦過《亞洲商報》，深知其中辛苦、心酸與無奈，只有提醒他注意之事，但始終不敢去，爲了《太平洋時報》西面兄虧了將近百萬美元，但他所花的心血，恐怕比金錢多好幾倍了。

除了辦報，西面兄每逢選舉都返台助選，他都是單打獨鬥，我倆常常在同一場合不期而遇，我每次返台助選都邀集了一些同仁一起去，但他都是一人獨往。

在雙連教會告別式時，張俊宏委員說每次他來美國時西面兄總是給他一個信封，因爲太多次不好意思，不敢再去，張委員還說，有一次競選期間他當秘書長企劃文宣，但沒有錢登廣告，吳西面聞訊即時給他一張巨額的支票，解決了問題。

五十年的交情，西面兄值得懷念的還很多永遠說不完，心中千頭萬緒非外人所知也，這次在美國追思禮拜時，謹提一篇悼文聊表心意。

阿們。

王桂榮

第五章　移民海外闖天下

難為「中國人」，寧做外國人

我本來打算移民巴西，經由命運巧妙安排，卻在美國落地生根，洛杉磯乃成爲第二故鄉。

一九七一年，我參加錫安旅行社舉辦的美洲考察團，抵達美國後，經紐約前往華府。是時，適逢台灣「退出」聯合國，這個消息像晴天霹靂似地轟擊著我的腦袋，心情激動而且低沈。一個國家的命運，豈可任由別國投票來決定?! 於是我隨手拿起電話，打給正在華府探訪醫生兒子的楊東波醫生夫婦。「趕快移民來美國吧！」楊夫人大聲叫嚷著，聲調激動。楊夫人係內人賽美的乾媽，也是我們結婚時的媒人婆。「我在台灣的化學藥品生意做得有聲有色，怎麼脫得了身？」我回答。「你不走，也該讓家小逃生吧！」她人聲音高亢而急促。說實在話，自從「二二八事件」以後，我感受到做台灣人很歹命，在國民黨政權高壓統治下，隨時有白色恐怖的陰影籠罩，而戒嚴時期連出國都不得自由，要通過層層關卡，甚至比登天還難，因此每次獲准出境都有種「籠中鳥」被釋出放飛的感覺，在海外幾度親身體會民主自由的滋味後，萌生出移民的念頭。

和同學好友吳西面合夥創業有成後，曾經有個夢想，希望在美國、維也納及台灣三地成立公司，串連成鐵三角，一方面進軍國際舞台，一方面享受周遊列國的樂趣。其後，我倆因故而分道揚鑣，但是這個夢也一直沈澱在心中。

美洲考察後返國不久，正逢我一向所敬仰的經濟部長李國鼎先生鼓勵貿易商到海外開拓市場，以「發展經濟救台灣」爲號召，終於堅定了我離開台灣的決心。

當時，一位在台北郵局海關做事的朋友告訴我，他要移民新加坡，因爲移民新加坡只要美金七萬約值新台幣三百萬就可成行，並邀我一塊同行。正好此時已移民巴西的高中同學簡瑋輝來信，邀我到巴西一遊，並希望我到巴西投資。

一九七二年春天，我帶著簡單的行李及一些小禮物，由台灣起程飛往巴西，在洛杉磯轉搭巴西航空VARIG抵達巴西里約熱內盧機場。老同學簡君帶了一群朋友及開來三部車，浩浩蕩蕩地來接我。看了我攜帶那麼少的行李難免驚訝，向來前往巴西的台灣人都是大件小件行李一大堆，因爲舶來品在巴西可以賣出很好的價錢，充當旅費綽綽有餘。

里約熱內盧的Copacabana海灘是名聞遐邇的世界三大美麗海岸之一，一望無際的玻璃沙上，無數的性感拉丁少女徜徉其中，穿著暴露，僅著三點式的泳衣，三三倆倆在美麗的沙灘上扭腰漫步，歐洲的婦女遊客則乾脆袒胸露奶，毫不在乎的向相遇人們露出微笑打招呼。沿著海灘有無數的高級旅館與麵包山(Pao de Asuca)遙遙相對，構成一幅風光明媚的誘人景色，讓遊客留連忘返。可惜所帶的一部嶄新照相機，在洛杉磯轉機給表弟曹學聖打電話時放在電話亭，因此失去了捕捉艷色鏡頭的機會。

一九七〇年代的巴西，尤其聖保羅、里約熱內盧等地方，比台灣進步很多，也有不少台灣移民。十年不見，老友簡璋輝不僅事業有成，同時也擔任台灣同鄉會副會長，透過他的人脈關係我認識很多當地移民，巴西的台灣人讓我在他鄉異地備覺親切，有人叫「Camera王」，有人叫「Carioca宋」，「走私爺」周烒也，有人叫「剃頭許」、「和尚陳」、「做餅吳」、「Long」等，幾乎從稱謂上就可以知道此人的身分或職業，那種特有台灣味的人情世故，激起我對移民巴西的濃厚興趣。

由於申請移民巴西者大排長龍，因此簡兄建議找住在聖保羅的友人王瑞麟——就是「Camera王」——高雄旅館公會會長王俊雄的大哥，引導我走「捷徑」，先辦理移民鄰近的巴拉圭再轉赴巴西。

於是不久，我與Camera王及成功中學體育恩師袁挺烽老師的弟弟，三人乘坐夜間巴士於翌晨到達世界上最大瀑布的Fos de Iguasu（阿根廷、巴拉圭及巴西三國的交界），再徒步過橋到達巴拉圭。

巴拉圭給人的第一印象不如巴西熱鬧繁榮，但在鄉下簡陋的餐館用晚餐，看到三人弦琴美妙熱情的弦音與艷歌，震動了我的心弦。

我住在首都亞松森委託辦理移民的律師家一個月，每天被他們六歲大的小女孩吵醒學習西班牙語，猛然發覺比我在成功中學學六年英文還管用，加上巴拉圭風土人情極具特色，例如因爲連年與鄰國交戰，不少青年捐軀沙場，男人變得奇貨可居，一個男人可以娶六個女人，而巴拉圭鄉下婦女以袒胸露奶來表現其熱情歡迎的態度，更讓我印象深刻難以忘懷，最重要是巴拉圭是個自由貿易國家，大大方便我重拾進出口貿易的本行。

我到台灣駐巴拉圭大使館索取貿易資料時，駐巴拉圭大使顯得很熱心，但一聽我有意申辦巴拉圭居留權後，隨即拉下臉拒絕辦理，後來一位葉姓秘書見狀，自告奮勇替我蓋章簽字，我竟然成爲第一個申請移民巴拉圭的台灣人。

當我回台辦理移民手續時，才發現巴拉圭在台灣並無正式大使館或領事辦事處，再進一步查證，原來巴拉圭駐台名譽大使是由台北市進出口公會蕭圳根理事長兼任。

我是進出口公會的會員，我們雖然相識，但蕭理事長表示不知如何辦理，因爲我是移民巴拉圭第一人，請我自己把西班牙文的聘書資料翻譯後再送件，剛學一個月的西班牙文正好派上用場。一個月後，移民巴拉圭終於批准了。

當時我忍痛割愛出售位於松江路二〇四巷二號的住宅，所得價款三百多萬台幣，打算帶二兒子王政中先到巴國闖天下，待安頓就緒後再接家人來。豈料，出國前民航公司(CAT)突然來電通知我的出境證臨時被取消了，因爲警總有意見。莫名其妙，不知道警備總部存何居心？我是正正當當的貿易商，既不搞政治，也無犯罪紀錄，可是到處託人打聽還是毫無結果。

房子已經賣掉了，爲了解決住的問題，只好花壹百參拾萬購買范宗陣先生的夫人在敦化南路與仁愛路交界剛蓋好的一層樓宇。正當此時，透過弟弟王世豪的竹馬好友郭俊賢先生的幫忙，一個多月前被拒絕的出境許可，竟於三天內就核准下來，到底因何緣故使警總前後態度大轉變，我愈想心裡愈毛，害怕家人懸置兩地將來橫生枝節，倉惶間決定全家一起出國。

一番折騰下來，房子賣了又買，買了又賣，金錢損失不說，搞得全家緊張兮兮，我要求合夥的二哥志旭購買我在功祥貿易公司的股份，以便有足夠金錢在海外另起爐灶。

「你以爲在人生地疏的異國創業那麼簡單嗎？」志旭哥繼續說：「我有好幾個朋友赴海外創業，沒有一個人成功，也不曾耳聞成功的例子，你還是留著你的股份，萬一失敗，回來還有一口飯吃。」

正整裝待發當天，突聞惡耗，一位成功中學的同學，也是功祥的股東田正信因故死亡，不得不延期數日。待葬禮告別式結束後，於一九七三年三月十九日，我們一家五口以逃難般的心情飛離台灣，奔向海外。

至於過去我從未跟政治有瓜葛，到底爲何遭警總一度限制出境，事隔多年後總算打聽出究竟，原來竟然是第一次去巴西時與好友洽發飼料公司的董事長洪炳煌先生，在臨別時湊三百美金以感謝當地台灣同鄉會的熱情招待所致。

立足美國

在台灣人心目中，最理想的移民國家是美國，而我不想移民美國有幾個原因。

一九七一年我參加旅行團赴美參觀旅遊，來到華府時，正逢中美建交，台灣喪失聯合國會籍，目睹世界首強的美國不顧道義拋棄台灣，除心中氣憤之外，不無畏懼中共統治台灣的惶恐。

從巴西回台灣時取道邁阿密前往阿拉巴馬州，探訪已取得普渡大學農化博士的小弟王志成，他雖然在南方研究院Southern Institute做研究，但生活簡樸並不優裕。他帶我參觀幾家商場，全皆使用計算機或電腦，而在台灣做生意大家都用算盤，算盤怎麼抵得過電腦計算？想想在美國經商開創事業並不容易。

在美國所接觸的早期台灣留學生，雖學有專精且有一技之長，但都在學校、政府機構或大公司任職，沒有人從商，而在中國城所見中國人經營的生意，不是小型餐館、雜貨店就是洗衣店。而我在巴西看到的台灣鄉親雖然學歷不高，但不論從事何種行業（士農工商）都做得相當起色，在社會上很活躍，生活程度也比台灣高，我自忖如果從事本行的貿易，應該不會比他們差，且很有可能超越他們。

移民到巴拉圭在美國過境時，我打算停留半年，收集有關貿易資料，並順便慰勞家人來個全美遊。當我們下飛機在夏威夷驗關時，海關官員看到我的證件及許多與美國廠商的來往書信，給我夫妻倆六個月的停留美國簽證，但是對於不持B1簽證的三個小孩只給了十五天的過境，最多只能延期到二十九天。正在我們頗感困惑時，該關員表示「除非你們願意替三個小孩每人繳十元美金更改簽證」，我們眞是喜出望外，立即繳交三十美金，約經三十分鐘，通通改爲六個月簽證。

到達洛杉磯後，二姑媽的次男，芝加哥大學地震學博士曹學聖及春惠夫婦，熱情地邀請我們五口暫與他們同住在聖塔莫尼卡的獨棟房屋，表弟婦主修營養學，也在做事，因此他們倆夫婦上班時，唯一的小女孩則由隔壁的白人老婦看顧，家庭料理則由我太太負責。

我家的孩子，十二歲的政仁、十歲的政中及九歲的政煌，到了洛杉磯後迷上了迪斯奈樂園，覺得美國如同「天堂樂園」，而曾在台北美國學校任職的妻子也認爲，美國教育環境優於南美，至少不必重新學習西班牙文。

我在台灣的功祥貿易有限公司代理不少外國名廠，並直接進口該些名廠的化學藥品原料，批發供應在台灣的製藥廠、化妝品工廠、食品廠及飼料廠，經營項目上達千種。春惠弟婦主修營養學，對我的經營項目尤其維他命、荷爾蒙等方面有相當程度的了解。學聖表弟不願一輩子從事學術工作，有意朝做生意謀發展。因此他們倆希望我能留在美國，大家合夥做經貿生意，故非常熱心介紹一位姓關的律師幫忙我辦理綠卡，我們於是組織了一個「J & K Trading Co.」，緣於英文名字Jack（學聖）、Kenjohn（桂榮）、Jackie（賽美）、Kathy（春惠），地址就在曹家客廳。

當時在美國加州只要投資壹萬美金做生意就可申請綠卡，但我認爲做貿易需要多一點資金，所以我出資壹萬伍仟，表弟出資伍仟湊足兩萬，我負責提供資料與經驗，他負責寫信打字跑銀行等勞力工作，開始時因兼差性質不拿薪水，等將來公司賺錢再利益均分，興致勃勃合資創業，不料公司成立後兩人共事，才發現所學不同、個性又不合，加上長久受到不同文化的薰陶，根本難以建立共識。由於生活習慣不同，人生經歷、生意經驗差異，影響到業務難以推展。

在曹家住了十天，我們就搬到靠近威尼斯海濱(Venice Beach)的Mar Vista市，租了一個三房一廳的公寓，起初白人房東聽說我們有三個男孩，拒絕出租，但當他看到三個純樸可愛的小孩子乖乖地站在大人後面不發一言，遂改變了原意，認爲我們是人生地疏的外國人，又不像一般美國小孩調皮的樣子，於是決定讓我們短期租住。

頭一個星期天，天氣很熱，我帶全家到附近的威尼斯海濱想游泳納涼，不料所有在沙灘上的人，男女老幼都一絲不掛，還有一些年輕男女全裸在打排球，有些女孩搖動豐奶舒展玉腿大跳韻律舞，我們看得目瞪口呆，免費看了一場天體豔景後就打道回府。

化學藥品生意開展不起來，經造橋專家毛君的介紹，前往舊金山陳正光(Carl Chen)所經營的 Pacific Import 幫忙兼學習手工藝品及中國古董家具進口批發，前後經過三個月接觸，陳君很欣賞我的貿易經驗及理財能力，他們待我如上賓，要我投資做股東，其間我也替 J & K 公司做成二筆生意賺了一些錢。舊金山雖然風景優美但天氣太冷，以致多次感冒咳嗽不停，家人又在洛杉磯有很多事情需我回去處理，陳君的好意只好心領了，我仍決定回到洛杉磯再另作打算。

美國有五十州，大多數的州都比台灣大好幾倍，每州各有特色。美國人口爲台灣的十幾倍，大約二億五千萬人，爲了開眼界及尋覓合適的地方居住，我自舊金山回洛杉磯後，趁學校暑假帶全家前往阿拉巴馬州志成弟家，暫把孩子寄在那裡，我夫婦倆則飛往紐約探訪好友施醫師夫婦（他的大女兒現在是我二媳婦）。紐約有千萬人口，是世界金融商業中心，更是聯合國所在地，但是當時地下鐵之髒亂，街上交通之擁擠，色情泛濫，×××級影片戲院及成人玩具店充斥西四十二街一帶，天氣也沒有西岸好，於是決定返回洛杉磯。

在 Mar Vista 市 McLaughlin 街公寓的隔壁剛好住了一戶台灣人，是早期的留學生高凱博士，當時已在大學教書（太太 Nori 剛生了一個 baby），由於同鄉之誼，非常親切的指導照顧我們。我太太帶三個小孩到附近的小學申請入學，但我們是過境的外國旅客，按規定不能入學，高教授建議我們去找校長幫忙，很意外，校長認爲違法的是大人，與小孩無關，小孩如果不上學，在外遊蕩不是更糟糕嗎？很幸運地，由於校長的特別開通，我們三個小孩順利入學就讀。問題又來了，十二歲的長子政仁在台灣時已上六年級課一學期，照說他應該唸中學，但我們認爲三個小孩在兩個學校唸書，中學的路途又遠，每天接送很不方便，因而請求校長把政仁降級重唸六年級，通達人情的校長同情我們異鄉客也就照准，三個小孩於是同校上學。不料過了幾天學校竟派車來接小孩上學，並提供免費午餐，下課又把他們送回家，不但如此，又另派了一位老師專門教導小孩學英文，天呀！在自己的國家做夢也不敢想的美妙的事，竟在異鄉外國享受到。我忽然想起佛經說天堂在西方，難道美國就是佛經裡所說的天堂嗎？小孩在學校唸書，吃午餐、校車接送，還有個別指導的英文老師全部免費，到底經費那裡來呢？當我想到這是美國人民繳納的稅金時，我下定決心要賺錢繳稅，賺更多錢繳更多稅，來回報這個充滿溫情的社會。

在舊金山幫忙陳正光先生的期間，孩子們上學後太太賽美閒在家裡沒有事，就到附近的Pen Mar Golf球場打球，結識了一位洋人名叫William Rainish，他是剛退休的會計師，二次大戰時曾服務於海軍，到過日本、台灣，退役後與妻女失散，孤單寂寞中和一位年紀比他大二歲的加拿大籍孤單的老婦人Cathy結婚，剛好

作者的太太（左二）與初到美國時的親友合照，左起Cathy Rainish、乾爸Bill Rainish、妹夫周國棟、三弟王世豪。

住在Mar Vista公寓附近。他看到經常在球場一個人打球的美麗東方女性，雖然球打得很遠但球技不佳，乃趨前指導，此後我們兩家人就變成了好朋友，Mr. William Rainish我們都叫他Bill，他的球技很好，高爾夫球差桿三，每到週末他也帶我們的小孩去練球，他對老二政中特別喜愛。

有一次賽美因接到父親去逝的惡耗，又因申請綠卡中不能回台奔喪，正傷心哭泣時，Bill來到家看到情形，爲了安慰賽美就自動提議做她的乾爸，我們很快習慣了美國人的生活方式。約半年後事業逐步展開。我們租的公寓空間很小，乾爸建議我們可在離洛杉磯機場五公哩的Inglewood買整棟有九個單位的公寓，最前面的單位很豪華，有四房兩廳及兩車庫，小孩每人可有自己一個房間，乾爸就住在隔壁第二單位兩房一廳，他當經理管理出租收錢記帳，對於這位義務經理我也沒有收他的房租，就這樣我們在Inglewood住了八個月。這棟公寓本來只有一家黑人住，在八個月內就增加到八戶，地區本來相當高級，路很寬闊，兩旁種了紫色葉的樹，相當美觀。由於該市有一個籃球場，很多球隊球員在那裡比賽與練球，多數球員都是黑人，因此很快就變成黑人區，房地產一落千丈，不過經營上還是很好賺錢的。東方人與黑人爲伍難免覺得怪怪不大習慣，我家的小孩倒不在乎。很奇怪，一般而言，白人怕黑人、黑人怕黃人，每次Bill收不到房租，賽美去就收到了，黑人房客對我們非常客氣，也很尊重我太太。

這個在一九七三年冬天以美金十二萬多購買的公寓，於一九七六年夏天以美金十四萬貳賣出，扣除佣金六%，實際只賺壹萬多元，但若從投資金額的兩萬五千元頭款，其餘九萬多係向銀行貸款的投資報酬率來說，不到三年有五十%的回收，又住免費，算是不錯。

買公寓的一般算法是以一年的租金總收入，加上洗衣等雜項收入，扣去約五%的空屋率，再乘七至八倍就是買價，買賣佣金是賣方負擔，通常是六%，買賣雙方的不動產公司(Broker)各分得三%，再由買賣雙方之經手人(Sales)各分一・五%。

以總收入的七至八倍買的公寓，當年是沒有現金可賺的，要經過數年後租金漸漸調高，再以同樣的總收入七或八倍價錢出售才能賺到錢。我買Inglewood的公寓時，因出售人本身是不動產公司的老闆，他看出該地區將變成黑人區，故以特價六・二折賣給我，我才幸運地賺到些錢，算是運氣好。

投資公寓在美國不算是生意，大都是律師、醫師或會計師等現金收入高的自由職業者，爲了折舊可以節稅而買的，既可節稅又可保值，可說是自由職業者的最愛。

當時住家買在英格屋(Inglewood)時考慮到離機場很近，要往舊金山或回台灣都很方便，卻萬萬沒有想到就是因爲距離機場近，接送客人也方便，因此拜託我們接送機的親友特別多。我統計最多的一個月曾經往返機場接送二十八次。除了從台灣來訪的友人親戚外，住在別州的朋友，他們的親朋來美必定在洛杉磯轉機，其中許多老人家爲探訪兒女來美的又不懂英文，當轉機時間是次日時，則需安排招待在我家住一晚，因此我每天都忙於往返機場，我太太則忙於招待客人。

當時因爲J & K公司經營不順，心情相當低沈，加上不勝其煩的來往接送客人，賽美不堪其壓力而生病，開刀割除甲狀腺後身體虛弱。有一回，巴西的簡君介紹一位王姓朋友（他是先移民巴西爲跳板再來美國）來洛杉磯，轉機前往亞歷桑那州，我早上到機場接他到我家來等，下午他的洋人姐夫來接，賽美因身體虛弱在床上休息，中午我只好做一碗豬肝麵請他吃。洋姐夫遠從亞歷桑那州的Tucson市開車來到我家時已是黃昏，Bill發覺他們兩人當晚要住宿我家時，破口向該洋人大罵，叫他們找旅館住，同時也向我們建議乾脆開一家旅館。

本來初到美國時，楊東波醫師夫婦就勸我們做旅館生意，因爲楊夫人（素定）乾媽的外甥蔡金裕，在洛杉磯做旅館生意賺了不少錢，蔡君不但本身擁有許多家旅館，亦兼做旅館買賣，也曾帶我們去看過多家要出售的旅館，但是那時我認爲旅館生意比較複雜多事，投資公寓單純多了，又已組織了J & K公司，因此並無深入研究旅館業。

從旅館業開創新天地

自從確定不做貿易決心改行後，在投資公寓或汽車旅館之間仍然舉棋不定。投資公寓利潤不高卻單純，經營旅館賺錢多，但壓力大且複雜。經過一番調查後，發現最愛投資汽車旅館的台灣新移民，大都是在巴西等中南美洲國家居住一段時期，事業發跡後轉來美國淘金的。這些容易賺錢的汽車旅館通常只有二、三十個單位，由於老舊、競爭力不高，大部分靠「休息」回轉次數多來賺取利潤，因出入的旅客有不少是妓女及買賣毒品者，事故層出不窮。有一位吳姓牧師因抗拒被搶，拿手槍與匪徒格鬥被打傷大腿，從此必須以輪椅代步。

來美初期，人地生疏諸事不順，到舊金山學做禮品進口亦毫無起色。在台灣做生意作得嗄嗄叫，來到美國彷彿一切派不上用場，似無用武之地，連一口日本腔調的英語也讓我處處受挫，我內心時常興起「不如移民巴西」的念頭。美國或許是孩子們心目中的天堂，卻不是我事業上的樂園，拿到綠卡後（約九個月）於一九七四年春，與來訪並住在我家兩週的保力達公司老闆陳傳黃先生，特地飛往巴西一趟，隨行者有保力達公司廠長，也是我成功中學的同學陳寄草。

然而，第二次在巴西，我卻發現台灣人在巴西地位並不高，巴西有句流行話：「日本人第一，中國人最後」因此會講日本話的台灣朋友都取了日本名，不願意承認自己是中國人。

移民巴西的台灣移民大部分是台灣中南部的農民或工人階級，或經商失敗想換個舞台者，因此都沒有攜帶大筆資金。

負責台灣同鄉會的同學簡璋輝，經常替這些人招會（標會）集資給他們做「提包」生意。所謂「提包」生意就是帶些舶來品，逐家敲門脫售給巴西富豪們，是一種跑單幫生意，只要勤跑，十拿九穩，賺個溫飽沒問題，因此倒會的人很少。簡先生的名聲因而大噪，提起「里約熱內盧簡先生」無人不曉，儼然是前往巴西移民必須拜訪的有頭有臉人物。

日本人移民巴西都是團隊組合，先由日本政府有計劃向巴西政府交涉，取得一大片土地後開墾，促進巴西經濟發展，功在巴西，這是巴西人「日本第一，中國最後」的原因。

當時在巴西的台灣移民，也有在事業上成功的佼佼者，他們都住在皇宮般的房子且僱有多名保鑣，但是多與政府官員密切交往，發財的方式令外界不敢恭維。

第一次到巴西時，我在聖保羅的「Camera王」家住了一個月，他的公寓相當不錯，王夫人待我也很好。唯獨跳蚤之多，每晚睡覺被咬得全身紅斑癢得受不了。我也在成功中學時代的同學宋佳八的全新公寓住了一段時間，宋夫人是台北市旅館公會會長王孝典先生之大姐，他們在最熱鬧的Carioca開百貨店，樓上開餐館由宋夫人主廚，生意不錯。由於夫婦倆做人慷慨，因此「Carioca宋」在巴西也相當出名，但是依照都市計劃，該店面必須在短期內拆除，因此宋君憂心煩惱每天喝酒解悶，而我就成了他的酒友。經過深思後，我斷了移民巴西的念頭。

我承續了家庭的傳統信奉佛教，但洛杉磯當時尚無佛寺，僅有兩所台灣人教會，分別是在Alhambra的福音教會和在洛杉磯Olympic大街的長老教會。福音教會的劉富理牧師嚴肅而慈悲，禱告時與上帝對話的神情讓人肅然起敬；長老教會的牧師許錦銘則和藹可親平易近人。我深怕三個小孩誤入歧途，每星期日都帶他們往兩個教會輪流跑，希望在異鄉精神有個寄託。許牧師與我們在Inglewood的住家不遠，常到我家探訪講上帝道理，遂成了我們的好朋友。許牧師的台灣意識強烈，他介紹我去同鄉會，第一屆世界台灣同鄉會於一九七四年在洛杉磯成立，召開大會時許牧師帶我參加，因此認識彭明敏教授、魏瑞明、陳錦芳，及由日本趕來與會的金美齡、許世楷、許盧千惠、郭榮桔醫師等台獨聯盟的人士。台獨聯盟的大老王育德教授來美國時，許牧師亦特別叮嚀一定要去聽他的演講。

許牧師也介紹我認識許多常在教會出入的汽車旅館經營者，他說同鄉在南加州擁有旅館的有二十多人，應該組織公會，亦勸我投資旅館。一九七四年發生能源危機，全世界景氣多受到影響，物價也日漸膨脹，爲了做生意以安置家庭及將帶來不多的錢予以保值，我決定投入旅館業，於是每天翻開英文報紙（當時尚未有中文報紙）的買賣廣告欄。

東方人樂山，西方人樂水，靠近海的土地賣價是山坡地的兩三倍，在教會的一個朋友告訴我Monterey Park（俗稱小台北）的山丘是東方人的Beverly Hill。我去看山丘上剛蓋好的四房二廳約四千平方呎（約一百一十坪）的二層樓房屋，開價僅五萬四千元，但我想既然來到美國就應該溶入美國社會，如果聚居在東方人爲主的社區又何必來美國?!

剛好離小台北北邊不遠的Pasadena市有一個朋友陳夢蘭先生（他曾在台北市重慶北路第一銀行當經理，融資給我與吳西面合夥的公司），在此地擁有一家三十四單位的旅館，我去拜訪請教他買旅館的要領與經營方法，他說：「價錢合適，

1974年8月，作者購入的第一家旅館Newland Motel。

看了喜歡就可以買了。」為什麼喜歡？什麼是合適的價錢？他沒有進一步解釋，我也不再追根究底。

有一天翻開報紙旅館買賣欄，刊登有一家五十四單位的汽車旅館出售，我按上面所登的電話打去洽詢，不到一小時，駝背的洋人經紀帶了一堆資料來到我家，說明該旅館何時建立，經營方法及過去三年的營業額與開支詳情，之後帶我去看旅館，旅館的老闆笑咪咪接待我們參觀，當他知道我對旅館經營一點經驗都沒有，即介紹我到離洛杉磯兩個多小時的Barstow（到拉斯維加的半途）一家有一百單位的旅館

（名叫Friendship Inn)學習一個禮拜。我帶了老二政中就在那裡學習。

我感念他們的誠懇與老實，就付了十萬頭款以五十二萬價買到頭一家旅館Newland Motel，根據他的資料及解釋，十萬元投資一年可有三成、亦即三萬元的現金回收，那是我要立足美國一年的生活費用。買定後隨著即在Westminster同市距離旅館兩公里的住宅區買了一棟獨立房屋，全家搬到新屋居住，旅館則請原來的經理經營看管，我與賽美到鄰市Cypress College修習旅館經營課程，不上課的時候就向經理請益學習修護與清理游泳池。

搬到新屋時所有鄰居都來幫忙，有的搬運傢俱，有的教我們在那個市場買菜、孩子在那個學校就讀，也介紹社區的小孩來陪我們小孩玩耍，鄰居守望相助的西方美德，溫暖了我們在異鄉的心。誰說洋人無情，瞧不起黃色人種呢？

美國是一個移民的國家，機會眾多，嚮往自由民主或是想一展抱負的各國人士都想盡辦法來到這裡，不同的種族各自過著自己的生活方式，擁有各自的文化，卻很少有不愉快的事發生，大都能維持本國良好的習俗，加以吸收其他民族的好風俗，沒有養成守法習慣的人，到了美國後入境隨俗也相當守法。大家在「法治」規範下循規蹈矩地生活，俱天才型的專業人才到了美國，由於優良的研究環境得以充分發揮其潛力造福人群，美國號稱世界民族的大熔爐並非浪得虛名。

美國是一個遵守法律尊重人權的國家，中國領導人卻常說人權是內政，不容他國干涉。人權不彰，國家的人民爭先恐後往美加等國移民、偷渡或以人蛇方式出口擾亂別的國家，還說是內政問題不容他國干涉？六四天安門事件後跑到美、加、法國的人那麼多，越南共產黨掌權後，無數的難民船到處流浪飄游到世界各國，香港和大陸後來不是也很頭痛嗎？所以說人權無國界，並非單純的內政問題，希望中共有一天能修正人權觀念。

要在美國做生意，必須熟悉其稅法與會計制度，所以我也進入附近的Golden West College進修會計簿記課程，因此得以和Bill Rainish建立共識，雙方合作得相當愉快。

六個月後辭退了洋人經理，想多賺一點錢以備萬一，我們全家投入經營。賽美幫忙洗被單毛巾、清掃房間，小孩則幫忙房間粉刷、清掃樹葉及維護，五十四間的Motel Apartment（旅館公寓）僅僅雇了兩個傭工，頭一年我們就賺進了營業收入額十五萬元的一半現款，扣除付出貸款利息，餘額遠遠超乎賣主告訴我們三成利潤三萬元。

所謂「公寓旅館」是房間內有一小廚房可供住客炊食，大部分房間是以weekly（每週）計收。客源大部分是房屋已售出、新房子還在修護中，或是房屋有白蟻必須暫時搬出，待消毒驅除白蟻後才能搬進，或是失業者在找新工作，或著離婚的一方，或著大學生要旅行中打工賺旅費，或者是由外州人避寒避暑的短期住戶……等等。

美國的義務教育十二年，各方面發展並重，上大學以高中三年期間的學業平均成績爲依據，體育課及社會活動的成績非常重要，上課的書籍放學後都放在學校，不須帶回家溫習，因此學生並無上學的壓力，體育課可以任意選擇打棒球、網球、籃球、高爾夫、足球或摔跤，打得好的成爲校隊代表，常與他校比賽。高爾夫隊員每週一次到各球場免費接受該俱樂部的教導訓練，賽美因喜歡打網球與高爾夫，孩子們也有從她遺傳來的細胞，因此特別請私人教導，每小時二十美元。老大政仁、老二政中學得很起勁，唯獨老三政煌嫌太貴，不願浪費父母的金錢，自動放棄學習，只向免費的高手Bill Rainish乾爺爺學。在美國名字叫法有些奇怪，凡William就叫做「Bill」，而Robert都叫做「Bob」，Bill Rainish的球技高超，他的差桿只有三。同時學習打高爾夫球，老大被選上校隊，老二因而傷心大哭，媽媽於心不忍的拜託教導再給一個機會給老二，第二次機會竟然被錄取，還是以第二名的優異成績勝了大哥的第三名。老三大概也有運動細胞，很少練球，一年又打不了三次，卻比我這個打高爾夫已二十多年的老爸還高明。我去參加老三Michael在Wilson High School（威爾遜高中）的畢業典禮時，幾百畢業生中特優而穿金色衣帽的六人，老三是其中一個。

由於Newland Motel Apartmemt（紐蘭公寓旅館）經營超乎預期的成功，我在這一行漸漸打出名聲。第二年，在距西敏市僅十哩的長堤區有一家一百零五個房間、佔地約在三英畝半的Outrigger Motel要出讓，這一家汽車旅館附設有一萬五千英呎的大餐廳及夜總會，可供跳舞，已租給他人經營，旅館的外形是夏威夷式，很有情調，但內部失修且經營不善，住客不多。經紀人說一九七四年的旅館收入只有三十萬元，售價一百五十萬但無人購買，所以現在降價到一百三十萬，銀行貸款有一百萬，所以頭款只要三十萬即可。

該旅館在美國最長的第一號公路Pacific Coast Highway（太平洋海岸公路）上，過路正對面是長堤公園的高爾夫球場，我太太看了以後非常喜歡，念念不忘，但是因爲我沒有那麼多錢，連想都不敢想，數日後曾隨我去看該旅館的Frank

Howel（Newland Motel的經理），出乎意外的流淚苦勸我想辦法去買，他說如果我買那一家旅館，他一定會盡力爲我打拚賺錢，我拗不過他們兩人，乃帶他們直接去見老闆Mr. Economou，我對這希臘人老闆說，無論什麼價錢，只要能有投資金額的三十%現金回收(Cash Flow)我就買。次日經紀人來找我說：「Mr. Economou很中意你們，願意貸款給你們二十萬，分十年分期付款，利息六%，因爲銀行貸款有一百萬，所以你們只要付拾萬現金頭款就可以了，這樣可符合你要三十%現金回數的要求。」我核算一下買賣手續費用及週轉金要四萬元，就打電話告訴保力達公司的老闆是否有意與我合作，一個人出七萬元共十四萬投資買Outrigger Inn Motel。陳先生來長堤看了旅館以後很滿意，於是我們辦理購買手續，於一九七五年五月一日接交了旅館，而於交接這一天Mr. Economou向我說：「我已經六十歲，有重病在身，恐怕活不了一個月，希望你能讓我免費住旅館最大房間三〇〇號。」我允諾他住一個月免費，若再繼續住下去就要付房租，結果他於六月一日剛好一個月就去逝，他留有遺言，死後給兩個不肖兒子各一美元，其餘財產全部給他在鹽湖市的弟弟。

本來旅館主人要我三月初去移交，但我看了營業紀錄，只有夏天的六、七、八三個月可以維持，其他的月份生意都不好，所以我就拖到五月才去接，一個月後，陳先生派他的林秘書來查帳，發現五月份一個月就損失五千元，嚇得說要退股，他已投資的七萬元當做無息貸款，等我以後賺錢再還給他即可。雖然條件不錯，但是對我的精神打擊很大，很幸運，六月份沒有虧本，七、八月賺錢，我就以所賺的錢購買新床、椅等設備，並添購幾部新電視機，因此生意漸漸起色，除了十二月份以外都沒有再虧本，辛苦了兩年就還清了陳先生貸款。

我在旅館公會開會時，認識了一位在好萊塢開旅館的李汝成先生，他申請加入當時正在美國全力發展的Ramada Inn連鎖旅館組織，可是因爲本身條件不足未被批准，他建議我加入該組織，以提高身價，再轉售他人。我立刻循其途徑，向Ramada Inn總部申請，果然很快被接受，於一九七六年六月我與太太兩人就到Ramada總部在亞歷桑那的經營訓練中心，接受兩週的訓練。

以Ramada的組織力、管理制度和推薦旅客的能力，加以長堤市風光明媚風景怡人，新加盟的旅館爲背景，使得雜誌的封面刊印我太太的人像，並以我們的旅館爲背景，使得Outrigger Inn Motel頓時脫胎換骨，時來運轉財源廣進，這家旅館也可以說是我在旅館業飛黃騰達的關鍵，後來儘管有人要出高價購買，我也不願割讓，可能是我們夫妻對此旅館有特殊的感情所致。

一九七三年到一九七八年之間，正是世界能源危機的混亂時期。當時南加州的房地產在美國的通貨膨脹中卻極爲廉價，銀行貸款利率又在百分之九以下，只要付百分之二十的頭款，分期付款長達二、三十年。因此投資不動產是保值、增值的最佳途徑，而旅館既是房地產，又是生意，且不需太多語言和交際，對來自台灣重視地產成習的移民而言，無疑是項很具吸引力的行業。

那時美國政府因爲經濟衰退，大量裁減太空計劃，許多台籍高級科技人材工程師、留學生，均徬徨在失業邊緣，有意改行經商者，來請教時任南加州台灣旅館業同業公會會長的我，我就教他們投資旅館行業，而後慕名而來者愈來愈多，我來者不拒，不管省籍，凡來自台灣者我都很詳細地教他們如何投資與經營，還親切地盡地主之誼請客吃飯，因此得到旅館大王之美譽。台灣同鄉紛紛改行旅館業便成了當時最熱門的行業。我後來發現，前來我的旅館請教及接受我招待的人當中，許多是台灣政府的高官及軍方將領等，享有特權貴族的兒女，受了這些人的暗中幫助，我才免於白色恐怖時代被列入黑名單，而成爲少數能回台灣的幸運者。

Outrigger Inn的一百零五個房間中有二十六個是公寓，有房間、客廳及廚房，約五百多英呎大，核准加入Ramada連鎖旅館後把它一分爲二，增加了二十六個房間，變成擁有一百三十一個單位的旅館。後來爲迎接一九八四年在洛杉磯舉行奧林匹克運動會的需要，我把前面一棟只有一樓的部分改建爲二樓，又增加了十幾個房間，總共擁有一百四十五個單位的中大型旅館，另外在游泳池蓋了新的Lobby（旅館登記櫃台），樓上則做爲王家企業公司的總辦事處。

一九七四年，我買了Newland Motel後因慈母去逝，我回台奔喪，吳西面來參加告別式時對我說他也想移民美國，要求我幫忙，吳太太陳信愛女士曾畢業台大英文系，我乃以聘僱她做Newland Motel的International Sales Director的名義辦理來美國，暫住我的旅館。

Ramada Inn的附近有一家旅館，由台灣來的某人買了以後，在前面多餘的停車場建立一家二千呎的中國餐館，我常去光顧，有一天該家老闆的伯父來找我，提到自己幫他弟弟一家人做餐館幫手，很辛苦又沒有薪水拿，他從台灣南部的農會退休下來，對於園藝工作有經驗，可以照顧我旅館的樹木花草，代價一小時二元即可，不照政府規定的最低工資二元二角五分拿，我想起在台灣的時候，日本人的公司付給日本人職員的待遇遠遠高於台灣的職員，在美國，台灣人的公司怎可付低於美國人的薪水給台灣同胞？於是我不管他是退休老人仍給他每小時二元五角，付給美國人照規定二元二角五分起薪，付給非法移民的墨西哥人二元。得此消息後，在附近經營小速食店的張先生夫婦就結束了自己的生意來找工作，我就聘張夫人清掃房間，張先生做油漆房間的工作，有一位留學生的媽媽林老太太也來找工作，那個時候，我與太太兩人都投入旅館經營而住在旅館內，三個小孩子住在西敏市，由退休會計師Bill的夫人Cathay在照顧。就請林太太替我們夫婦燒飯及洗衣、清潔，據這些新移民說，由於不太懂英文，在其他地方工作每小時二元都拿不到，華人吃華人、台人吃台人的現象非常普遍。

農會退休的李先生說本來他想投靠在美國的弟弟，因而移民來美國，後來很灰心想回台灣，遇到我以後死灰復燃，想把三個在台灣的兒子都叫來美國，請我設法幫忙。當時在洛杉磯擔任北美協調處處長的張炳南先生，看我很熱心地幫助台灣人辦理移民來美，也很樂意地助我在各種證件證明蓋章，未曾有任何爲難，所以李老先生的三位公子很快地陸續來到美國，先後在長堤Ramada Inn工作，從事旅館修護翻新的工作。李老先生臨終時交代兒子永遠記得王先生的恩情，希望他們終生爲我服務。

以紐蘭旅館增資交換假日旅館(Newlad Motel Trade up Holiday Inn)

從日本搬到洛杉磯來的大學教授許世楷，經由許錦銘牧師的教會相識之後，有一天帶他的夫人許盧千惠來訪，表示要做我的乾妹妹，希望我能介紹適合她的生意做。是時在Ramada Inn附近有一家肉品市場要出讓，我乃帶她前去參觀，看了兩次後她認爲這生意並不適合女人家做。不久，電影明星田文仲的弟弟來找我，希望我購買在蒙地貝婁市五號公路旁的一家假日旅館，該假日旅館是假日旅館總公司所有，有一百五十個單位房間，五層樓十年新的旅館，開價二百四十萬，頭款七十萬，田姓經紀人說若該筆生意成交，大約他有十五萬佣金，可將全部投入做股東，希望我投資五十五萬元，我乃將此消息告訴許世楷夫婦，數日後許先生帶來三十萬元要投資做股東，要我先保管他們的錢。眼見他們的熱誠與對我的信任，就請他們到西敏市的紐蘭旅館實習。

田先生認爲台灣人的旅館都很小，沒有經營連鎖旅館的經驗，應該沒有競爭對手，所以要我討價二百二十萬，先付五萬元訂金即可，我乃照他的指示向

Holiday Inn Co. 申請購買，同時也向銀行申請貸款。

按照一般的慣例，自賣主接受出價訂了購買合約，向銀行申請貸款需要三個月的時間，而我自一九七八年初提出購買申請，經過三個月還沒有任何還價或接受的消息，我本人也不急，因爲一來錢不夠，二來並無十分的把握經營，就沒有去追問或催促，倒是許世楷夫婦兩人很急，就來找我探詢，到底Holiday Inn買得成否，他們在Newland Motel實習已好幾個月，認爲不難經營，希望就以存在我這裡的卅萬做爲頭款，將紐蘭旅館賣給他們，按照市價該旅館已值一百一十萬，但我量度他們不是生意人，經營不一定會很好，就自動減價爲一百萬再扣除應付佣金，因沒有經紀人的經手，不需要付五萬元手續費，就以九十五萬的價格、頭款卅萬出讓給他們，同時我提出條件，就是幫我以增資交換(Exchange/Trade up)方式購買Holiday Inn或其他房地產才能成交，因爲在美國以此種方式轉投資，所賺的所得免稅，就是一般所謂的「合法避稅」，這對於許先生沒有一點損失，當然欣然同意。

當時我對於小旅館已失去了興趣，既然有人要買，錢也拿到了，我對假日旅館開始追問，田先生說Holiday Inn公司負責房地產買賣的主管希望見我一面，於是我打電話到田納西州 Memphis 市 Holiday Inn總部。房地產主管人員約我在某地點見面。

見面寒暄後他表示一共有六個人出價(offer)，其中有兩個人比我高，最高金額是加拿大的二百三十萬，但尚未達到公司的底價二百三十五萬，如果我肯出內定底價就可售定，但條件是要另外付十萬元給房地產部，我說可以付五萬，另外五萬元可跟介紹經紀人商量，但我不能負責。我回洛杉磯後，就跟田先生及另外一代表售方的經紀人（通常都有兩位經紀人，買賣雙方各有一人代表）傳達售方的條件，但他們半信半疑，最後據說他們並沒有付。

當一切所需證件(Document)簽好交給過戶公司(Escrow Company)以後，我卻找不到答應投資十五萬元的田先生，情急之下求救於吳西面，但他的電腦生意失敗，正面臨破產無法幫忙，後來琴瑟合唱團的老師林寬先生打電話來說，吳西面告訴他我有困難，央請他出面而借給我十萬，另外楊東波夫人也拿十萬元來借我，才完成了購買Holidy Inn。記得那是一九七八年的七月十九日，我同時擁有兩家在美國最有名的中上級連鎖旅館，轟動了台灣人的旅館業界，我的Holiday Inn及Ramada Inn遂成了台灣人社團的集會所在地。

海外台灣人第一個專業公會——旅館公會

由於許錦銘牧師之提議與鼓勵，二十多位在洛杉磯經營旅館的台商，及包括我在內十幾位想投資旅館業的人，聚集在一起討論組織公會，大家都認爲應該即時組織，遂選出擁有多家汽車旅館、經驗最豐富的蔡金裕先生爲第一屆會長，蔡會長則請楊茂生先生擔任秘書。

有人提議，因爲旅館公會的會員都是從台灣來的人，所以應該定名爲「台灣人旅館公會」，但蔡會長認爲「台灣」兩個字在一九七四年那時太敏感，最後正式取名爲「南加州旅館業同業公會」。

「南加州旅館業同業公會」是台灣人在全美國第一個成立的專業性同業公會。

一九七四年八月十三日，Royal Inns的業主陳銓仁藥劑師，以南加州台灣協會代表的名義發出一封信：

親愛的台灣同鄉：最近幾年來，台灣同鄉在南加州洛杉磯附近開設Motel營業者，日日增加，經有些同鄉的建議及南加州台灣協會的鼓勵，希望經營Motel同行業者能組織一Motel公會，以增進互助合作，促進共同福利，提高經營效率……。

爲此定於八月十七日星期六上午十時，在洛杉磯台灣長老教會(Formosan Presbyterian Church) 5211 W. Olympic Bl. LA 90036 (TEL: 939-4034)集會研商，企盼撥冗參加。

由於許錦銘牧師的提倡，衆多台灣同鄉的鼓勵及陳銓仁先生的促進，遂於一九七四年八月十七日在洛杉磯長老教會成立了全美第一個商業性的專業公會，當日有約十五、六位旅館業者及一些有意投入旅館業的人約四十位，集會推舉已有多年經營旅館經驗的蔡金裕先生爲公會的召集人，主持開會。當時在命名上發生很大的爭執，因爲礙於國府的戒嚴令，名字上若有「台灣」字眼易被指涉爲「台獨的組織」，最後在蔡召集人的堅持下，中文名稱定爲「南加州旅館同業會」，而向州政府申請時，其英文名爲「Formosa Innkeepers Association of Southern California」。現在使用的中文名稱「南加州旅館業同業公會」是經過兩次更名後，才於一九八二年劉丁榮會長向州政府重新登記時所定，沿用至今。

公會於一九七六年改選時，我被選爲第二任會長，王慶滄爲副會長兼財務，張福森爲副會長兼總務，陳堅爲秘書，劉丁榮爲外交及福利，並恭請前會長蔡金裕為榮譽顧問，另有四位助理顧問為楊茂生、黃炎、陳哲夫、郭成隆，擔任法律登記及刊物發行。當時有繳會費的正式會員只有有二十五名，劉丁榮乃取得蔡金裕、陳堅等旅館業前輩的協助，收集了一百二十多名的名册交給我，我按照名册的地址一一拜訪，勸他們加入公會，但是普遍得到的第一句回答是：「加入公會有什麼好處？」大多數業者吝於繳交二十元會費，加入者並不多，後來因屢有發生糾紛或不幸事件，經我出面排解或協助解決，會員才漸漸增加，到一九八〇年我辭退會長時有兩百多位繳費正式會員。

我接任旅館公會會長時已有兩家旅館，又兼做Ramada Inn的經理，恐怕疏忽了公會的事務，乃自費聘請一位姓邱的年輕人做總幹事襄助我，月薪六百元，一年後由於許牧師錦銘先生的介紹，換了剛從台灣來的一位牧師黃得利先生。

由於盡心為公會會員服務，使得公會日日發達，在大家的稱讚中一口氣連任四屆會長，到了一九八〇年我已有了三家旅館，此外並擔任同鄉會的「聯邦信用合作社」理事長，還與同鄉創辦了台灣人的報紙《亞洲商報》。由於實在過於繁忙，又唯恐辜負旅館同業的好意，在被選上第六屆會長之後，即私下鼓勵陳哲夫先生於我任期未屆滿前接替會長，終使我卸下重擔。

海外台灣人第一個專業公會——旅館公會幾位前會長返國參加世華觀光會議：陳政吉（左二）、顏樹洋（左四）、王桂榮（中）、廖聰明（右四）。

旅館公會的發展非常迅速，慶祝十週年時，會員擁有旅館已上千家，蔡金裕會長拼命地介紹旅館買賣，我則到處宣傳台灣移民經營旅館的好處，及傳授如何購買旅館；陳哲夫會長鼓吹大家到別州買便宜的大型旅館及如何遙控管理；范宗陣會長創立會刊，年會時辦理廠商展覽增加公會收入；劉丁榮會長注重旅館管理制度；丁昭昇會長接洽保險公司替會員解決保險問題；楊茂生會長則每月發行刊物，增加同業間資訊連絡，並幫助小型旅館解決色情交易、煙毒問題與警察打官司，增加會員向心力；黃三榮會長舉辦高爾夫比賽，增加同業間交誼；李木通會長努力增加公會財務；方俊雄及顏樹洋兩位會長擅長公關，與高雄市及台北市旅館公會結爲姊妹會，又在洛杉磯舉辦第十二屆世華觀光會議與台灣拉近關係。廖聰明當會長時，正値洛杉磯旅館業最不景氣，銀行催還貸款，迫使很多旅館瀕臨倒閉，廖聰明與其後任會長陳正吉爲此四處奔波，經僑務委員會章孝嚴委員長大力支持，而取得華僑信用貸款基金會的第二貸款保證，解決了問題。外省籍的陸和源與另外一位台籍會員，經激烈競爭後當選會長，一掃南加州台灣旅館業同業公會只有台灣人才能做會長不實風聲，而協助歷屆會長執行會務的總幹事林玉樹夫婦，及其後繼李美玉，有他們的忠實負責，才能使每屆會長圓滿完成會務推展。

第六章　飛躍世界的台商

台美商會

一、由來：一九七九年冬，爲了發動全美台灣人參政，我認爲需要由支持一位總統候選人開始，當鎖定對象爲甘迺迪參議員後，我前往紐約說服張燦鍙先生支持，張燦鍙介紹我與大道超級市場的老闆蔡仁泰相識，當晚蔡先生請我吃龍蝦大餐時，提到在紐約有一個台灣人的商會叫做「台灣商業協會」，是他在一九七六年底時號召成立的，希望我在洛杉磯也能夠創立一個商會，將來可結盟姐妹會。

因爲在洛杉磯地區已有一個「南加州旅館公會」，經營得很出色，從台灣來的人大部分都從事於旅館投資業，非旅館業者以支持者的身分加入爲特別會員，例如旅行社、保險業、旅館供應品、食料品等業者或電氣類業者，都希望與旅館業者做生意，所以大部分加入為特別會員，特別會員會費為五十美元，正式會員的年費僅有二十美元，所以我認為暫時還不必要另設一個商會。

七九年底，在住友銀行服務的卓敏忠及金洋銀行洛杉磯辦事處的郭三儀兩人請我吃飯時也談起組織商會的需要，希望我起來號召，因為旅館公會不能涵蓋所有的行業，而現在從事進出口業、銀行業、餐廳、洗衣業、報關行等業者，或醫生、律師、會計師等愈來愈多，很多業者不一定與旅館公會有關係，如果有商會組織則不管任何行業都可參加，聲勢也會更大。

我認為他們兩人說得有道理，乃拜託徐麟泉先生著手蒐集商會組織的資料，同時召集十五位朋友開始籌備，遂於一九八〇年四月成立台美商會。

但是為了不與旅館公會衝突，我提議提高商會之地位，會費定為每年六百元，每月聚餐一次洽談合作投資，因為商會是非營利組織，所以另成立一個 Friends of Taiwan 做為會員的投資公司，每人必須另繳基金一千元做為基本會員，台美商會就這樣由三十個志同道合者開始。

「台美」兩個字是彭明敏先生首創，他在華府創立一個「台美協會」

(Taiwanese American Association)發刊《Letter on Taiwan》分送給美國人，成爲國會議員主要參考的台灣政治情況資料，七九年我去拜訪他時，他說如果我喜歡則給我使用，這就是「台美商會」命名之由來。

二、特色：在美國，商會的活動力大而強，幾乎每個縣市的商會都有操縱選舉的機能。一九七九年三月，當我的Holiday Inn舉行開幕典禮時，Montebello的市長及市議員也以市商會會員的身分前來參加，該市議員後來當選國會衆議員(Martin Martinez)，市長則是一位貨運公司的老闆，也是市議員之一，他後來幫我減輕房間稅(Room Tax)。

有鑑於此一經驗，台美商會成立時的宗旨是：

(1) 促進美國台商工商交易及服務。

(2) 促進美國台灣之經濟文化交流。

(3) 提高美國台裔的社會地位。

在華人尚未有參政會(Political Action Committee簡稱「PAC」)的當時，台美商會肩起輔選議員的責任，如輔選陳李婉若當選蒙得利市市長，Martinez爲國會衆議員、余江月桂(March Fong Yu)爲加州州務卿等等，都出了不少力量。

三、奉獻：台美商會最大的奉獻是在一九八二年，當我為回饋社會而捐出壹百萬美金成立基金表揚在科技、文化及社會服務有成就的人才時，幫我組織、命名運作，初期台美基金會的十五名理事都是台美商會的永久會員。

在同年，由台灣人組織的萬國通商銀行（後改名為萬通銀行）發生危機時，商會會員為挽救唯一台灣人的銀行，同心協力集資五百五十萬投入，終於把萬通銀行救活，又響應台灣長輩會興建鶴園公寓，為台灣來美的老人有一聚會所。從一九七九年的籌備到一九八五年，一任兩年的商會會長，我一口氣連續三任六年，在辛苦奮鬥中也嚐到了人生的樂趣。

四、困擾：台美商會因「台美」兩個字引來不少誤會，被指為台獨人士所組織的，有台獨傾向的商會，一九八一年初我訪問台灣時，蔣彥士及陳履安等負責國民黨黨部要員，都相繼問我何不以「華美」或「中美」取名，我答以：「我們都是一群來自台灣的美國商人，簡稱『台美』，是一個非政治性商業組織，若以『華美』或『中美』命名，將來與大陸來的組織會弄不清楚。」但台美商會始終無法擴大會員數，的確與「台美」兩個字有關。這個商會的困擾一直到一九八七年七月向國府僑委會登記為海外僑團組織，而於一九八八年六月在僑委會派駐洛杉

台美商會拜會洛杉磯市政府與市長合照，前排右起：卓敏忠、作者、洛杉磯市長Tom Bradly、簡美枝、顏樹洋；後排站者右起：劉家宏、楊加猷、陳炳銳、許丕龍、楊茂生、吳西面、郭三儀、張哲魁、余牧師。

磯工作的吳豐興協助安排下，組團回國拜訪李總統後，才由文教服務中心主任許引經先生公開聲明而解除，許主任在參加八八年台美商會年會時說：「台美商會的『台』是指中華民國而言。」

五、組織：台美商會於一九八○年五月二十二日訂立章程，其原始名稱爲「南加州台美商會」Taiwanese American Chamebr of Commerce，一九八八年因加入北美洲台灣商會遂改名爲「洛杉磯台美商會」，英文名爲 Taiwanese American Chamebr of Commerce of Greater Los Angeles。

章程之訂定因爲參考了美國及日本，且又要適合於台灣人，變成一個東西不分的組織。

在一九八一年四月第一期《南加洲台美商會通訊》裡，第二章董事會的第五條是這樣寫的：「董事會設置董事二十五人，由會員大會選出，並由董事中互選七人爲常務董事，並由全體常務董事推一人爲董事長，對外代表本會。」但是從創會開始，董事長(Chairman of the Board)就一直被稱呼爲會長。

在第十條這樣寫：「本會得設總經理（President）一人、副總經理（Vice president)二人，總務(Secretary)一人，財務(Treasurer)一人，秉承董事長之命，辦理本會一切日常業務，其任免及薪津標準，由董事會決議之。」而實際上本會裡總經理一職等於是總幹事，只有奉會長之命而行事，沒有實權，一切權利都在會長。

此種怪現象一直到一九九〇年聘請了有薪的專任總幹事鄭經綸以後，才獲得改正，Chairman of the Board與President一人兼任，總稱還是叫做會長，由理事選出並改爲一年一任，再也沒有所謂總經理了。這可能是徐麟泉的功勞，徐君於一九八八及八九年時擔任過總經理，他說總經理是President，而President應該是會長；Chairman of the Board是由理事會選出，故應該稱爲理事長。徐君是希望在會刊裡被登載爲會長，可惜改正得太遲了，而徐君他本人因在休士頓與朋友合資經營Villa Inn Motel，暫離洛杉磯，而失去了做會長的機會。

六、台美商會歷屆重要大事紀要

◎一九八〇年四月台美商會(TACC)成立，開始籌備委員爲十五名，以後增至三十名，屬於基本會員（後來改稱爲永久會員），年會費六百美金，另外再繳基金每名一千元，組成Friends of Taiwan (F. O. T., Inc.)從事合夥投資房地產事業。王桂榮爲會長，郭三儀爲總經理，卓敏忠爲副總經理，丁昭昇爲秘書，楊加猷管財政。

◎一九八一年二月十七日，F. O. T., Inc.以一百二十八萬美元，在2740 Lincoln Ave買到Town & Country Motel（簡稱 Anaheim Project One）有二十五房間的小旅館，Down Payment三十八萬參加投資的有二十六人，開始的三個月生意如預期很賺錢，但好景不長，遇到美國景氣衰退，利息高到超過二十%，經過一場官司後售出。

◎在Beverly Hilton參加甘迺迪競選連任參議員募款早餐會，理事每人捐出五百美元。

◎九月二十五日總督大飯店開業，台美商會大行慶祝。
◎一九八二年一月十三日長榮海運在長堤的大樓落成典禮，張榮發宴請商會全體會員，乘船釣魚。
◎一九八二年爲台美基金會組織籌備委員會十五人，由本會永久理事擔任基金會理事運作基金。
◎一九八二年十一月在萬通銀行財務挫折之時，本會成員參與五百五十萬美元之增資挽回危機。
◎Montebello市找商會討論及籌備，在Quiet Cannon大會所上蓋Ramada Inn連鎖旅館。
◎一九八三年爲余江月桂在總督大飯店募款壹萬元。
◎一九八四年四月二十一日解散Anaheim Project One。
◎商會設立獎學金。
◎商會基本會員名稱改爲永久會員。
◎八月發動南加州華人送愛心到煤山運動，爲花蓮的礦區災難募款兩萬，其中本會捐出五千美金。

◎決議擴大招收會員，普遍會員年費一百五十元美金。

◎台美基金會的辦公室，從商會在Monterey Park市會址遷往長堤。

◎一九八四年在Biltmore Hotel參加FAPA發起之孟岱爾(Mondale)競選總統募款五萬元餐會。

◎為邱永漢舉行演講會，招來同鄉會之示威抗議。

◎一九八五年蔡明燦任總經理不久因身體欠安，九月中經理事會一致推薦黃三榮代理。

◎一九八六年卓敏忠發起商會會員學習打高爾夫，每人繳交五百美元基金。

◎卓敏忠會長為台灣長輩會舉行募款餐會，籌備鶴園公寓。

◎一九八七年一月我辭去商會名譽會長職，肇因八六年十一月為護送許信良、林水泉及謝聰敏三位回台灣事件，遭部分理事非議。

◎七月向國府僑務委員會提出申請登記為海外僑團組織，這是受紐約台灣工商會組團回台灣之影響，卓敏忠等人代表本會首次正式與北美協調處副處長陳錫燦、僑務秘書令狐榮達接洽溝通結果，是美西台灣人社團第一個申請為僑團。

◎民進黨立法委員朱高正率領台灣中小企業代表數人拜訪本會（十二月十八日）

這是首次本會與台灣的企業界接洽探討合作。

◎一九八七年十二月六日與休市頓、聖地牙哥紐約台灣商會發起創辦北美台商會聯合會。

◎一九八八年一月二十二日年會中，秘書令狐榮達與吳豐興代表國府頒發海外僑團證書與印信給本會，卓敏忠與蔡明燦會長交接。

◎五月十一日本會歡送北美協調處長劉達人榮調菲律賓大使，聯合其他七社團在鶴園公寓盛大舉行，有四百多人參加，但在公寓外有二十多人台灣同鄉舉牌示威抗議。

◎六月十七日台美商會組團回台參加世界華商會議。二十六日拜見李登輝總統，起先取名「向李總統致敬訪問團」，因內部不少人反對，外部也受到批評，乃改名爲「回國訪問團」。

我個人反對的理由是：本來組團回台的目的是要參加華商會議及中小企業合作會議，李總統剛就任不久，又在準備開「十三大」國民黨會議，不一定有空接見我們，萬一見不到總統而名爲向李總統致敬團，豈不貽笑大方。

這個團由卓敏忠擔任團長，周麟爲發言人，僑委會派吳豐興爲隨團顧問，其間頗多曲折有賴他從中聯繫克服，僑委會在決定拜見總統之前一天，秘書長沈昌煥從中阻止，全團只到總統府樓下會客室簽名留念，見不到李登輝總統大家都很失望，當日下午到飯店來見我的城仲模先生告訴我，總統根本不知道本團已經回到台灣。後來經吳豐興向曾廣順報告，透過柯文福請到馬樹禮資政出面，向總統報告這個訪問團的重要性，李總統知悉後，特別在星期假日時間接待本團，並透過僑委會緊急將已經南下高雄參觀加工出口區的團員，找回台北來。在從高雄急忙趕回台北之觀光汽車上，爲了愼重起見，臨時決定包括我這個名譽團長在內所有團員，凡有任何建言必須以書面交給發言人統一發言。二十五日晚在中國大飯店住宿時，僑委會表示王桂榮及曾輝光兩人上面有意見，不能上總統府。但二十六日星期天早晨，副委員長柯文福趕來中國飯店告訴我說：「王桂榮先生，請你準備跟隨團上總統府。」

「昨天你們不是告訴我跟曾輝光兩人不能去嗎?我們已另有節目安排了。」我說。

「你不能不去，因爲總統府已有交代，若王先生不能去，則李總統不接見這個訪問團。」

1998年3月北美洲台灣商會回國晉見李登輝總統。

1988年台美商會回台訪問，左起：周麟、卓敏忠、作者、蔡明燦與徐麟泉。

我只好向曾輝光道歉，隨團上總統府。

在總統的會客廳，我的座位被安排離總統座位最遠的門口，被安排鄰坐於總統的卓敏忠團長首先站起來報告：訪問團此行訪台目的後，總統就開始講話，他滔滔不絕地講了四十分鐘之後，就指向我說：「王先生，你有什麼意見，請你講話！」總統府秘書長沈昌煥急忙地說：「總統，他們設有發言人。」但總統沒有反應，繼續地要我講話，僑務委員長曾廣順就起立說：「訪問團的發言人是周麟，是否請他講？」總統似很不耐煩地說：「沒有關係了，請王桂榮先生先講！」

經總統再三的催促，我終於不客氣地站起來說：「這一次五二○農民事件發生的現場記錄片，由政府當局所製造的部份，我稱它爲A片，民間所製造的VHS記錄片，我稱它爲B片，A、B兩種不同的VHS記錄片，完全兩樣，在海外提供給觀念互異的社團觀看，製造了社團間的矛盾。看A片的是台灣同鄉聯誼會之類聽命於政府的社團，而看B片的都是對政府有意見的台灣同鄉會或人權會等社團。假如A、B兩片都能夠同時演出給各社團看，則不管好壞，應該能得到公平的評論，在海外就不會發生事情了。」

聽我講完後，李總統看了右鄰的沈昌煥一眼，一個星期後，報上登載沈氏辭去秘書長職務。

◎一九八八年十一月與台灣區中小企業聯合會建立兩會間會務推展諮詢關係。

◎十二月歡迎陳錫蕃北美協調處處長到任，在L. A. 東京會館設宴。

◎一九八九年七月三十一日，我榮任辦公室設在華府的FAPA總會會長，陳錫蕃榮調華府擔任北美協調處副代表，因此台美商會全體會員特別設宴為我們惜別。我上台惜別演講時提到：「陳處長貴為外交部副大使，但因中華民國與美國並無正式邦交，不能上國務院及國會堂堂正正的與美國行政官員或國會議員洽談公事，所以淪為地下副大使。我是FAPA（台灣人公共事會）的會長，代表民間，可以自由地出入美國的政府機關及國會向政府官員或國會議員爭取對台灣人民有益之事，所以我才是眞正的外交大使，不過陳地下副大使有薪水又有公費，我則不但無薪水，所有交通費及辦公費都要自掏腰包。」台下一片拍手爆笑。

◎我因將長期坐鎮華府辦公，故辭去台美商會理事一職。

◎五月的理事會決定支持楊加猷應民進黨徵召回台灣參選台中縣長。

◎一九九〇年一月蔡明燦向陳錫蕃建議增設僑教服務中心，服務對象以新僑為主，因此地點宜在蒙得利附近，與會理事提出海外黑名單問題，及國、民兩黨互動關係。

◎周麟會長設立Discounted Club。

◎爲Leo Mc Carthy副州長舉辦募款餐會。

◎一九九一年六月二十八日商會託請陳顯貴（西雅圖商會會長）邀請楊麗花歌仔戲團來洛杉磯演出。

◎一九九一年會議通過與東京商工會議所締結姊妹會，這是該會會長北村泰仁及副會長劉吉朗經徐麟泉向遊日之王桂榮提出之構想。

◎一九九二年三月十五日商會邀請中國總領事馬毓真講解中國大陸商情。

◎一九九二年四月二十四日赴東京與日本東京商工會議所結盟，許水德代表主持時說明經他的主意爭取亞東協會將改名台北經濟文化辦事處。

◎由日本取道赴高雄與高雄市商會結盟，因在高雄與南加州旅館公會合流人數較多，聲勢浩大，一行二十多人參觀《民衆日報》時，抗議商會結姊妹會時唱國民黨歌及默唸國父遺囑一事不符民主潮流，經報端刊出後市政府回答此乃過去慣例，並無規定之儀式。（此後高雄市商會即不再唱黨歌及唸國父遺囑）。

◎一九九三年黃三榮會長提出修改章程，歡迎公司行號加入本會組織，永久會員增至八十名，普通會員一百〇九名，理事改爲十九名。

◎一九九四年張正宗會長組團訪墨西哥。

◎五月十七日商會發起一人一信運動，呼籲僑界響應去函美國貿易總署Carolyn Frank及柯林頓總統，美國片面制裁台灣保育不力之抗議。

◎一九九五年一月十三日顏樹洋會長邀請駐美代表魯肇忠來洛杉機，爲本會創會十五週年年會致詞，並報告台美間經貿成長關係。

◎一九九六年一月二十日春節晚會在Hilton Whittier舉行，顏樹洋會長邀請僑委會副委員長王能章與會。

◎本會推薦理事黃明元先生前往華盛頓，出席柯林頓總統餐會共度佳節，爲此柯林頓總統回函顏會長致感謝。

◎三月八日中共以試射飛彈威嚇台灣，企圖影響台灣總統選舉，本會發動會員參與同鄉會在中共領事館前示威。

◎九月一至十二日參加泰國北部舉辦金三角經濟座談會，以及出席在台北舉行世界台商會總會活動。

◎在章程中增訂「創會會長爲理事會當然理事」條文。

◎一九九七年六月二十八日李宗儒新任處長參加商會理事會，以便當餐會拜訪各理事，一九九七年七月二十八日商會歡迎李處長及歡送李世明副處長。

◎一九九七年十一月二日理事推派代表前往Beverly Hilton，響應僑界群衆示威活動，抗議江澤民妄言台灣爲中華人民共和國之一部分。

◎一九九八年一月二十四日趨文請，曾與我擔任FAPA會長時結識的好友卜睿哲(Richard Busch)美國在台協會理事主席蒞臨洛杉磯，參加在Universal Hilton舉行的年會。

北美洲台灣商會聯合會

一、由來

一九八七年九月十七日結束訪中國大陸，與妻賽美回途中在香港機場遇到楊朝諄先生，他向我建議組織全美性台灣商會以便相互認識，連絡感情增加商機。遂於該年十二月五日，在Hyatt Regency West Houston，由休士頓台灣商會召集，與會的代表包括紐約、洛杉磯及聖地牙哥商會。洛杉磯商會派王桂榮、卓敏忠、蔡明燦、周麟及林國彥五人參加，而當時在休斯頓經營旅館的徐麟泉也加入盛會。

本來只是初商籌備的會議，在臨時主席楊朝諄主持下，因爲大家都非常起勁，討論相當熱烈，休士頓代表莊俊華遂建議好事快辦，因大家聚會不簡單，不如就在今天選出籌備會的主任委員以利進行。

在無人反對之下，大家更進一步決定籌備會主任委員爲首任北美台灣商會聯合會會長，於次年六、七月間在聖地牙哥舉行成立大會。當場選出王桂榮爲籌備會主任委員。並決定各地商會分工項目，聖地牙哥商會負責成立大會事宜。洛杉磯商會負責研定明年活動，休士頓商會負責聯合會章程，紐約商會則負責編列明年聯合會預算。籌備會幹部亦於當日推選完畢，秘書長林誌銘（休士頓）、財務長魏十州（紐約），聯合會發展主任方俊雄（聖地牙哥），聯合會設立三名副會長由各分會會長擔任。

籌備會決議，未來聯合會永久會址設於休士頓，另在紐約及洛杉磯設兩辦事處。此外，明年該會重大工作項目尚包括組團回台訪問及協助各地成立商會，優先輔導參加的有西雅圖、芝加哥、達拉斯及邁阿密商會。

很可惜地，紐約來的兩位代表魏十州及徐正昌先生，回到紐約報告後，紐約商會部分會員決定不參加聯合會，爲此我與秘書長林誌銘遠赴紐約勸說未果。

一直到四年後，彭良治擔任紐約商會會長時，與當時擔任北美洲台灣商會聯合會總會長的陳文雄達成修改章程的協議，紐約商會終於加入聯合會。

二、北美洲台灣商會聯合總會重要活動記事

◎一九八八年五月，經由僑委會駐外人員吳豐興協助安排，洛杉磯的台美商會組團回國訪問拜會李登輝總統和相關部會及工商團體，透過媒體報導掀起海外人才的「鮭魚返鄉」運動，從此北美洲台灣商會聯合會每年固定組團回台訪問，成爲慣例。

經各屬聯合會會長努力，對故鄉台灣有很多貢獻如左：

◎向美國政府發動大規模遊說，發聯名信函給美國總統、重要行政單位、行政部門等，尋求支持台灣加入GATT。

◎交涉墨西哥政府、美國移民局等，促其改善與放寬持台灣之護照簽證，獲得回應，同意改善。

◎動員各地商會籲請美國政府與國會，批准售台灣F16戰鬥機，並特別安排在達拉斯召開理事會，參觀該戰鬥機之生產製造工廠。

◎抗議中共杯葛李總統參加APEC高峰會議。

◎加強與USA-ROC Economic Council之聯繫。

◎成立野生動物保育審助小組，陳情抗議美國以「培利」修正法案對台貿易制裁。

◎與世界各洲之台灣商會聯合會，共同成立世界台灣商會聯合會。

◎發起救助台灣水災運動，獲得其他社團響應。

◎支持推動台灣加入聯合國。

◎邀請李總統來美訪問參加年會，規劃進行參、衆兩院遊說工作，並發動近三萬封信函給美國柯林頓政府，促成李總統訪美成功。

◎一九九五年十一月發動抗議日本政府不讓李登輝總統及高級官員出席在日本大阪舉行的亞太經合會(APEC)非正式領袖會議。

◎一九九五年十二月加州民主黨籍參議員Diane Feinstein近來發表一連串親中共的偏見，發動一人一信要求范氏糾正。

◎一九九六年組團赴墨西哥市進行經貿考察，和墨國政府經貿代表、銀行、廠商等舉行座談。

◎一九九六年二月鼓勵會員踴躍返國參加三月二十三日總統選舉活動，但是應保持中立，不宜公開支持任何黨派候選人，但個人不在此限。

◎發動各地區商會強烈抗議中共飛彈演習，以武力恫嚇台灣，企圖騷擾，影響總統副總統之選舉。

◎組團回台慶賀並參加總統副總統就職典禮。

◎一九九四年年會在芝加哥決議後，發表聲明支持會員出任僑務委員，充分反應僑情。

◎一九九七年十一月發動會員參加抗議江澤民主張台灣爲中華人民共和國之一省，不惜以武力統一台灣之論。

世界台灣商會聯合總會

政府為擴大台商組織在世界各地的影響力。奠定亞、歐、美、非等地的台商組織，一九九四年九月經僑委會輔導，在台北成立「世界台灣商會總會」。其中香港的台灣工商協會，被台灣列為重點發展的地區性組織之一。

我們夫婦應僑務委員會安排，於一九九四年四月二十四日至二十七日前往馬來西亞檳城參加亞洲台灣商會聯合會議；應邀的北美洲台灣商會聯合會代表還有，休士頓的楊朝諄、王敦正及達拉斯的代表黃金森與橘郡的余哲明共五人。

亞洲台灣商會聯合會才成立一年。是由亞洲八個國家及地區的台商三百餘人與會，八個地區包括日本、香港、馬來西亞、新加坡、印尼、泰國、越南、菲律賓，另外英國及德國也有代表參加，共有十四個國家、地區的台商會議，討論是否要成立聯合會時，遭到一群「華商」極力反對。反對的聲音認為「台商」是「華商」的一分子，不必另設「台商」，標榜「省籍」的情結。不過大部分與會代表均認為，「華商」的定義包括有來自中共大陸的「華人」，也有其他地區、國家來的「華商」，與純粹的「台灣的商人」有截然不同之別，而且台商聯合會必須是一個永久性、有組織的團體。

這項決定性的會議由泰國台商會會長余聲清主持，十四個國家代表全數通過成立聯合會，開創台商在全世界的另一個新局面。

亞洲台灣商會聯合會會長余聲清說，世界台灣商會與世界華商會議不同，前者爲一常設機構，以提供工商和財經資訊給全球台商，促進台商在駐在國權益，共同開拓國際市場和交換工商管理和學術科技等爲宗旨。

從九月五日在台北舉行世界台灣商會聯合會總會的出席官員，很顯然地，可看出這是僑務委員會爲配合李登輝的「南進政策」與「亞太營運中心」而促進成立的。

世界台商會的成立，僑務委員會章孝嚴委員長及泰國商會會長、也是亞洲台商會會長余聲清的功勞不可沒。

依照章程，世界台灣商會聯合總會(World Taiwanese Chambers of Commerce)係由來自台灣、認同台灣之各洲際台灣商會，聯合組成之民間非營利之國際工商組織，所謂洲際係指亞洲、歐洲、北美洲（美國及加拿大、墨西哥）、中南美洲、非洲及大洋洲六洲。

本會設總會長、副總會長（由各洲之總會長擔任）、秘書長、監事長（不得與總會長同一洲）、財務長，雖章程內並無總會長之產生辦法，但大會成立當時大家形成默契，由各洲輪流擔任一屆一年，其後就開放競選。

第一屆世界台灣商會聯合總會長之選舉於一九九四年由北美洲選出之蔡仁泰先生擔任：

一九九五年第二屆由亞洲余聲清先生任世界台灣商會總會長、副總會長黃三榮、王紹文、鄭東平、張勝凱，監事長顏樹洋、副監事長潘盛京、翁振倫、吳金蘭、劉景烈，秘書長林耀輝，財務長賴建仁。記得第二次理監事會議在越南胡志明市舉行，會中爲了國旗事宜，中共發動強烈抗議。九六年二月在德國杜賽道夫舉行第二屆第三次理監事會，一群理監事抵達杜賽道夫時，剛好機場發生一場大火，幸好台商們均沒進海關，不然後果不堪設想。

一九九六年第三屆總會長輪到歐洲出任，歐洲方面推出德國鄭東平先生，苦心周旋總算完滿順利，達成上任。

鄭東平上任後，因李總統之授意，經僑務委員會及經濟部之協助，在台北中華民國全國工業總會設立永久辦公處，已於一九九七年四月一日起掛牌營運，並在七月十四日舉行盛大的開幕茶會，北美洲台商聯合總會長王德擔任辦事處主任，設立了世界台商商情網。

三年來，世界台商會之活動及心得，經由幾年來幹部在年刊上發表的言論可獲知一斑。而各屆重要紀事如下：

第二屆秘書長林耀煇：

一年來參與總會的各項活動，深深地體認在忙碌的生涯中，因著這個組織的成立，而大大的方便了我們這一群所謂的生意人對世界各個角落的了解，實在爲放眼國際的台商們搭架起一座相當寶貴的橋樑，因著參加總會的活動，平常我們沒有機會前往的角落，都讓我們考察到了，除了對各自生意面的視野開拓有長足的進步外，也更讓散佈在世界各角落的台商們攜手握得更緊，從不可能認識的引爲知交，甚至更進一步擴及生意合作。

第三屆監事長呂憲治：

本屆世總會最大特色是爲了協助中華民國政府拓展在國際社會上外交活動空間，特別在今年一月，原定於南非舉行的理監事聯席會議改在史瓦濟蘭舉行，而一九九七年會員大會爲配合李總統登輝先生出席巴拿馬國際運河會議，更改在巴拿馬舉行，這種台商精神充分表現全球台商們積極配合政府政策，協助政府推動務實外交。

第三屆副總會長吳松柏：

世界各地僑團最忠愛國家、維護團體權益的是各地區的台灣商會。一九九六年十一月二十七日南非共和國曼德拉總統宣布中非外交關係中斷，引起僑界——特別是南非台商的反彈，非洲台灣商會聯合總會馬上順應僑情，將會議工作移師鄰國史瓦濟蘭王國以示抗議，會議場地、餐會、節目、佈置等作業全部都得重新來過，但是大家同仇敵愾、毫無尤怨……。

柬埔寨台商協會楊顯宗會長領導同仁積極協助政府駐外單位救援台商、台僑工作。

第三屆副總會長許瑞麟：

帶給主辦國的台商會與當地政府、社會，做了許多無形之貢獻，以此次的荷蘭所舉辦的會議而言，因爲大家來訪，特以此爲題廣泛告知相關荷蘭友人，而各位到來，正顯示了台商另一面實力，也讓當地人明白什麼是台灣的經濟力量，另外，對本地台商會有力量主辦並號召全世界台商的光臨，加上當地報紙報導、台灣官員與當地政要與會，實是正式外交之外最佳交流。

第七章　僑選立委與僑務委員

第一次遴選立委

一九八○年，可以說是我生命中關鍵的一年，因為那一年我組織「台美商會」，創辦《亞洲商報》，加上風風光光辦上一場甘迺迪募款餐會，一時間我的名字走出了南加州台灣人社團。

此間台灣同鄉會的人幾度邀我出任會長，但因對政治實無興趣而拒絕，直到有一天，「台美商會」成員之一的丁昭昇一通電話，要我到吳西謙家開會，表示台灣今年為了增進民主憲政功能，擴大政治參與，僑選增額立委由原有的十五人擴增為二十七人，因此，台灣商會打算推薦我出來遴選，接著吳西謙也打來電話，教我如何找到他家。

我的第一個反應是：「我既不是國民黨，又不是外省籍，怎麼可能？」到了吳家，出來迎接的吳西面（西謙的哥哥）就問我說：「你是不是得罪了許某人，因爲只有他一人非常反對你出馬遴選立委。」

我想既然有人反對，我也沒有興趣，所以也就沒有按照西面兄的建議去拜訪許氏。但是商會同仁仍然派了顏樹洋主動到我家中幫我塡寫申請表。接踵而至的「旅館公會」、「長輩會」、「獅子會」，甚至昔日中興大學的「同學會」都表示要支持我出來，主要是鑒於過去海外遴選立委從未有過半個台僑，所以旅美台僑變成弱勢的一群，事實上近年來台僑集中了台灣人的菁英，在海外已凝聚不可漠視的力量。一群美國西岸台灣人的心聲，倒是講進了我的心裡，於是我改變初衷決定出馬一試，在《亞洲商報》撰文「海外遴選立委爲什麼沒有台灣人？」一篇，表達自己參選的意念。

九月截止收件，十二月十一日，僑選增額立法委員遴選工作委員會寄來一封信，通知我說「法定名額有限，延攬難周」，並表示「滄海遺珠，同以爲憾」，措辭十分委婉，其實就是宣告我「落選了」。早在收到該封信前，北美協調處副處長陳毓駒及秘書黃旭甫兩人請我吃飯，同時授意我當「僑務委員」時，我就意料我這個海外異議人士會落選了。雖然落選本是意料中事，唯一堪慰的是，那一年終於第一次有台灣人上榜，脫穎而出的台僑林基源是南加大的教授，曾擔任過海工會系統「台灣同鄉聯誼會」的會長，著有一書《書生報效黨國》。

二度捲土重來

一九八三年，又屆海外遴選立委時，北美協調處處長劉達人鼓勵我報名，是因爲他看到我常以「保證人」的身分幫助許多黑名單上的台灣人返鄉，因此他建議我以其溫和的立場，若能爭取僑選立委的話，將可以打通海外台灣通往國府的「合法」管道，幫助更多的海外台灣人。

最重要的關鍵是，九月赴日本參加世華金融會議後，我被華資銀行選爲代表，赴台灣向中央銀行董事長俞國華提出要求，希望國家將豐富的外匯部分存入在美的各華資銀行，改變過去一向只存入廣東銀行的做法。（按劉達人處長告訴我，廣東銀行與美國銀行(Bank of America)同年成立，美國銀行發展成美國最大的銀行，而廣東銀行至今仍一個分行都沒有。）俞國華的答覆是：是否忠貞愛國是他的第一考量，再說，華資銀行規模都不大。

俞國華的回答，讓我甚不以爲然，我認爲國家應該優先照顧僑民，俟他們生活安定後，自然會行有餘力報效國家，而不是空洞地將「忠貞愛國」的口號擺在第一。

同時我認爲，雖然林基源是台僑，但是他的理念與我不同，於是我自台返美後，即向北美事務協調處領表，決定不計毀譽，再試立委，藉此管道來爭取海外僑民的利益。

二度遴選立委的消息傳開，在政治閉塞的台灣人社團圈，也是見仁見智，衆說紛云，有人大表支持，有人疾聲反對，一九八〇年政壇初試啼聲，儘管落選，幸好是非不多，倒能平靜落幕。一九八三年捲土重來那一次，可眞是大大不同了，因爲三年來我已變成公衆人物，捐了百萬美金設台美基金會獎掖人才，投資百萬成爲萬通銀行控股公司董事長，也是身居FAPA中央委員，一舉一動不免遭人非議，所以當我自動報名角逐海外遴選立委的消息曝光後，再度成爲媒體的焦點。

其中對我展開人身攻擊最兇也最烈的，首推《美麗島週刊》，接著《加州論壇報》也加入圍剿行列。那段期間我可以說是南加州的風雲人物，動不動就上報。《國際日報》每年報導十大新聞人物，我的名字都連續被列入兩年，返台之行被說成爲參選舖路，《亞洲商報》被攻擊爲「公器私用」，甚至連我慨然捐出百萬設立的「台美基金會」也被抹黑爲沽名釣譽之手段，強行塗上政治色彩，搞得我眞是百口莫辯，進退兩難。

拒絕許信良與史明

對於《美麗島週刊》展開對我的攻擊，實在是有心人的運作。有一天羅慕義帶許信良及史明兩位先生來西施飯店找我，他們要我號召兩百人，每人每個月出資五十美元，來支持他們打算成立的革命組織。許信良遞給我一本小册子。我翻開一看，有一篇「無產階級專政」字樣，我隨即問許先生：「你認爲我是有產階級或無產階級？」許笑答：「你當然是有產階級」，「既然你認爲我是有產階級，要我拿錢出來，讓無產階級來管我，天下似乎沒有這種道理。我本來也是無產階級，經過辛苦打拼才有今天，變成有產階級；永遠屬無產階級者大多數都是屬於

『懶惰』、『愚笨』及『厄運』的三種人或『無心』的人，如何有能力來管有產階級的人呢？」。自此《美麗島週刊》連續兩個月撰文六篇，篇篇捕風捉影，刀光劍影，傷人至極。

另外，獲知我報名參加遴選立委時，台獨聯盟主席張燦鍙也在一位盟員（許世楷或蔡同榮？記不清楚）陪同下，到我家來訪，他表明立場，台獨聯盟可以支持我參選，唯一條件是我必須加入台獨聯盟。

不料，於十一月在華盛頓召開的第二屆FAPA年會時，曾與張同行來我家勸我加盟的盟員臨時提議，就FAPA會員是否可以擔任國府立委一事訴諸公論，結果遭多數抨擊爲違背FAPA宗旨擅自參選。我遂要求在場FAPA委員舉行非正式的假設投票，與會人士舉手表決顯示：二十二人反對，十二人贊成。

身爲FAPA的一員，面對此現實我只能黯然神傷，爲了尊重體制，我請辭FAPA委員職務，雖被予以慰留，但我搭機返回洛杉磯後，立即作出退選決定。十一月十七日請台美基金會總幹事郭三儀陪我召開記者會公佈此事。當日，沈君山先生剛好來洛，我也請他到場。

退選風波

退選後，FAPA爲了安撫我，名譽會長與創會會長都對外發表談話，彭明敏說我能夠顧全大局，光明磊落的態度值得稱許，而蔡同榮也說我急流勇退，是一項明智的決定。不過，沈君山對我沒有事先商量就退出，私自對我表示不以爲然。

《世界日報》的營業部經理吳炯造（已歿），在我第一次應選立委的時候告訴我決無當選希望，因爲黨國元老的兒子胡國棟都尚未當僑選立委，那裡有我的份？果然胡國棟與林基源同時上榜。

第二次我捲土重來時，他告訴我這次很有希望了。再從海工會所遞呈台灣對於我的調查報告來推想，吳氏的預言是相當可靠。

歷經一九八三年那次陣痛，我有長達十年的時間，斷了進入政府體制內奮鬥的念頭，專心參與FAPA，留在體制外爲台灣人奔走。萬萬沒有想到一九九三年隨著台灣民主化的腳步，在命運安排下，在海內外聯手發動一片裁撤「僑務委員會」聲中，挺身接下僑務委員的職務。我自知不適合搞政治鬥爭，多年來，不管在體制外或進入體制內，我只想尋求一個溝通管道，回饋家鄉，替海外台灣人謀求福利。差可堪慰的是，至今不曾做過任何一件對不起台灣人的事。

附錄：退出遴選立委之聲明全文

桂榮個人在九月間表示有意角逐台灣國府海外遴選立法委員以來，承蒙各方鄉賢先進時關錦注，惠賜高見，深爲銘感。

若干鄉賢期望桂榮能夠以背負十字架的精神，爭取立法委員職務，參與政府現行體制，將海外鄉親企盼本土家園更茂盛，更繁榮的心聲傳遞回島內，並進而能督促國府加速邁向民主政治的步伐，俾能達成海內外溝通之效，本固枝榮之果。

桂榮生於台灣，對故土鄉情時與關懷，不敢或忘。舉家遷移美國，經歷十載辛勤經營，事業能夠略具基礎，尤其不能不飲水思源，感謝各方鄉賢親友一向毫不吝惜的鼎力相助，去年桂榮夫婦捐出一百萬美元，成立台美基金會，個人初衷即是表示反哺故鄉之意，冀望能以獎掖散居海內外，而好好認同台灣的傑出人才，呈現出我台灣人互攜互助的合作精神。

台美基金會的成立，絕無政治色彩，是以桂榮在成立大會中捐出金錢，即席公開表示今後會務由管理委員以公平、公正的態度全權處理，至於桂榮個人參與政治活動，與基金會應是涇渭分明，毫不相涉。

然而，在台美基金會第一屆人才成就獎行將揭曉之際，桂榮參選消息引起各方臆測與關注，責備桂榮之鄉賢先進咸認為我不應該以基金會為干祿工具，藉此為晉身階，基金會執事先生亦頻受各方垂詢，干擾至鉅。

桂榮不諱言關心台灣民主政治，桂榮亦是台灣人公共事務會委員，委員同仁對遴選制度視為違背民主政治常理，對桂榮亦提出若干建議。桂榮反躬自省，認為服務鄉親，反哺故國是一項長遠的工作，也是一項集體的工作。途徑方式容或有異，但是卻需要各方鄉賢綿綿獻力，始能達成匯涓滴成巨流集百川為江海的澎湃聲勢。基金會欲樹立典型，成立可大可久的基業，尤其需要事業有成的鄉賢協力，桂榮個人政治出處不足為慮。

桂榮深思再三，基於維護台美基金會公正的典型，超越政治的特性，特此宣告退出海外遴選立法委員之競選。

僑務委員何其辛苦

一九九三年「台美商會」訪台，我接到一通意外的電話，僑務委員會副委員長王能章來電表示，新上任的僑務委員長章孝嚴希望跟我見面。我憶起僑教中心吳豐興主任對我說過，如果我被選爲僑務委員請不要拒絕。但我並不知是否跟這事有關，因爲章孝嚴是老相識所以我就去了。章孝嚴開門見山提出請我擔任僑務委員，這個直接由總統任命的名譽職。

要我出任僑務委員，喚醒我十年前的一段記憶，當時北美協調處副處長陳毓駒曾建議我擔任「僑務委員」，以換取參選「僑選立法委員」，但當時我認爲「立委」至少可以反映民意，講出海外台灣人的心聲，「僑務委員」卻只能爲國民黨搖旗吶喊，作爲政令宣傳工具，無啥興趣而拒絕。

爲此，我老實告訴章委員長，海外台灣人大都認爲僑委會與他們無關，只是照顧或酬庸中華會館老僑的冷衙門。但他以誠懇的口吻說，李總統就是鑒於國內政治環境已經改變，打算調整僑務政策，照顧包括台灣僑民，所以邀請我參與改革的重任，他並說先前與民進黨的國大代表許丕龍及張富美等人談過我的事，他們都贊同。

我乃進一步問他到底要做什麼事？做多久？他回答說，沒有任期限制，因爲沒有薪水的榮譽職，主要是肯定過去在海外服務僑民有功勞者，希望能更加努力發揮，但不做任何事亦無妨。他也贊成應該有任期，以便注入新血，有所新作爲。

改革僑委會，重振僑務，乍聽之下，讓我頗爲心動，但不敢貿然答應，僅回答：「我考慮看看」，聽我這麼說，章孝嚴笑了笑：「你還考慮什麼？我手上的推薦名單已有一堆這麼高了。」

最後我爭取十天的時間，回家認眞思考。第一通電話打給彭明敏先生，彭先生指出現階段國家體制未改，像民進黨也是一面呼籲撤銷國大代表，一面按政黨比例遴選國代，進入體制內推動改革，所以他贊成我進入僑委會，在體制內繼續替台灣人謀福利。

第二通電話，我打給張燦鍙先生，張先生更鮮了，他說：「我也是趕回來進入體制內爲台灣人打拚。」

二通電話，讓我吃下不少定心丸。

與章孝嚴會面交談時，我也向他推薦，是否可以另找其他人選，如紐約的蔡仁泰或澳洲的翁國揚或FAPA會長陳榮儒等表示讓賢。但他僅回答說，他最近要去澳洲訪問。

因剛好不久前，翁國揚先生也提起若有機會想認識章孝嚴，因此第三通電話我就打給翁國揚。但出乎意外地翁先生告訴我，世界台灣同鄉會正在發起撤銷「僑委會」，也透過國內立法委員提案中。

有鑑於過去的經驗，我趕緊打電話回美國，請太太賽美代我徵詢其他台灣人社團的意見。

結果，除了「同鄉會」及「人權會」對事不對人的反彈聲浪外，其他中立組織，幾乎一致贊成，尤其，旅館公會、台美商會、長輩會及獅子會等與我有關係的社團，則不但贊成還勉力我進入體制內奮鬥，爲社團謀福利。

得悉大多數的人支持後，我就馬上寫一封信電傳給章孝嚴，表明爲了支持委員長支持李總統的革新僑務政策，願意接受僑委榮譽職。

新官上任後，我就馬不停蹄透過體制爲台僑打拚，先是台灣長輩會打算建立一個「白天照護老人中心」——Daycare Center——第一年籌畫基金需要六萬美金，他們經由協調處向僑委會申請，半年來一直沒有下文，長輩會蔡盧錫金女士找上我後，我先託次日來聖地牙哥的章孝嚴，返台後，又求見行政院長連戰，兩個星期後，專款終於順利提撥下來。

南加州一向是台灣旅館業者集中的大本營，之所以發生貸款危機，是因為從八九年底開始，洛杉磯一連串天災人禍，加上蘇聯解體，占全美四分之一的加州國防工業緊縮，使得加州景氣亮起紅燈，旅館業也遭受池魚之殃，陷入蕭條。

屋漏偏逢連夜雨，一九九二年時，美國管理銀行的聯邦存款保險公司（FDIC）突然設定二十九項新規定，逼得銀行不得不對許多貸款對象，採取收回、查封、拍賣的措施，當時台灣旅館業者往來最多的一家日本住友銀行，為求自保，也斷然採行高壓政策，如此一來，面對收回貸款的壓力，許多台灣旅館業者，陷入被收回拍賣的恐慌。

一片危機聲中，南加州台灣旅館業同業公會急電在台灣參加九三年度僑委會的我，同時廖聰明會長與黃三榮前會長也立刻整裝返台搬救兵，三人透過各種管道向金融界尋求融資，一度僑委會打算增加華僑創業貸款保證金，但數額小，無濟於事，一度傳出台灣某財團願意提供融資，也是不了了之，最後經章孝嚴的介紹直接與華僑信用貸款保證基金會的董事長吳燦輝先生交涉，並派出元首宇先生等幾位與僑委會有關人員，數度遠渡美國與業者開過幾次會議，找到問題的癥結，總算爭取到第二信用貸款保證基金，讓台灣旅館業者平安渡過貸款危機，鞏固家園，直到一九九五年加州景氣回升。

此外，過去海外僑胞宣慰團，都是由國民黨財力雄厚的外圍組織「台灣同鄉聯誼會」掌控，在「全美台灣同鄉會」會長洪茂澤請託下，我向僑委會反映，希望能持續專款補助，支持台灣文化藝術團體來美宣慰僑胞，爲台灣文化薪傳留根。可惜，因程序問題引起誤會，在同鄉會內發生衝突，造成不少的爭執。最後我應其對方邱勝宗先生之請託，深入僑委會內找出撥錢程序與管道的眞象而平息。

就在我覺得渾身充滿幹勁，對海外台灣人略盡棉薄之力時，九四年一月下旬，一位署名施忠男，哥倫帕斯FAPA的原始會員，在《台灣公論報》投書點名批評，說僑務委員只要「背叛台灣人大衆利益」「做國府走狗即可」，不需擔任FAPA會長……如此充滿敵意的挑釁話語，對我精神上打擊不小。但亦有知我者，如科羅拉多州FAPA分會長林義雄先生馬上伸出援手，投書《台灣公論報》「以此人過去從未做違背台灣人之利益之事」，「不應批評太早、希待觀察……」等語意，拔刀相助者更不在少數，略感欣慰。

對於惡言相向者，本想置之不理，但後來還是應「台美商會」同仁的要求，發表一篇我當僑務委員的心路歷程以明心志：

最近十年來，國際大環境不論是經濟上或政治上，均有巨大的改變。如蘇聯的解體、中國大陸的開放、歐體的重整、北美自由貿易協定的簽署等，都是犖犖大者，這種變動實際上可視爲一項改革。紛紛揚棄了意識型態的執行或空洞口號的吶喊，趨向實際，有志一同地走向務實主義的道路。

台灣是國際社會的一分子，自然不能免於受國際大環境的影響，同樣的在各方面呈現出新的面貌：政治上的開放，百無禁忌；經濟上趨向平等；社會朝向多元發展，社會力解放；自由民主之花次第開綻，這些都是不爭的事實。而探求其實質內容，要言之就是務實，以利生存與發展。

做爲一個台美人，我眼看母國故鄉的各方面都有長足的進步，能不深感欣慰嗎？但不禁使我深自反省：在這風起雲湧的大時代，我究竟爲母國故鄉的繁榮進步盡了什麼心力？或爲僑居地僑民同胞的福祉有過什麼特別的奉獻？內心實有一絲惶恐與若有憾焉！

僑居南加州二十年，我廁身旅館業及銀行業，所取之於僑社的太多，而回饋的則太少。所以，行有餘力，參與僑社的活動，都不敢落於人後。從創辦南加州旅館公會、以至亞洲商報、洛杉磯台美商會、南加州台灣長輩會、中國城獅子會、北美台灣商會聯合會、台灣人公共事務會（FAPA）、鶴園公寓、台美基金會等社團的成立與推動，都曾略盡棉薄。服務僑界多年，雖然績效微不足道，但服務的心得則增強了我的信念。「人生以服務爲目的」這句話誠不我欺。因此，儘管時序不斷的變遷，而我的服務僑民社會，關心母國故鄉的志節，則一以貫之，未敢稍有怠惰。

不久前我受聘爲國府僑務委員，這是經過長考，愼思明辨，及參考簡單社團民調後的決定。我認爲有此職分，或更有利於服務僑界層面的推廣和工作的落實，同時亦有助於我所秉持的服務的人生觀的體現。當然，僑務委員這個擔子，對我個人眞是莫大的挑戰，以往我只是閒雲野鶴，即使對僑務工作有所建言，也不過是書生報國，盡盡本分，說說而已，不敢指望有具體的成效。今後，我成爲政府體制內的一員，就得承擔無可推卸的責任。那麼，能否有效促進僑務政策的興革與落實？能否更具體的增進僑民的福祉？能否更無私的爲國家奉獻一己之力？這些都是我必須面對的嚴格考驗。

新近，我向章委員長反映了幾件事：

(1) 請求撥款六萬美元援助美國海外台灣長輩會鶴園公寓，以增進醫療設施。

(2) 請求協助紓解南加州台灣旅館公會業者貸款危機。

(3) 爭取協助台灣布袋戲團來美演出，以宣揚台灣文化。以上幾項，有的已經落實，有的已蒙允諾，待如期執行。這些算是我所踏出的新的腳步，將一步一腳印的邁向目標，無畏挫折拂逆。「自反而縮，雖千萬人吾往矣。」是我應有的氣度，也是對我自己的期許。

我個人立身處世，一向謹守本分，行事但求無愧於心。對於名利從不刻意營求，或矯情媚世。只是念茲在茲，一心只爲服務，道義所在，心嚮往之。常自忖：行年倏過耳順，此身雖在堪驚。即使偶有不虞之譽，或求全之毀，都是身外事，於我何有哉！我但率性而爲，瀟洒人生走一回。

五年任期的提案與言行

一九九三年十一月首次參加僑務委員會議，即獲中華會館的僑委黃金泉及黃振華等先生擁護推薦爲美西地區代言人。

可能是我的言論與傳統的僑務委員有異，大部分委員覺得新鮮而有趣：五年來我被選爲大會引言或特約發言人的議題如下：

九三年 世界華人經濟力量的整合。

九四年 如何有效協助海外華僑之經濟力量。

九五年 如何協助移居海外國人認識移民環境。

九六年 鼓勵殷實僑商，響應參加與亞太營運中心之經營。

九七年 結合全球僑商力量，協助提昇國家競爭力。

自九四年後，因爲有了幾位意識型態與我較近者，如休士頓的楊朝諄、聖地牙哥的方俊雄、客家會的楊貴運、法國的鄭欣、澳洲的邱垂亮、得過台美基金會科技獎的莊明哲院士及舊金山的張秋雄等人的加入，我的提案容易找到共同提案人或連署人，茲略舉如下：

(1) 臨時動議：爲配合政府政策，協助參與聯合國及各種國際組織，中華民國的名稱應改稱Taiwan，不宜用ROC，因爲國際上多數國家把China一詞解釋爲中共，把中華民國稱爲Taiwan，我們應接受這個事實。

(2) 提案三十九號：建議符合民主以務實原則制定僑務委員任期。

(3) 提供三十八號：建議在各地區文教中心設立僑務委員聯合辦公室，以利僑務之推動。

(4) 提案一一八號：建議僑務委員會把世界華商之「經貿」「金融」及「觀光」三項會議合併爲「世界華商會議」，以利節省人力、財力並促進擴大華商相互間之交流。

(5) 提案一三三號：請設立海外災區緊急融資基金。

(6) 提案一三四號：擴大僑教中心之組織與功能，收集當地商情資訊，分門別類整理，提供僑民建立資料庫。

(7) 提案〇二〇號：請協助世界各國之台藉社團設立「台僑之家」，爲在台總聯合辦公處。

(8) 提案〇五五號：邀請北美洲台鄉系社團的負責人，回台列席僑務委員會議。

(9) 提案〇四八號：北美洲各地華僑文教中心之中英文名稱宜改正，以符合已更改的台北經濟文化辦事處。

記得九三年我首次參加僑務委員會議，章委員長在致詞時，提到僑務委員無

作者（左二）返國參加僑務委員會。

任期規定，是否應改爲一任三年，並規定訂爲連任兩次或三次，以利新陳代謝，請大家表示意見。

等不及章委員長發言完畢，坐在前面第二排的一位資深僑委突然站起，手指著章氏，宏亮大聲說道：「僑務委員都是同你一樣，接受總統聘任的特任官，你有什麼資格限制我們的任期？」台下一片熱烈的掌聲，台上一時啞口無言，但看到我舉手，章氏要我發言。

我站起來就說：「那一位前輩講得對，我們的僑務委員職務是總統特准的，但是總統本身的任期有限制，一任才六年。我們是否應該與總統同進退，總統下任，我們也全部下來才合理。」我講完，也聽到稀稀落落幾個掌聲但並不熱烈，坐在我左前排的San Antonio的董厚吉委員轉頭看我，舉出大拇指。

散場後，董氏向我表示他老早就想辭職，曾經頗想有一番作爲，提出很多改革的意見始終無效。

僑務委員之任期終於一九九四年十二月七日奉行政院核定，明定僑務委員任期三年，連任以二次爲限。

一九九六年總統開放爲民選，任期四年只能連任一次，我乃再提議更改，希望與總統任期相同，一任四年最多兩任，不得超過八年。

回顧五年來，深感僑務委員會在各方面均有長足進步。自章孝嚴奉命改革，至其接任者祝基瀅，因都留學美國深受民主自由之洗練，所以對於我不同尋常的異言，不但寬度容納，在衆委員競相發言時，我舉手要發言從來沒有被遺落過，當大家都默不發言時，還指名我表示意見，實銘感在心。

記得一九九三年，我上任僑委有一次發言時遭菲律賓一位蔡姓僑務委員等人團剿，而持同樣心態所發的言論，在後來幾年中卻受到鼓掌歡迎。其實並非我的講話大爲進步，毋寧說是多數僑務委員的心態改變，隨時代進步。

加拿大選出的僑委耿慶武及洛杉磯的僑委馬樹榮，曾公開在會場說：「我愈來愈喜歡王桂榮委員，很喜歡聽他的發言」；可惜這兩位先生都沒有出席一九九七年的會議，馬氏因僅一任三年僑務委員就升官爲諮詢委員，耿氏到底因何理由則不得而知。據一位僑委會的參議向我私下表示，曾因爲每次我講話都鼓掌，而受到上級的警告，希望耿氏與這無關。

當然也免不了有些委員看到我就頭痛討厭，因爲每次他們講話後，我就起來反駁。不過，有許多資深委員也當面稱許我說：雖然立場與觀點不同但很講道理，也很有趣。葛維新副委長說，我在講話時從來沒有一位委員睡覺眞是奇蹟。

鬧熱滾滾的九七年僑委會議

一九九七年的僑務委員會議，由於新加入十二位民進黨委員，顯得鬧熱滾滾，他們一口氣提出十七個提案，名目繁多而新奇。廖萬夫與謝清志兩位民進黨籍的「急獨論」，引起了老僑中「反台獨」、「擁護中華民國」勢力的大反擊，場面相當緊張而嚴肅。

最有意義的是，由於民進黨藉委員的提議，竟有卅人坐了僑委會派出的大客車到新公園二二八紀念館參觀。而其中有楊富美委員的丈夫高資敏先生。也讓我想起高太太楊委員在國是座談中所發表的一席話。

她說：「華僑為何在國人心目中已無往日的地位？連帶僑委會也一再受到在野黨無情杯葛？……華僑往往仍陶醉在『華僑是革命之母』的光環下，事實上辛亥革命已近百年了，且這不是我們這一代華僑的貢獻……。」與廖萬夫的「若華僑是革命之母，則台僑為民主之父」有異曲同工之妙。

這一次會議民進黨籍的張邦良、謝清志、廖萬夫、張理邦、李汝城等十二位委員所提出的提案，相當程度反應出平時在海外喊「裁撤僑委會」的理由：例如「副僑務委員長三位中應有一位在野黨擔任」，「僑務工作應本土化、僑務預算透明化」、「僑務經費為台灣國民納稅金，應用於台僑服務」、「正名僑教中心為台灣僑民文教中心」、「僑教必須配合以台灣為主體之教材，以提昇第二代認同關懷鄉土」、「輔導母語教學」、「僑務委員應以政黨比例產生」、「政府僑務政策重點應集中在台灣未來的三、四百萬僑民身上」，「華僑的稱呼宜應改稱台僑或僑民，俾與親中國華僑有所分別」、「僑務委員進出中國大陸必須報備，以防人出賣台灣」

（按我在九四年時就收到僑務委員會的正式公函，禁止僑務委員前往大陸。）、「譴責教育部長吳京承認中國大學學歷，急統媚共」。連一開始預備會議開會就有人說些「吃台灣米喝台灣水不講台灣話」的話，刺激了不少僑務委員，引起反感與反攻。因此所提法案都被保留。

越棉寮失去祖國論風波

過去幾乎由我一人在講的異言論調，難免也有幾句被老委員聽不入耳而且傷感情的話，但都能被大會「原諒」，但這次可就不同了。可能是受到多數民進黨籍委員的刺激，因而氣氛緊張起來，我的一句「越棉寮失去祖國」竟引來指責，且如聖嬰颱風吹到美國連續暴雨如注兩個多月。

開會前一週我接到通知，被指名擔任「結合全球僑商力量，協助提昇國家競爭力」的特約發言人，我提出的發言內容如下：

一、重視海外台商貢獻，務實調整僑務政策

我國外交一向非常艱鉅，台商往往能透過其在投資地的網路，協助改善並開拓我國對外關係。

台商從事商務亦贊助學術與文化活動，因而與當地政府或社團建立密切的活動關係，發揮了國民外交的功能，也受到當地政府與有力人士的重視。

台商的旺盛活動力遍佈全世界，使台灣成為日不落國，但他們都很關懷我國在國際社會所面臨的困境，而深信大部分人都有愛台灣的心與行動。

但是今天我們也必須了解到一個事實，那就是長期以來，我們的僑務工作，基本上都把重點放在老僑身上，所謂老僑是指早期即移民離開中國大陸的華人，這些人過去對國府貢獻良多，但是歷經多年兩岸關係的演變，以及隨著時間與老一輩的凋零，產生不少變化。

逐漸凋零的老僑對我國是比較忠貞的，但年輕一代，對台灣的感情淡薄很多。目前有些僑社對台灣已開始有疏離感，不乏不滿的意見，甚至對大陸產生深厚的感情，於是自然而然地逐漸減弱對台灣的支持，更有一部分人政治上認同中共，或有腳踏雙船的。這個現象的緣由，一部分在於中共中央積極拉攏，及近來中國改革開放經濟向榮而產生變化。

我們可以看出在海外所有廣義的華人僑社裡面，「台商」也就是從台灣到外國從事商業活動的這些人，事實上已成爲僑社中支持台灣最有力的一群，雖然由於國內有國民黨、民進黨、新黨及建國黨，而在海外也有不同派系的支持群衆，但不論是那一派也都關心台灣，願意爲台灣奉獻，他們通稱爲新僑。對中共沒有任何感情，更談不上認同，絕對大多數對台灣具有強烈的認同感。與大多數以利益趨向的老僑顯有別。

面對這種現實的發展，未來政府在推動僑務工作，更應該以更多資源及力量來聯繫新僑取得他們的合作，求其協助提昇國家競爭力，而在政治上共同推展海外務實外交，才是符合國家之利益。

二、政府政策之修訂，改善與鼓勵措施

(一)修改警政制度，徹底改善國內治安問題。

(二)修改相關法規：以自由化、國際化之發展趨勢爲修訂方向，尤其在租稅獎助措施予以重新評估。

(三)落實振興經濟方案各案各項措施之執行，以改善國內土地取得不易，工資

過高，勞動力不足，環保抗爭與行政手續繁複，效率低落現象。

(四)被國科會聘請回國服務的重要科技專才與回國投資企業的家屬，若有初中生等小孩應予協助或補助進入美國學校，或設立僑民中小學校予以收容，減少回國者擔憂第二代的教育。

(五)重建公權力，加強政黨間的協調以建立穩定和諧的民主政治。

三、加強海內外人才雙向交流

(一)多供給機會使海內外企業及專業人才交流

世界「台商」及「華商」會議時鼓勵政府從事科工與商務專才公務人員及國內企業多多參與，而在餐會時切勿分區而坐，國內人才宜分散融入海外人才之桌內使彼此能多接觸相識，進而更深一層交換意見，有談合作之機會。

(二)駐外單位應派專業人士參加各種專業協會會議。

海外有很多專業的協會如北美州台灣人教授協會，醫師協會及電腦協會等等，人才濟濟，都有定期集會，駐外單位應派科工組及商務組的專業人才赴會參與，除收集人才資料外，當場說明國內廠商之需要。

(三)國內廠商應多舉辦，展覽會在海外介紹新產品，與有求國外廠商合作之產品。

(四)學習王永慶當年創立台塑公司時從公家機構挖角加倍薪水模式，聘請在先進國家政府機構或企業體服務之精英回國服務。

(五)以更優厚辦法，吸引台灣所欠缺而迫切需要的外國企業來台投資或合作。

上述的發言內容，使僑委會的第一處不如往常樂意在事前先予付印。經過三次交涉後，才以心不甘情不願的態度完成。讓我覺得氣氛有些異樣，有做補充說明的必要，乃臨時起意，利用午飯後的時間馳筆。

但在演講當中有一句「越棉寮已失去祖國的人」引起爭議，到後來被有心人改換爲「亡國奴」、「不可分配僑務委員名額」，而眞正有錄音可爲證明之言論如下：

「不久以前，在台北的國家政策研究中心，及在高雄從事非政府組織（NGO）國民外交的亞太裔公共事務論壇，由田弘茂主任及吳英明主任主持舉行座談會，重點談到要提昇國家競爭力需要靠海外僑民的協助，則首先要改革目前的僑務政策。

我也將該座談會的結論扼要歸納為三大部分：

⑴ 重視台商（海外）貢獻，務實調整僑務政策。

⑵ 政府政策之修訂改善與鼓勵措施，共有五點。

⑶ 加強島內外人才雙向交流也有五點。

因為在八分鐘內要講完全部內容很困難，所以照往例請求議事處先行打字付印發給各位委員，在此我只做口頭補充說明。

昨天蕭院長到本會來演講，特別提到『希望各位委員對於僑務應予興革的事項，都能坦誠地告訴我們，不要保留，與政府攜手為僑胞的福祉與國家的前途共同努力打拚。』

祝委員長在開幕典禮時提到海外僑民的兩大愛國表現，一是去年及今年雙十國慶，在海外參加慶祝活動的人數，比參加十月一日中共的國慶日者為多，明副委員長更以實際數目字加以證實，並提及歸國參加國慶的僑胞也增加。

二是中共領導人江澤民到美國訪問舉行克江高峰會議時，遭到很多僑胞們到處示威遊行表現高度愛國的情操。

我藉此機會告訴大家，在美國慶祝國慶的社團與向江澤民示威遊行的社團重疊不多，主要是由意識型態不同的兩種社團所舉行的集會，但都受到我國政府之肯定與讚揚。

參加國慶的人很多是對自由民主的中華民國有高度情感的老僑，如中華會館的黃金泉等人及越棉寮等已失去祖國的人；而參加示威遊行向中共領事館丟鷄蛋燒五星旗的，絕大多數則與國府較疏離，不大被重視的台僑為主。這些從台灣移民到美國的所謂『新僑』，對他們的故鄉台灣有深厚的感情，深怕有一天台灣被共產黨併吞。

兩種不同的社團表達出來的愛國行動雖不一樣，但都受到祝委員長的肯定。

面臨新時代的來臨，政府若要提昇國家競爭力，需要靠高科技及專業人才及台商回國投資，充實內容，這有待台僑台商的協助。今後僑務政策在充實內容與形象表現當中，如何進行調整，有賴所有僑務委員來共同努力。」

當講到一句「越棉寮等失去祖國的人」，李少光委員就迫不及待的要發言，而被祝委員長壓制到我講完。李少光委員說：「越棉寮的華僑都是從大陸移民去的，自始他們的祖國就是中華民國。」接著張偉良委員起來說：「請王委員多多研究越棉寮華僑的歷史再批評。」我發覺我的談話有語病。（本來我的意思是越南被共產黨赤化，與中國大陸淪陷變成中共國家一樣）當場即時在大會衆人面前，向該兩位委員先生道歉。

我的這一篇文章也引起平時很少發言的胡委員的不滿，他認爲「台商」也是「華僑」之一，不應該有「台商」與「華商」之分別。

其實我本人是「華商貿易會議」的顧問，同時也是「世界台灣商會聯合總會」之顧問，前者只是兩年一度的臨時會議，而後者是有組織、永久性團體，由北美洲、歐洲、中南美洲、亞洲及非洲等台灣商會聯合會結合起來的世界性組織，設有理事、總會長、秘書、監事、財務，並且有定期出版的會刊，怎可混爲一談?!

第八章　提高台裔美人社會地位

發起甘迺迪募款餐會

一九七九年一月一日美國與台灣斷交，失去美國這位實力堅強的盟友，復使台灣前途籠罩層層陰霾，再回想全球各地此起彼落的排華運動，以及越南海上難民一頁頁悲慘的現實，我再也不忍坐視自己原鄉一天天陷入孤立，猛然覺悟台灣人必須團結自強，努力奮鬥，提高在美台人的社會地位，而且必須主動出擊，回饋美國的民主自由社會，才能免於被人宰割的命運。

雖然有些決心，但如何跨出海外台灣人一向封閉的自我呢？一九八〇年正好美國四年一度的總統大選年，七九年競選氣氛已相當熱烈，我認爲這是好時機，台灣人應該可以選一個關心、同情與支持台灣的美國總統，做爲熔入美國社會的第一步。

當時正值一九八〇年人口普查，在美洲各地的台灣同鄉會大力呼籲所有同鄉，應該登記「台灣」以引起注意並與「中國」分開，我乃把以台灣人的名義舉行一次大規模爲總統募款餐會的構想，告訴時任台灣同鄉會長的周實以及前會長羅慕義，他們大表贊成，但卻沒有進一步的行動。我告訴許世楷，他雖然表示贊成，但問題是選誰？那時共和黨的呼聲高的有雷根與福特，民主黨則由尋求連任的卡特與甘迺迪較勁，四人中誰會雀屏中選呢？

既然同鄉內有頭有臉的人物都不積極，我乃決心自己推動此事，首先以「南加州台灣旅館公會」會長的名義召集會員開會，並邀請各社團與會討論兩個重點：(1)人口普查時呼籲同鄉在「出生地」欄登記爲「台灣」；(2)全力支持同情、了解台灣的美國總統候選人。結果我與楊織勳醫師及許錦銘牧師被推舉爲研究此事的三人小組。

於是我們三人分別先與共和黨總統候選人接洽，先是雷根在加州Alhambra的競選總幹事表示，安排和雷根會面三萬元；而好不容易找到正在棕櫚灘(Palm Spring)渡假的福特時，他又表示不參選，沒有特定目標及目的的我們，遂注目於民主黨候選人。

直到有一天，我在家看電視新聞，突然聽到民主黨的候選人愛德華・甘迺迪正對流亡美國的伊朗總統巴拉維發表評論，由於正值美國五十二名被伊朗扣押的人質危機尚未解除，他的主張引來軒然大波，但其中講到「同情少數民族」的一句話，卻聽進了我的心坎裡，因爲台灣人在美國，本來就是需要被特別關注的少數民族，因而靈機一閃，決定鎖定他是我們要的總統。當時甘迺迪的聲望在民意調查中直落谷底，沒人看好他，但是我覺得甘迺迪是個「ON SALE」的大好人選，台美人的一筆政治獻金能夠助他進入白宮最好，就算落選也無妨，他畢竟還是個地位舉足輕重的參議員，最重要的是，他將永遠不忘台灣人雪中送炭的溫情。

我把這個決定告訴大家以後，便去華府找彭明敏和郭雨新。郭雨新的秘書，也在台美協會幫忙的魏瑞明挑明了問：「要多少才夠？」我說：「一人一百元，要一千人」。十萬美元，在一九七九年全世界不景氣時，是一筆鉅大的數字，當時很多留學生省吃簡用每個月能節餘個五十美元寄回台灣，已經算很多了，但是台灣人第一次要參予美國總統選舉，區區幾千元實在擺不上檯面，也起不了什麼作用，魏瑞明聽後說：「咱們去紐約找張燦鍙吧」。

冒著大風雪開了五個多小時的車，抵達皇后區張宅時，已是半夜時分。不久，外出的張燦鍙歸來，他穿著厚大衣，壓低帽沿，戴著墨鏡，一副神秘人物打扮，他的太太說國民黨特務處處放出風聲，要暗殺他這一位活躍在東岸台獨聯盟第一號人物，因此他每逢外出，只好化妝易容一下。

在張宅我第一次見到了在紐約市立大學教政治學的蔡同榮，在沒有裝設暖氣、冰冷的空氣中，我說起參與選舉美國總統的構想，蔡君坐一旁未發一言，張君則因感冒發燒，不斷哼哼哈哈，不曉得聽了多少，後來，蔡君邀我一同外出赴朋友之宴，讓張君回房睡覺。

請客做東的朋友也姓蔡，在紐約開電機行，據蔡同榮說他以前十分熱中台獨，但後來不知怎麼從此撒手不管，在美女如雲的Playboy酒吧，一陣酒酣耳熱過後，我也加入同榮兄勸起蔡先生，既然是台灣人豈可不管台灣事？看到蔡先生似乎被我說動，同榮兄突然對我冒出一句：「你說要支持美國總統之事，我越想越有道理，我們再回去說服張燦鍙。」「不好吧！夜已這麼深，他有感冒在睡覺，明天再說吧！」我說。「沒有關係，他不會在意的，好事要趁熱。」就這樣我們倆連夜趕回皇后區吵醒在睡覺中的張燦鍙，三人終於取得共識。

第二天，張燦鍙帶我們去紐約的太魯閣公司，介紹了幾位財力雄厚且一向支持台獨的朋友，稍後在法拉盛區開超市的老闆蔡先生也來參加，一夥會餐後，共推蔡氏負責執行募款餐會，而太魯閣公司的張姓老闆負責與甘迺迪競選總部連絡。

我才回到家中一星期，蔡先生就來電表示在東部，要找一千個人辦募款餐會困難重重，並說既然是我提出的「Idea」，就由我自已去執行。

由於台獨的大本營畢竟在東岸，當地台灣人一向熱心台灣政治，我請他們大力支持，最後，他們同意負責三萬，剩下七萬要我在西岸想辦法。

坐困愁城中，曾向我買去「紐蘭旅館」的許世楷，藉他曾任台獨聯盟日本本部主席之便，趕緊介紹一位叫簡金生的年輕人，來擔任甘迺迪募款餐會總幹事。

簡金生達成目標在外州募到兩萬元，但也因此花了四千元長途電話費，是我的額外開銷。若再加月薪一千五，四個月的時間在募款餐會上共投入六千元，額外開銷實際上是壹萬元。

當時我除了旅館公會之外，並無參加其他組織，而且走出南加州根本談不上有何知名度，爲此我打算就近整合此間山頭林立的台灣人社團以及九個宗教團體，成立一個「台灣人社團協調會」。宗教團體主要有兩派：一派是以丁昭昇等人爲首的台灣福音教會，另一派則以許錦銘等牧師爲首的台灣長老教會，兩派之間少有往來。但丁昭昇是旅館公會會員，許牧師是知己好友，都與我有密切往來。

我的構想是：如果每一社團平均有二十人參加，二十七個社團應該有五百四十人。不足人數，別州既然已答應出錢但不一定出席，不足人數可免費召集各大學留學生來參加，可由我家孩子去負責動員千人應無問題。

不料才傳出風聲，「台灣同鄉會」即表示異議。同鄉會的幾名理事前來假日旅館興師問罪，說台灣同鄉會是包括所有台灣人的會。（每次當我召請所有社團來開會協商時，該理事們則輪流上廁所，回來時問同一問題而把寶貴的時間浪費掉。）與對方幾度僵持中，簡金生和台灣同鄉會王會長還起了嚴重衝突，簡金生一度揚言放火燒房子，嚇得王會長辦完餐會不久，舉家遷往三藩市。

最後經許世楷及郭清江疏通，募款餐會由台灣同鄉會會長做餐會主席，及「台灣人社團協調會」成立後由台灣同鄉會擔任召集人，難產的「台灣人社團協調會」總算成立，順利解決五百個名額問題。

其中讓我最感動的是，旅館公會給了十足面子，出一百美元參加甘迺迪餐會的，高達一百四十七人，丁昭昇的長老教會有九十二人，相對擁有最多會員的「台灣同鄉會」，僅賣出二十張票。

爲了辦得轟轟烈烈，我太太特別挑選大會議所可以容納千人，洛杉磯最高級又最氣派的世紀廣場飯店(Century Plaza Hotel)，一個晚上的費用高達兩萬。

按照美國總統選舉的規定，募款的二成可以做爲餐費費用，但必須由候選人自行負擔，募多少，政府相對補助多少。

要行情下挫的甘迺迪爲台灣人第一次替他舉辦的餐會先付出兩萬元，他不免緊張，就派兩位女秘書前來假日旅館找我調查一番。依照世紀廣場飯店的要求是一個月前先付定金五千元，但是爲了安定甘迺迪的心，我請該二位女秘書一個月前來向我拿兩萬五千元，二個星期後再拿兩萬五，剩下的五萬則必須等到候選人確實出席餐會後再付清。

秘書們來過兩次，共拿到五百張不同人簽名的五萬元支票後非常訝異，因爲在美國都是餐會當天才募款，像台灣人這樣事前給錢且如此大方，還眞是讓甘迺迪大開眼界，女秘書之一回去後就打電話問我：「你們有什麼要求？」當時因我只想回饋美國社會，熔入美國社會，藉以提高華人在美國社會地位，未曾有過要求任何事情的念頭，所以我就回答說：「現在沒有，將來如有需要你們幫忙時我再告訴您。」後來蔡同榮寫封信來問我，台灣同鄉希望甘迺迪參議員在餐會演講的內容，能強調什麼？我就請簡金生與同鄉會去商量構思。

一九八〇年五月二十四日，台美人爲世紀廣場飯店帶來最特別的一夜，出席者全部盛裝赴會，其中三分之一擁有博士學位，當愛德華・甘迺迪被二十幾位保鏢簇擁前來，踏入千人大會堂時，全部起立，隨之響起的歡呼聲：「We want Ted! We want Ted!」他簡直喜出望外，就對我們說：「This is the most sophisticated occasion I've ever seen」。

一場募款餐會，一舉募下十萬美金，除了展現台美人在海外的團結實力，更讓甘迺迪印象深刻的是台灣人在美國各行各業的成就；他直稱讚，台灣移民是美國少數民族中最出類拔萃者。

餐會後，隨行人員告訴我下個月甘迺迪會再來，希望我召集社團領袖約二十人一起在Beverly Hotel吃早餐，談談台灣的情況，我乃邀請二十位願意出五百元的社團領袖，準備話題，這時郭清江要求我邀請在洛杉磯的許信良來參加甘迺迪的

在洛杉磯最高級又最氣派的世紀廣場飯店，爲愛德華・甘迺迪總統候選人，舉行千人拾萬美元募款。

作者夫婦與愛德華・甘迺迪參議員夫婦成爲莫逆之交。

早餐會。我說：「我曾邀請過許信良參加募款餐會，被他一口拒絕，他說我浪費了台灣人有限的資源，十萬美金在台灣可以做很多事的，不應該把錢花在美國人身上。」我繼續說：「張燦鍙、陳唐山、艾琳達、陳錦芳、蔡仁泰等住在東岸的人要花很貴的飛機票錢都來了，住在洛杉磯的許信良連一百元的餐費都不肯花，請他來有什麼用呢？他肯出五百美金吃一頓早餐嗎？」「國民黨控制了所有資訊，我們在海外的人對台灣的政治情況知道很少，許信良剛從台灣來不久，過去一向從事政治活動，他可提供很多台灣的政治情況給甘迺迪議員，所以請你不要拒絕他，至於五百元就拜託你代他支付或找人替他出也可以。」郭清江說得也有道理，最後就請他代我邀請許信良。當早餐會開始時，許信良要求我安排他坐在中間甘迺迪的正對面以便好好談話，我也照做了。

我們在為甘迺迪籌備募款餐會時，中國城的華僑們也在為雷根總統候選人募款，為了見習起見，我也到中國城參加他們舉辦的會，老僑們在露天廣場排放一間小移動房屋，門前掛了雷根的牛仔裝畫像、捐款箱及一些點心供捐款人食用，我捐出二十元放進捐款箱，吃了些點心等了半天，沒有候選人或代理人出現演講，問明白確定他們都不會來以後只好回家，但次日《世界日報》的報導卻很大。

羅慕義曾告訴我美國的共和黨支持企業家，民主黨支持平民，所以我參加了共和黨，後因爲了甘迺迪我才跳黨改入民主黨。

台灣人舉辦甘迺迪募款餐會轟動了美國國會，不知道是如何傳開，其後，不但有很多民主黨的國會議員候選人寄帖要我參加募款，共和黨的候選人也都來找我，而我多多少少都應付，後來民主黨請我加入財務委員會而共和黨則請我加入他們的核心圈(Inner Circle)，無論那一黨的候選人當選總統，也都邀請我去華府參加就職典禮，並參加每年一次的總統早餐會。

台灣獨得兩萬移民額

一九七九年秋天，昔日在台灣的舊屬鄧岳宗就讀於柏克來大學的女兒鄧明夷來訪，在聊天時鄧明夷表示，自從中共與美國建交後，台灣留美學生頓減，在共享兩萬移民額的限制下，中共留學生大量湧入，已使台灣學生留美的申請日益困難，今年總共才四千多名，將來勢必陷入窘境。

募款餐會中甘迺迪一席批評台灣國民黨政府的演講，激起了同鄉的同仇敵愾，會後很多同鄉向我反應，我們應該求助於甘迺迪，向台灣的國民黨政府施壓改革，蔡同榮也從紐澤西打電話，傳達東岸的台灣同鄉反應，我乃希望簡金生與蔡同榮等人著手研究，甘迺迪在參議院負責什麼職務？他到底能幫什麼忙？數天以後，簡金生交出一張甘迺迪的職務表，列得很詳細，當我看到其中一項「參議院移民小組召集人」時，忽然想起鄧明夷所講台灣學生留美頓減一事，及同鄉會正在爲每十年一度的人口普查呼籲登記「台灣」，在出生欄與中國分開。靈機一動，我問簡金生可否將台灣的移民配額與中國分開？他認爲這是很好的想法，隨即與蔡同榮連絡。經蔡同榮一番努力後，我的構想遂實現成真。國會的議案經雷根總統簽署後，一九八二年元旦起，台灣重新恢復享有每年兩萬移民的配額，而據蔡同榮在其《我要回家》一書中記載，其經過大約如下：

甘迺迪爲解決台灣移民問題，先寫信敦請國務院國務卿穆斯基(Edmond Muskie)，解釋台灣關係法，待雷根擊敗卡特贏得大選後，他再度去函新上任的國務卿海格(Alexander Haig)……就在甘迺迪準備與衆議院索拉茲(Stephen J. Solarz)聯手提出法案時，一九八一年十一月底，國務院去函甘迺迪，指出爲了不違背「一個中國政策」不能給台灣獨立的移民配額。

如此一來，唯一的解決之道是靠亞太小組主席索拉茲在國會提議立法。

索拉茲夫人是一位優秀的移民法專家，她建議從修改移民法著手，使「台灣移民額案」重顯生機。在索拉茲提案並積極運作下，十二月九日衆議院通過了他的提案，獲知消息的同時，甘迺迪也立刻展開動員，第二天隨即向參議院提出索拉茲案，並全力尋求有關人士的支持，短短十天內，懸盪一年多的法案終於迅速通關獲參議院採納。一九八二年元旦起，台灣始享有每年兩萬移民的配額。國民黨控制的《世界日報》說高華德(Goldwater)參議員的支持，才使這個移民法案通過，暗示國民黨也盡了一份力量，而華美協會也說是他們多年來奮鬥努力的結果，引起台灣人的抗議後才改說是一場誤會。

台灣獨得移民配額兩萬，在台灣也引起一場騷動，在台北的區公所服務的一位職員來美國時說出，很多在「出生欄」登載「外省籍」的人，拿了身分證往區公所要求更改爲在台灣出生。

台灣移民配額與中國分開處理案的獲得參衆議會通過，是海外台灣人社團聯手，第一次運用美國國會外交贏得空前的勝利，由於這個勝利，海外的台灣人遂有了信心，祇要海外台灣人團結，就有能力影響美國國會的運作，遂有了FAPA的組織。

張燦鍙在一次集會演講說出「FAPA是台獨聯盟的私生子」，受到FAPA會員的圍剿，其實張燦鍙的演講無意中說出該話是有道理的。當初我去找他支持爲總統候選人募款餐會案，經他同意後，他即出面向支持者十人每人募一千元，籌足一萬元與甘迺迪接洽，並派了很多人幫忙我，才使得當時尚無全國性知名度的王桂榮能夠成功地辦了一場募款餐會，又因募款餐會的成功，才有甘迺迪及索拉茲等國會議員重視台灣問題，爲台灣的單獨兩萬移民配額努力，又因移民配額的成功，帶給台灣人信心而促成了FAPA的誕生。

第九章　FAPA的誕生

台灣人公共事務會（FAPA）的誕生

一九七九年一月一日美國與台灣斷交，一九八二年一月一日美國參衆議會通過台灣移民配額與中國分開，台灣與中國各得兩萬移民配額，並由雷根總統簽署正式生效。另外，在八一年底〈台灣關係法〉中一項修正條款「售賣武器給台灣與人權並談」通過，這是海外台灣人社團聯手第一次運用美國國會外交，贏得空前的勝利。

首嚐戰果，海外台灣同鄉喜出望外，蔡同榮打電話告訴我，在英國的黃彰輝牧師要他乘此機會組織一個永久的外交組織，因此要我在洛杉磯找幾位有力人士來共同研究。

一九八二年二月十三日，蔡同榮、彭明敏、陳唐山、郭雨新、周明安、林明哲、陳伸夫、陳都、蔡仁泰、楊宗昌、羅福全、與洛杉磯的丁昭昇、楊嘉猷、許千惠及我，帶著激昂的心情群聚洛杉磯，下榻於我的旅館Holiday Inn舉行首次諮商會議。

十五人腦力激盪過後，一個專門推動國民外交的組織逐漸醞釀成形。蔡同榮有備而來，他提出兩個新組織的名稱，最初大家同意採用Taiwanese Association of Public Affairs，後因文法有些問題，乃採用Formosan Association for Public Affairs，簡稱FAPA，英語唸起來響亮好記，又有台灣話「喊打」的意味。

第二天亦即一九八二年二月十四日，台灣人第一個海外國會遊說團體正式宣佈於洛杉磯成立。第一任會長是蔡同榮，名譽會長爲彭明敏，財政重任則由我擔任。就這樣FAPA開啓了海外台灣人從事國會外交的序幕。

一九八三年三月十二日星期六晚，FAPA第一屆世界代表大會在洛杉磯蒙市的Bell'n Beau餐廳舉行，代表大會舉行前，FAPA委員在長堤Ramada Inn訂定總會章程，大家提出意見而由魏瑞明執筆，我堅持以和平外交手段來達成台灣民主化，但許不龍、陳伸夫反對和平外交手段來達成台灣民主化，而主張不惜用武力以達目的，我不惜退出FAPA組織堅持以外交手段的方案，經郭雨新、黃彰輝等自決運動人士的支持表決通過。而今天FAPA在海外產生舉足輕重的影響力，與台獨聯盟經國民黨抹黑後，被美國政府宣佈爲暴力組織而不能在國會運作相比，我深深感到當時的決定是正確的。

總會章程　組織

第一條　宗旨

(1) 配合島內民主力量，促進台灣的自由和民主。

(2) 宣揚台灣人民追求民主自由的決心，造成有利於台灣住民自決和自立的國際環境。

(3) 維護及增進海外台灣人社會之權益。

第二條　組織

(1) 新會員由二名會員推薦，經會長核准。

(2) 會員以連記名方式選舉非區域性委員三成，及區域性委員任期爲一年。

(3) 會長由委員選舉之，任期二年，連選得連任一次。

(4)會長綜理全部會務。

第三條 章程修改程序與解釋

(1)本章程如有疑義，應由全體委員半數以上之同意解釋之。

(2)本章程經會員之十分之一，或委員之四分之一則可提出修改案，但須經委員之五分之三以上之同意方得修改之。

多年來許多關心台灣的同鄉，由於各種不同的原因，未能加入任何組織，積極參與台灣人的自救運動，由於FAPA的包容性與溫和的宗旨，吸引了很多工商業者陸陸續續加入。佔會員總數四分之一以上。現在活躍於全美台灣商會聯合總會的蔡仁泰、彭良治、方俊雄、廖靜祿、顏樹洋、王德、楊朝諄、張理邦、黃三榮、余哲明等人，都是當年FAPA的重要會員或支持者。

FAPA的會長由委員選舉，一九八二年初成立時有委員四十一位，由於會員的增加一九八三年增加到五十一位，一九八九年再增加爲六十一位，最近要增加到六十五位。一九八三年五十一位當中，從事工商業竟有十四位，佔總會員數的二十七%，而醫生也有七位占四%。

海外台灣人運動新起點

FAPA和以往海外台灣人運動不同，它既非台灣同鄉會之純交誼性，也不具台獨團體的革命性，又超越人權團體之單一目標，它是政治性的，同時又是非暴力性的。它的宗旨是多目標的，它的成員是多元的，手段是溫和的、合法的。簡而言之，它是順應美國民主社會而產生的一個壓力團體。

FAPA因有魅力型的老一代領袖，有學養優秀的第二代知識份子，有注重務實的工商界人物，它的人力、財力及號召力都極可觀。而且美國國務院及各級議會議員可以公開呼應FAPA的要求，而不必顧慮它會違反美國法律或國際關係，自美台斷交以來，拘泥於法統及代表性的國府，已被排除官方接觸之門，相較之下，在非官方接觸上，FAPA比國府更有力量，代表眞正的民意，也更能贏得同情。

一九八三年三月十八日《亞洲商報》社論，指出：FAPA的草根性與溫和特性對於海外其他政治團體是一個良性的競爭力量。對於島內民主運動，它是一個積極的協助者，對於一黨獨大的國民黨它可以是阻力，也可以是助力；如果國民黨繼續迫害人權，違反民主，它就是民主、自由、人權的守護神。如果國民黨兌現

「堅守民主陣容」的諾言，逐步解放體制，它就會全力放在保衛台灣安全上，成爲台灣最寶貴的草根外交團體。對於中共，它並不關閉友善之門，但中共必須首先承諾以和平手段解決台灣問題，而且尊重台灣全體住民的抉擇，在這個前提上，海峽兩岸才有平等來往可言。

FAPA代表了海外台灣人運動的新起點，它是一個純粹以遊說及外交影響政治的團體，它的出現，不僅反映了許多人，特別是新僑的共同期望，也證明海外台灣人的經濟及政治上已有足夠實力，得以擺脫東方社會傳統的權威及專制型態，把政治運作帶向眞正的民主殿堂。

暗潮洶湧的會長選舉

一九八九年三月二十九日，FAPA第三任會長彭明敏率十六名內閣總辭，驚爆FAPA領導權競爭的內幕，並掀出FAPA最暗潮洶湧的一頁。

第一屆FAPA會長的誕生

由於「台灣獨得兩萬移民配額」在海外打響第一炮，因此催生了FAPA這個屬於台灣第一個美國國會進行草根外交的遊說團體。篳路藍縷之初，一切尚草創的階段，組織的種種拓荒工作，需要一位強而有力的會長來擔任。

第一任會長選舉提名有三人，即彭明敏、蔡同榮與陳唐山，原本大家屬意的第一人選是被海外台灣人公認的「精神領袖」彭明敏，彭因住在西岸，常駐華府不便，希望由東岸人士擔任，陳唐山則是世界台灣同鄉會的會長，又在美國政府任職已經過忙，不便再當會長，開始時三人僵持不下，最後，紐約大學政治學教授蔡同榮勇敢接下第一棒。

論政治學養、組織力、運動力及募款力，蔡同榮是個中佼佼者，因此由他登高一呼，配合海外台灣人高昂的戰鬥力，FAPA一出馬，便有如明星乍現，不管在促成台灣解除戒嚴令，釋放高雄事件政治良心犯及爭取台灣住民自決的權利方面，都能以凌厲攻勢，備受海內外矚目，在美國國會山莊，很快建立台灣草根外交的一席之地。

跟當時海外其他門戶自立、各據山頭的台灣人社團相較，FAPA不僅形象清新，而且跨越各路門派，財源穩固；然而隨著它的日益壯大，某些社團眼見財源被瓜分，大權又旁落，紛紛加入FAPA陣營，也爲日後烽火綿延的會長選舉埋下遠因。

蔡同榮雖然是台獨聯盟的首任主席，但頭兩年，他忙著帶頭打江山，所以FAPA內部「盟內」「盟外」兩大系統的成員堪稱一團和氣。

第二屆的會長，由以數票險勝的世台會會長陳唐山繼任，但陳有美國國務院官員的身分纏身，因此仍任命蔡同榮爲執行長，繼續請其奔走台灣人公共事務。陳與蔡的結合，因兩人皆出身「聯盟」系統（陳屬張燦鍙系統，是台獨聯盟中央委員）所以運作起來還算正常，儘管此時FAPA內部人事紛爭已出現分裂的危機。

重燃戰火的第三屆選戰

「聯盟」的有些動作，看在「盟外」人士的眼中不免憂心忡忡，因此當陳唐山任期過半，他們已醞釀打出「超級王牌」彭明敏來制衡。一看王牌出馬，聯盟立即迎擊，積極運作聯盟人員大舉當上FAPA的中央委員，而原本宣佈不選的陳唐山又重新披上戰袍，種種動作終於激起盟外人士及此間華文傳播界的反擊，一九八五年，彭明敏遂以四十三張高票（中央委員有六十一名）當選第三任會長。針對這段高潮迭起的FAPA人員激烈的內部競爭，海內外媒體當時都做了顯著報導。

彭明敏走馬上任後，憑著他個人的威望與中立的行事風格，FAPA的會務及財務都擴張不少，會員人數增加百分之兩百五十，分會總數也增加百分之兩百。

但暴風雨前總會出現徵兆，在彭明敏擔任會長期間，蔡同榮仍是FAPA的執行長，按理說，兩人擁有台大師生情誼，應該相輔相成才是，偏偏彭明敏的主張非「聯盟」可以駕馭，而蔡同榮又常常穿梭於FAPA與「聯盟」之間，讓彭先生心生不悅，加上彭先生這個人一向坦率直言，直截了當，因此兩人關係一再交惡，一九八七年彭明敏尋求連任時，師生兩人甚至演出對決的場面。

彭明敏之所以得罪「聯盟」，應該肇始於曾否認他的潛逃出境是台獨聯盟的功勞。（按照從事台灣獨立運動卅五年的日本人宗像隆幸的私記一本書，暗助彭明敏逃出台灣的聯盟人員還有黃昭堂及許世楷，但是為了保密，彭明敏並不知道此事，以為只有日本人宗像先生協助他，與台獨聯盟無關。）而我知道彭跟蔡不合，是有一次聽到蔡同榮的抱怨：他都年近五十，也是治學有成的正教授，彭明敏卻老是拿他當「學生」一樣看待……另外，彭明敏曾將不贊成「公民投票」的理由發表於報章，對極力主張公投的蔡同榮殺傷力極大，復使兩人關係雪上加霜。

八七年，在「聯盟」的支持下，蔡同榮出來挑戰彭明敏，那一次，師徒可以說是勢均力敵，彭明敏贏得非常驚險，自此兩人感情決裂，漸行漸遠。

彭明敏辭職引發強烈地震

會長與執行長的貌合神離，彭明敏將重任託我，任命我為執行副會長，逼得蔡同榮與「盟內」人事作出被外界部份人士解讀「架空」會長職權的舉動，他們醞釀一年後，於八七年底修改章程設立常務委員會，將會務交由九名中常委共同決定（會長為當然中常委，其餘八名由中央委員連記選出），會長從此不得獨攬大權。削減會長職權後，他們進一步計畫掌握中常會，彭連任會長後，本來中常委盟派人士有四席（蔡同榮、陳唐山、陳榮儒、樊豐忠）、非盟人士有五席（彭明敏、王桂榮、徐福棟、丁昭昇、葉加興），勉強維持一個支持彭明敏賴以當權作主的多數。

但一九八九年，在盟派「總體戰」的運作下，一月改選的中央委員三分之二以上的席次被「聯盟」及同情聯盟人士拿到，繼而在三月廿五日FAPA於總部召開第三屆中常委改選時，一舉囊括八席常委的名額（蔡同榮、陳唐山、陳榮儒、樊豐忠、李界木、羅益世、胡維剛，及聯盟同情者張富美），換句話說，在最高決策單位，彭明敏已陷入孤立無援，我雖然擔任執行副會長亦最高票落選，其他「彭派」更是全軍覆沒，此外，更強行通過決議，禁止會長對中文報紙擅自發表言論。

張富美一看禍闖大了，當場宣佈她要退出，中常委由我遞補就任，但我眼看聯盟的全權介入，日後將完全改變FAPA的體質而拒絕接任。受盡屈辱的彭明敏在萬念俱灰下，遂於三月廿九日率我們十六名內閣，辭去長達四十個月的FAPA會長職務，宣布會務將於六月底移交，同日夏威夷分會由陳國文會長宣佈解散，三月卅日位於華府東區第七街的FAPA總部，群龍散去。

彭之猛然辭職，像投下一顆不定時炸彈，震撼海內外台灣人社團，蔡派與陳派聯盟雖一則以喜，卻一則以憂，因爲撻伐之聲不絕於耳，一看禍闖大了，始作俑者蔡同榮爲了收拾殘局，四月一日召開緊急中常會，宣佈敦聘彭明敏爲「榮譽會長」，王桂榮爲「代理會長」，並推選陳榮儒爲「中常委召集人」，他自己則退居幕後。

四月二日，彭對外宣佈他「毫不考慮」接受榮譽會長的職務，同日FAPA巴西及日本分會宣佈獨立。

四月二日，我也對外發表公開聲明拒絕接任「代理會長」，並要求常委會繼續挽留彭明敏擔任FAPA會長的職務。因爲南加州幫的重要幹部許丕龍、楊加猷、鍾金江、謝清志、謝聰敏、歐煌坤及江昭儀等人，都不希望我接任，而且接不接任代理會長其實我內心很矛盾，因爲我是第一副會長，彭會長自與蔡同榮交惡後，FAPA內外事務幾乎由我代理執行，我的權力是來自他的授權，既然他辭職，本來就該跟他同進退。但目睹FAPA業務癱瘓，人事一團混亂眞的很令人痛心，我知道他們的心情，但FAPA對我，就像自己的親生子一樣，無論如何，不忍看到它就這樣毀在自家人的鬥氣。在這裡我不得不吐露一段埋在內心多年的秘密。

當中常委改選，彭派全部敗北後，我曾陪著心情鬱卒的彭明敏到大西洋城陳嘉明博士的家中「休息療傷」，當時任宣傳部長的鍾金江打了一通電話到陳家，陳博士夫婦都外出不在家，由於彭在房間裡面午睡，我不知彭已接起電話，同時我也去接電話，拿起話筒，正好聽到鍾說，幾個「南加州幹部」商量的結果決定放棄FAPA，我一聽心中一凜，但發現不是我的電話不好意思偷聽別人的電話，只好放下電話筒，以後兩人又講些什麼我並不知道。不久就發生內閣總辭之事，這個沈痛的秘密一直擱在我心底。

彭辭職一個月，問題一直懸而未決，五月一日，我召開記者會公開提出「三條件」：

(1)我有人事聘任權。

(2)召開臨時中央委員會，追認我的會長資格。

(3)爲協助台灣重返國際社會和解決中美貿易糾紛共同努力，如獲支持我願意打破僵局，同意接掌FAPA會長的職務。

我的回心轉意，除了不忍FAPA分崩離析的個人因素外，主要是短短一個月內客觀形勢有了變化，先是我拒絕出任「代理會長」，「蔡派」大將陳榮儒打算以中常委召集人身分，出面收拾FAPA癱瘓的會務，不料卻嚐到彭明敏特別助理洪耀東律師與辦公室主任甘泰來(Terry Caine)的閉門羹，接收不成，中常委會來求助我。我覺得自己的角色實在很微妙，當我以第一名落選中常委時，一向支持我的陳派盟主陳唐山私下表示，「聯盟」與「蔡派」聯手，主要目的只想打倒「彭派」，並沒有連「王桂榮」都要掃地出門，事後蔡同榮也認爲自己「運作過當」而向我道歉。他們都知道我的背後有財力雄厚的旅館公會及全美台灣商會聯合會的支持，先後有不少人加入FAPA是與我有關的不爭事實，連一向擅長募款的蔡同榮都說過，有的人很會捐錢、有的很會拉人，但是自己很肯出錢又主動去拉人捐錢的只有王桂榮了。難怪蔡同榮打電話告訴我：「推薦你做會長，是八位中常會一致通過的難得現象。」

跳入地獄

我雖然不是搞政治出身，不擅長政治權謀，但是面對來自四面八方的各種聲音，經過一番掙扎過後，內心出現轉圜餘地，終於萌生留在體制內改革的念頭。

要留在FAPA，我不允許自己淪爲「空頭會長」，鑒於國民黨已解除戒嚴、民進黨又已成立，我有自己的一套想法與做法，爲了尋求民意基礎，我對FAPA中央委員發出問卷調查，獲得多數委員同意，加速台灣返回國際社會，台美間經貿問題不排斥與國民黨合作，並與中國大陸建立溝通管道等共識後，才公開舉行記者會，並向中常會提出三條件，宣佈我的決心，直接挑戰FAPA「會長」的職務。

謝聰敏是當時跟著彭明敏辭職的副手，曾針對此事發表評論：「FAPA這場戰爭，三派都受傷，這是一場沒有贏家的戰爭，大家都傷得很慘，而王桂榮此時此刻跳下去，就是跳進地獄。」

我雖然抱著「我不入地獄，誰入地獄」的心情，出馬接任會長的職務，除了江昭儀、歐煌坤、林碧玉及林本晃夫婦等少數人外，終究沒有得到「彭派」的諒解。以前彭明敏三天兩頭就會打電話來，從那次以後，我們就疏遠了不少。最後使我傷心的是從中學時代認爲最好的朋友簡璋輝因爲有某些苦衷，也把巴西的分會解散了。

三十一個月會長的日子

帶著簡單行李，一九八九年五月卅一日，順利完成會長職務交接，我就義無反顧地放棄在洛杉磯安逸的生活，拜別愛妻，搬到華府總部，因陋就簡，以辦公室爲家，常以滷肉飯裹腹，展開在FAPA任重道遠的歲月，同我住在辦公室的還有一位實習生Don Yeh只有十九歲，是昔日台南市長葉廷珪的外孫，我負責煮飯燒菜，他負責洗碗盤。後來愛妻得知，心疼不已。

面對台灣解嚴後的政治環境，日漸開放的措施，因應時代需要，我賦予FAPA兩項新使命，分別敦請經濟學博士徐福棟研究與國民黨合作解決美台間經貿事宜，並委請政治學博士田弘茂，來推動在中共陰翳下台灣重返國際社會的重責大任。

聘請秘書長昆不老 (Coen Blaauw)

彭明敏辭職後另組了亞太協會，命楊黃美幸爲外交部長，其工作性質似FAPA，秘書長甘泰來(Terry Caine)亦追隨彭而去，我必須另聘秘書長。應徵者中有一位年輕荷蘭人，是一位國際關係學博士，在法律事務所工作期間曾被派到台灣調查荷蘭出售二隻潛水艇事件，結織了立法委員許榮淑與國大代表周清玉及黃信介等民進黨人士，才發現在紀元一六二四年荷蘭人侵佔台灣台南統治台灣三十八年的歷史，覺得可恥而來應徵FAPA的秘書長，是想回饋台灣爲台灣人做一點事。

這位荷蘭青年的故事很令我感動，因此我捨其他應徵者而聘他爲秘書長，並替他取了一個中文名爲「昆不老」，他如獲至寶甚爲喜歡，後來很多報紙（華文）

把他譯昆布勞，他看了很生氣，就在名片上印爲「昆不老」。

一場反敗爲勝的演講

經過二任會長後的FAPA人脈大約可分爲三派，最大派系「彭派」約有四成，「蔡派」大數約有三成，「陳派」有二成，其他一成是游離的。

自「彭派」退出後，爲了平息風波，「蔡派」勉強拱手讓出「會長」寶座給我，等到一九八九FAPA平安度過最大的分裂危機後，接踵而至的第四任會長選舉，我差點又嚐到「過河拆橋」的滋味。

那一次最大的競爭者，是來自蔡同榮擔任台獨聯盟主席時的副將陳榮儒。

選前幾個月，陳榮儒已經以中常委召集人的身分四處積極運作，我卻毫無警覺，直到有一天也是中常委的胡維剛律師請我吃飯，他指出我不拉票的話，恐怕今年選不上，而且現在拉票也來不及，乾脆自動引退成全陳榮儒，因爲陳已拉到四十張票（全數爲六十一張票）。

我一聽嚇一跳心覺不快，但對自己有信心，因爲我曾經發出調查表調查我的新政理念，贊成支持者有高達六成的三十六票，所以並無進一步回應。等到第一回交手，開票的結果，陳榮儒果眞第一高票當選，以六票領先我，使我屈居第二。

按FAPA選舉辦法規定，不超過半數的兩位高票候選人還要經過一番政見發表，再進行第二次投票分勝負，看到自己輸了第一回合，我心裡既意外又失落，中場休息時躲在會場外抽煙，藉機釐清頭緒，我心想這次勝負對我太重要了。

爲了收拾彭明敏留下的殘局，我放棄萬通銀行控股公司董事長的寶座，將所有事業移交給三位大學畢業不久的兒子，然後拋家棄子遠到華府孤軍奮戰，再想想當初在南加州鬧得如此這般轟轟烈烈，我眞的不能輕易放棄，否則面子丟大了。

關心我在華府起居的太太王賽美及兒子政仁也來到會場，看見我在場外苦思對策，不忍我的落敗，也對與會人士動之以情，大力爲我奔走拉票。

演講時間一到，我告訴陳榮儒：「你是第一高票，請你先講」。陳榮儒上台侃侃談起他對FAPA的貢獻，尤其在組織章程起草及預算控制方面；等到我上台，我不疾不徐地說：「我的船已經駛到這裡還未上岸，現在叫我回頭，太沒意思了，我這個人比較粗心大意，如果陳榮儒這麼細心的人能來擔任我的副會長，那將是最完美的組合。」講罷，開票結果，我竟然領先六票，擊敗以十拿九穩的陳榮儒，我當選第四屆FAPA會長後，立即實踐諾言，任命陳榮儒為副會長，此舉贏得台下所有人的掌聲，一場有驚無險的會長選舉，終於圓滿和平落幕。

下台後，蔡同榮前來向我恭賀，表示我如何能言善道，一席演講改變了二成的票數，竟然就此反敗為勝。恭維的話聽在耳裡，我卻是點滴在心頭，走過FAPA這次會長選舉，置身炮聲隆隆的戰場，說實話我不愛選舉，因為選舉是人生一大考驗，除了破壞團結外，還會製造一堆恩怨，尤其是盛行耳語傳播的海外台灣人社團，如果眞要細數選舉的種種恩怨，還眞是是是非非，千頭萬緒糾纏不清。

到日本進行草根外交去

一九八九年六月四日，中國大陸發生天安門事件，看到中共用軍事鎮壓手無寸鐵的民運學生，國際間紛紛發表譴責聲浪，一時間中共形象大為低落，我認為這是跨出去替台灣人拓展政治空間的大好良機。

正好該年九月中旬，東京舉行二十八國國際政黨黨首會議，在美國衆院亞太小組索拉茲的推薦下，我有機會會晤在日本議會贏得選舉，頗有執政姿態的日本社會黨黨魁土井多賀子。FAPA於是掌握跟土井就六四民運後亞洲政局交換意見的大好時機，我乃與胡忠信、簡瑋輝及太太賽美同行，在FAPA日本分會前會長何昭明的領路下，第一次到日本國會進行草根外交。

爲了拓展台灣的政治空間，我早有訪日的念頭，因爲台灣民主運動長期在國民黨情治單位監控下，在台灣本土的命運可謂歷盡滄桑，反而以「留學之名，亡命之實」的台灣留學生到海外後紛紛揭竿起義，爲台灣民主革命大業鋪路，留學生兩大陣營——西方的美國和東方的日本，因此變成台獨的兩大副戰場。八二年，FAPA進駐華府，一群台灣人到美國國會運用草根外交拓荒，對台灣民主運動起了不小催化作用，但離台灣最近、淵源最深的日本，卻因其跟國民黨的歷史情結，政治干預多，使旅日台灣人台獨運動走得格外辛苦。所以當FAPA立足美國國會後，我常希望將這份草根外交的力量延伸到日本國會，讓日本政界多了解台灣人民自決前途的意願，多替台灣人爭取一份國際實力。

風風光光第一次訪日行，除了拜會土井多賀子外，並先後與社會黨人權局長本岡昭次、社民黨元老田英夫、自民黨參議員羽田孜、社會黨衆議員武藤山治、社會黨元老渡邊道子等人會晤，皆相談甚歡，贏得他們對台灣人民自決的支持，

與日本社會黨黨魁土井多賀子就六四民運後亞洲政局交換意見

拜會日本社民黨元老田英夫參議員（中），左起：何昭明、作者的太太、作者、胡忠信。

可以說是日本對中共一意採行柔軟政策以來，旅美台灣人第一次草根外交成功的出擊。事後FAPA總會委員何昭明悄悄向我透露，年底台灣大選戰時，未曾訪問過台灣的社會黨，竟有二十幾人祕密組團到台灣觀察選戰。

此趟日本行，令我印象最深刻的有三：一是我跟武藤山治的晤談，一開始對方擺出一副「爲什麼來找他」的責問態度，彼此交談後，從蔣介石的「以德報怨」、「一個中國」，談到時代潮流所趨向「一中一台」政策，兩人愈談愈投機，欲罷不能的武藤山治最後還招待我們一行人在國會餐廳吃一頓豐富的「沙西米」（生魚片）午餐，離別又贈書兩冊《連合政權的理論與政策》與《裸的革新政權論》給我。

在FAPA日本總會會長洪育盛先生的夫人林銀女士的帶領下，我們一行拜訪已退休在家的社會黨前輩，七十四歲的渡邊道子，她驚嘆我極流利的日語，一見如故，招待我們在其宅享用豐富的午餐。席間就台灣政局廣泛深入交談後，本來渡邊有意於十一月下旬舉行一個「台灣政情研究會」，邀請日本國會議員參加，由我擔任主講，有系統的來介紹台灣人民自決的理念，後來卻因爲我們日本行的訪問內容在新聞媒體上曝光，在中共抗議下，渡邊只好取消。

另外，可貴的是專事自民黨改造的羽田孜，當時不少政治觀察家都看好他是未來首相的人選，日後，這位農務大臣果眞不負衆望當上首相，有趣的是當我從報上得知消息後，一時沒時間寫信道賀，等到我寫好信要說聲「恭賀」時，羽田孜卻下台了，僅當了三個月的「短命首相」。

護送洪奇昌的特別任務

我第一次日本行，還肩負一項特別任務，就是在洪奇昌的請託下，九月十九日當天護送他一路搭機離美赴日，交由江鵬堅、黃昭凱等人接回台灣。

洪奇昌爲台獨健將，因「五二〇」及「六一二」事件遭國民黨司法當局通緝，遠離台灣，藏身美國。初到華府時，洪奇昌曾下榻於我的旅館Chevy Chase Motel，半年後當他執意返台投入立委選戰時，FAPA除了發起「台灣人反政治迫害，促進公平選舉運動」，發動各地分會，替洪奇昌舉行壯行會，我還親自陪他到處演講造勢。

我送洪奇昌到日本，本來等待他們的是旅日同鄉爲洪奇昌舉辦的盛大歡送會，但一下機本來應該在台灣的簡瑋輝出乎意料之外竟在機場出現，與何昭明兩人便把我夫婦倆先帶去咖啡廳見一位日本人後，再送到旅館暫與洪奇昌分開，等到我們趕到歡送會現場時，已經曲終人散，來不及跟洪奇昌道別，不免感覺遺憾。

共和黨參院核心團

日本行，我當然不忘特地拜訪原FAPA日本分會，尤其這個隨彭明敏辭職，已經宣佈脫離FAPA而自行獨立的組織，我除了勉勵大家再攜手爲台灣人打拚外，也耐心分析將來FAPA的工作動態，及如何強化對日本國會的遊說工作，爲翌年分會歸隊奠下良好基礎。

結束日本十天的訪問，我臨時取消台灣行，趕回華府參加「共和黨參議院核心團」(Inner Circle)會議。

「共和黨參議院核心會議」是美國共和黨政治領袖會議，與會者都是頭角崢嶸的人物，會後照例全體都將接受布希總統邀宴。我係由參議院少數黨領首杜爾(Bob Dole)提名爲會員，並由國務卿貝克具名邀請，是第一位參加Inner Circle的FAPA會長。

作者夫婦參加美國共和黨政治領袖會議「共和黨參議院核心會議」，這是第一位參加這項會議的FAPA會長。

To Mr. and Mrs. Wang,
With best wishes and appreciation,

美國共和黨四位前後任總統感謝作者夫婦的奉獻；左起雷根、尼克森、布希和福特。

肩負開疆闢土的艱鉅任務，我在短短半年間即掌握兩次外交難得的時機，先從美國國會邁向日本國會，拓展FAPA的工作範圍而參加「共和黨參院核心會議」，又另闢一條與美國高層政界的捷徑，提升FAPA的工作性質，當FAPA彷徨於轉型期時，我的努力總算跨出成功的一步。

同時爲了讓FAPA更積極爭取台灣生存的空間，走出美國前進日本後又赴澳大利亞成立FAPA分會，派中常委召集人蔡同榮前往智利觀察公民投票，並派秘書長昆不老(Coen Blaauw)籌畫加入總部位於海牙的「無席次國家種族國際組織」(Unrepresented Nations and People Organization，簡稱UNPO)，讓FAPA優游於國際舞台，該會正式於一九九一年二月在荷蘭海牙成立時，由昆不老與民進黨僑務主任陳漢卿代表台灣參加，我代表FAPA，黃信介主席代表民進黨簽定成立憲章，因而結織了西藏代表，邀請其參加FAPA年會。

台灣大選年

一九八九年十二月二日，是台灣十二年一次中央與地方，亦即國會、省市議員、縣市長、鄉鎮市長的大選年，更是民進黨成立以來，第一次以政黨名義參選，公然挑戰國民黨的轉捩年。

雖然隔海觀戰，但是FAPA兩大健將，楊加猷與日本分會會長李宗藩，分別被民進黨徵召回台競選縣長，而避走美國的民進黨國大洪奇昌，也毅然返台投身立委選舉，一時間海外風起雲湧，選戰氣氛濃烈。

而島內為了迎接這個選舉，更是暗潮洶湧，高潮迭起，先是台灣民主運動者老余登發九月十三日在高雄縣八卦寮自宅猝逝，是謀殺？是意外？一時眞象難明，滿佈疑雲，又台南縣立委候選人陳源奇遭圍殺，許榮淑台中辦事處火燒房子……

接著許信良從福建搭漁船偷渡回台，遭軍警拘捕，以預備叛亂罪被起訴。許信良落網，震驚僑界，FAPA趕緊展開奔走救援。先是十一月十四日，在華府召開記者會，說明台灣選舉年，金錢暴力頻傳，引起美國人普遍關心；十五日，美國衆院亞太小組也舉行「台灣選舉聽證會」；十六日參院外交委員會主席斐爾(Claiborne Pell)又針對黑名單、許信良案、年底選舉，提出「二一〇決議案」，索拉茲更趁勢發表聲明，呼籲國府公正審判許信良案。

而此時蔡同榮與我奔走幾個月後，包括衆院亞太小組主席索拉茲、菲恩

(Edward Feighan)、峰田(Norman Mineta)、波特(John Porter)、魯肯士(Donald Lukens)共五人，終於組成「國會議員台灣選舉觀察團」於十一月三十日抵台觀選，創下台灣選舉史上美國國會第一次正式組團觀選的紀錄。

十一月二十日，當FAPA才對成功潛逃回台，行蹤曝光的「台灣獨立聯盟美國本部主席」郭倍宏，及偷渡未成被迫轉往日本的洪順五，發表關切聲明後，十一月二十九日，被驅逐出境的FAPA中常委之一羅益世，爲趕回去觀察選舉，雖成功偷渡回台，不料卻因被誤會成「郭倍宏」而被捕，……一波未平，一波又起，接二連三的突發事件，使我疲於奔命，那一陣子FAPA簡直像救火隊一樣，那裡燒火就去那裡滅火，問題是一方面水源不足，一方面又遠水救不了近火，搞得個個人馬仰翻又灰頭土臉。

轟轟烈烈的選舉揭曉，民進黨戰果輝煌，國民黨得票率五八・三%，民進黨二九・七%其他一二%，國民黨並痛失台北縣、宜蘭縣、新竹縣、彰化縣、高雄縣、屏東縣及嘉義市七個縣市長的寶座。

FAPA返台參選台中及台南縣長的兩員大將，雖然在國民黨全力護盤下不幸敗北，但看李宗藩在國民黨大大作票下落選，群眾抗議，而與民進黨黨部主委潘輝全雙雙被起訴及限制出境，我又忍不住憂心忡忡，數度發表聲明，聲援這位FAPA重量級元老。

當李宗藩被限制出境後，李心急如焚的倒不是他即將失去的自由，而是他在日本經營的一個牧場，那些牛不知怎麼辦，因此他央請我務必想辦法。後來我絞盡腦汁，以「一般司法未了，不得擅自剝奪人民的行動自由」爲由，透過索拉茲出面邀請他來美訪問，終於打破李宗藩被限制離台的禁令，讓他「過境」日本時，得以處理他的牛隻問題。

一九九○年初，忙完這場海內外驚天動地的大選戰，我特地抽空回台，與簡璋輝在民進黨秘書張學舜（現任國代）帶路下，前往拜訪贏得選戰的七縣縣市長，並由許榮淑及林水泉的引領，到監獄探訪羅益世、許信良、許曹德、蔡有全、蕭裕珍、施明德（在三軍總院）等人，看到這些落難的海內外民主鬥士，讓我最感動的是，他們雖然身陷囹圄，但是甘心爲台灣前途打拚的豪情不減，實值得疼惜。

由於羅益世被捕時尚任職FAPA中常委，因此我以FAPA總會長的身分親自去拜訪並要求僑務委員長曾廣順及台北市黨部主委吳敦義特別關懷，早日釋放他。

回顧台灣這場選戰，個人最意外的「戰果」是短短四個月，因爲FAPA一共發表十三次聲明，嚴厲譴責國府，因此被《國際日報》記者劉玲冠上「聲明會長」之稱。

國是會議的震盪

帶著「台灣心」隔海對台灣「喊打」喊了八年後，一九九〇年四月，我正在華府的馬里奧大飯店與徐福棟主持台美經貿會議時，華文報紙披露，在僑務委員長曾廣順推薦，國是會議籌委會召集人蔣彥士點頭下，FAPA會長王桂榮成爲第一曝光，受邀返台參加「國是會議」的海外異議人士。

曾廣順是早在一九八一年我回台時，因周清玉國代之助選人、一位計程車司機失蹤三天，經其家人追蹤發覺是被警總捉去，我以《亞洲商報》董事長之身分拜訪時任海工會主任曾廣順及副主任蔡鐘雄，早日查明釋放而結識。

蔣彥士是我一九八三年回台時擔任中央黨部秘書長的他及副秘書長陳履安，要我解釋爲何「台美商會」及「台美基金會」均以冠「台」字，而不用「華美」或「中美」字樣，並且要我說明該會目的等時相識。

九〇年三月廿一日李登輝當選總統後，我以FAPA會長身分發表幾點聲明，其中曾要求召開包括海外台灣人社團在內的「國是會議」。既然獲邀，我自是欣然勇赴戰場，尤其「國是會議」有如進步改革者對抗頑固保守反動者的戰場，有機會朝野雙方平起平坐共議國事，我當然要傳達海外台灣人的心意。

五月六日，FAPA在華府召開緊急中常會，當場作出兩項決議案，一是如果民進黨抵制「國是會議」，FAPA也不參加；如果蔡同榮或陳唐山沒被邀請，則FAPA也不參加。二是，限台灣FAPA分會的名稱，應於七月十五日之前，改成台灣人公共事務會台灣本部，如果未便改名，則應停止使用台灣人公共事務會的名稱。

兩項決議案上報，由於「國是會議」正吸衆人的注意，頓時又在海外台灣人社團引起一陣譁然。

FAPA中常委會作出如此不民主的決定，並非全是部份人士眼看失去在台灣政治舞台現身的機會，基於酸葡萄心理作祟，主要是中常委之一游祥修醫師，堅決反對FAPA與國民黨爲伍對談所引起。據我所知，蔡同榮透過田弘茂，而陳唐山透過吳豐山等「國是會議籌備委員」在運作加入。所以蔡及陳兩位中常委在開會時都表示贊成FAPA可以加入「國是會議」，於是採取「如果論」。所謂「如果論」，意指如果民進黨不參加，則FAPA不參加，如果陳唐山或蔡同榮不能參加，則FAPA也不參加。

其實，我根本不知道曾廣順推薦我爲國是會議代表，當我從報端得悉後，即打電話告訴田弘茂，請他推薦蔡同榮與陳唐山爲代表，但他告訴我蔡同榮因前省議會議長蔡某某反對，恐怕不易通過……果眞蔡同榮被刷下而遞補了張富美。我在開中常委會時雖然沒有透露，但心想蔡、陳兩人主要是以「國是會議代表」之名義回到闊別三十年的家鄉「台灣」爲主要目的。

台灣首度舉行朝野協商的「國是會議」，儘管是體制外的會議，但由於四十年來第一次，對在海外拚鬥多年的台灣人社團領袖，極具劃時代的意義。因此，無不使出渾身解數，透過各種運作、角力，力爭參與這場歷史性的盛會。

一陣吵鬧，你爭我奪過後，五月十九日海外代表名單初步出爐，上榜的有彭明敏、王桂榮、陳唐山、楊黃美幸、張富美、吳澧培。除了吳澧陪外，其他五人及國是會議籌備委員田弘茂，都曾任或現任FAPA的核心人士，看到FAPA如此受國府重視，備感安慰。

讓人意外的是，FAPA創會會長蔡同榮意外落榜，臨時被立場較中立溫和的張富美取而代之，各方爲此議論紛紛，一說蔣彥士認爲蔡的言論不符國民黨標準，又說黨政大老蔡鴻文認爲蔡不承認國民黨體制，所以不該出席「國是會議」。其中臆測最多的是，一九七○年蔣經國訪美遇刺時，蔡同榮正好擔任台獨聯盟的主席。

正當海外興致勃勃，舉行一連串國是會議座談會，凝聚台灣人共識，爲國內「國是會議」熱身之際，流亡海外二十多年的彭明敏又出其不意取消此行，那是因爲台灣當局囿於「司法尊嚴」，堅持必須完成「司法程序」才能撤銷對彭明敏的「通緝」，即使如此思鄉情切，爲了堅持一份尊嚴，彭最後放棄返鄉。

六月廿八日，衆所矚目的「國是會議」終於如期召開。本來參加人士定爲一百二十人，後來臨時增加三十人（以美國而言，除**FAPA**成員外，人才濟濟的北美洲台灣人教授協會如廖述宗、張旭成也先後進榜），以後彭明敏、陳唐山、呂秀蓮、李鴻禧、陳繼盛相繼退出，使參加人數實際上約剩一百三十五人左右，其中國民黨忠貞派占一半，另一半爲改革派（民進黨與海外人士）與國民黨非主流。

李鴻禧的退出，原因是民進黨與海外異議人士的共識贊成許信良的總統制，

1990年返國參加國是會議，作者夫婦在總統晚宴與李登輝總統合影。

許認為透過總統制，民進黨才有可能執政，而李教授多年來在台大教憲法，向學生鼓吹內閣制較好，如今立場困難只好退出。

陳唐山知道台獨聯盟的盟員反對「國是會議」，他爭取做為代表（主要是想念台灣）才有機會回台灣，因而藉六月二十八日陳昭南被捕事件而抗議退出。

陳昭南曾擔任海外《美麗島週報》的總經理，一向是許信良在美國的心腹，他雖名列海外黑名單之一，卻在國民黨批准他簽證回台時被捕。因此鬧出軒然大波，為了抗議國民黨長期箝制人權，剝奪海外台灣人的返鄉權利，王桂榮、廖述宗、張富美、楊黃美幸、陳唐山、吳澧培六位曾列黑名單的美國代表，二十七日特別聯袂前往總統府拜會秘書長蔣彥士，表達強烈的抗議。我要求蔣秘書長即時撤銷對彭明敏的通緝，並給他落地簽證的待遇，陳唐山則隨後召開記者會，宣佈退出「國是會議」。

「國是會議」前夕，唯恐陳唐山的退出引發骨牌效應，國民黨司法單位很快釋放陳昭南，創下「叛亂犯」僅關四天即獲保釋的紀錄，接著次年，讓我憂心最多，潛台被捕營救無力的FAPA常委羅益世也獲保出獄，而回台奔喪的蔡同榮更是平安入境。行政院副院長施啓揚還親口表示：「黑名單問題很快就會解決。」

國是會議評估

國是會議風光落幕後，趁著朝野餘波蕩漾之際，FAPA於七月八日，在立法院第七會議室，由台灣分會長許榮淑及我以總會長身分共同主持，舉行「檢討國是會議」的座談會，這場座談會由於是FAPA海內外首次在島內的大串連，吸引了百位從事反對運動者參加，聲勢相當浩大。

一般說來，台灣四十年來第一次的國是會議各有輸贏；民進黨的具體斬獲是政黨平等原則的確立，以前「民進黨」或「海外人士」一向被視爲「分歧分子」或「異議分子」，國是會議期間兩黨平起平坐，相互禮遇，這是前所未有的事。

對民進黨來說，會議期間，台灣三、四百位記者旁聽、採訪，在媒體廣泛報導下，台灣民衆不僅接受一次成功的群衆教育，民進黨更是不花一毛錢，達到政治宣傳的目的；另外最意外的收穫是爭取到總統民選，使民進黨邁向執政有了「捷徑」。

而國民黨在消除兩黨緊張對立，及兩黨協商解決紛爭的模式，也有實際的收益。

比較奇怪的是，背負統一情結的執政黨，與主張台獨的人士，在大陸政策與兩岸關係方面，不約而同提出「安全」、「互惠」、「對等」與「務實」四大原則，統派與獨派竟獲最大的共識。台灣的大陸政策被資深記者陸鏗批評爲恐共意識下的產物：「沒有前瞻性，只有實用性」，「沒有進攻性，只有防禦性」，「沒有放眼全世界，只有放眼地方」。

總觀說起來，從海外堂堂進入島內，此行擔任國是會議座上賓的感受，對我個人來說，彷彿歷經了一次寶貴的政治洗禮。過去我們這些黑名單的人物，總是被誤導跟暴力劃上等號，這次回台灣，透過電視轉播，總算讓台灣老百姓看到我們的廬山眞面目，原來個個一派斯文，對原鄉又懷抱高度熱忱，算起來，我們這些海外異議人士還贏得了一次形象上的大勝利。

「會議代表○○七」

國是會議期間，我多了一個綽號。那是因爲我的編號爲「○○七」，每次輪到我發言時，我總是說：「○○七發言」，陳長文律師（後來曾任海基會秘書長）每當輪到做主席，就會幽默說：「請○○七發表高見」。

「○○七」在會議期間最一鳴驚人的作爲是，有一次餐叙，行政院長「郝柏村」笑容可掬來敬酒，衛生署長張博雅隨之在後，酒酣耳熱之餘，我以過去十幾年在台灣賣西藥與軍方、衛生署打交道的經驗，直言不諱對兩人說：「我覺得台灣最貪污的是軍部，最不衛生的是衛生署。」在旁的謝瑞智急著把我拉開，當場讓氣氛好不尷尬，由於之前FAPA動員美國國會一再對台灣軍人干政發表聲明，所以一看到我與郝柏村對話，記者不明究裡，頓時鎂光燈此起彼落，第二天，報紙攤開一張大大的照片，照片中兩人各有表情，記者則各憑想像大作文章。其實，藏匿在這張照片背後的眞相，就是「○○七」指控台灣軍方、衛生署公然索賄的情形。

FAPA與AIPAC

由於一九八九年三月猛爆彭明敏辭職風波，FAPA領導權競逐赤裸裸攤在陽光下，差點造成分崩離析的命運。我臨危受命接任會長，雖然帶領FAPA安然度過危機，但遭此遽變，FAPA會員流失一半，僅剩千人左右。因此如何化內部歧見再凝聚共識，重整海外台灣人的力量，始終是我就任會長後亟欲突破的瓶頸。

爲此，我除了到處奔走成立新分會，延攬新會員外，一九九○年五月六日，特別邀請全美最成功也最有效能的Lobby團體American Israel Public Affairs Committee (AIPAC)的負責人，十年前曾任甘迺迪參議員的外交助理陳湯姆(Thomas A.Dine)蒞臨FAPA演講，傳授其經驗並指導FAPA的外交遊說策略。

這是一次記憶深刻的學習經驗，因爲AIPAC是猶太人一個專門向美國政府進行遊說工作的團體，美國援助金額最多的一向是以色列，以一九九○年爲例，AIPAC具體遊說的結果，替以色列爭取三十億美援。

邀請AIPAC執行長Tom Dine（左二）在FAPA的旅館Howard Johnson會議室內向FAPA委員講解以色列人的遊說組織，左起：蔡同榮、作者和陳榮儒。

據陳湯姆表示，AIPAC一年活動經費達九百多萬，工作人員一百二十多人，華府總部有六十位職員，其他六個分會分別設於洛杉磯、舊金山、紐約、芝加哥、休士頓、波士頓，無分會的州每州至少一位負責人，召集定居在美國的猶太人，教育他們並提供確實的資訊及做草根的工作，此外，AIPAC也指導他們如何與議員聯絡建立交情，運用議員來為他們的祖國以色列服務，捐寫支票等等。

在AIPAC決定政策的有二十三位董事，由總幹事特別從一百五十位委員中挑選而出。擔任AIPAC的董事必須具備三條件：社團領袖，每年捐款兩萬五千元以上，又有募款能力，所以AIPAC的董事個個都是當地草根團體的佼佼者，而且每人至少與美國國會議員一人以上有交情。同時爲了注入新血，AIPAC的董事任期規定爲五年，並且至少停一年才能再選。

AIPAC會員約有五萬人，歷史悠久，拿FAPA與名列美國第一政治壓力團體的AIPAC比起來，我不禁自省：「猶太人能，台灣人到底能不能？」FAPA從一九八二年成立到一九九〇年，儘管在美本土已有二十五個分會，不過皆集中在十七個州，會員僅有一千二百人左右，對美國國會來說，代表性還不夠。何況，與AIPAC相較下，FAPA顯得渺小而貧窮，但它所面對的任務卻更艱鉅而複雜。

AIPAC人目標單純而唯一，就是要「一個強大、且安全的以色列國」，而FAPA卻有階段不同的任務，初期在美國國會的外交工作，幾乎著重在促成台灣廢除戒嚴令，釋放高雄事件政治犯，及爭取台灣人民自決的權力方面。

而九〇年的台灣，當戒嚴、報禁、黨禁解除後，表面上雖似乎邁向自由民主，實際上，在郝柏村的執政下，替代的國安法及集會遊行法，對異議人士的處置及黑名單限制出入境卻更具合法性。又國是會議後，國民黨鬥爭日趨白熱化，保守之非主流派大力反撲，總統民選不再提起，司法院長林洋港要被改革的老國大代表出來修憲，李登輝也罔視民意在總統府成立「國統會」，加上就任行政院長的「郝柏村現象」浮起，海外異議人士陳昭南、李宗藩等被判重罪，民進黨主席黃信介、秘書長張俊宏因「四一七」走上街頭抗議被起訴等等，一時間似乎將台灣再推回戒嚴時期……

層層內憂外患，台灣也屢傳外交重挫，沙烏地阿拉伯、新加坡與印尼先後與中共建交，韓國也將隨之，國民黨因主張擁有大陸主權，所有國際組織均不得其門而入……解嚴後的台灣政局瞬息萬變，使FAPA時代任務更加艱鉅困難。

為此，我以會長身分，語重心長對全體會員提出呼籲，希望FAPA這個海外台灣人第一個國會遊說團體，能在此關鍵時刻多效法猶太人團結一致的精神，並多吸收AIPAC的寶貴經驗，重新掌握契機，以期擴展並落實海外台灣人的草根外交工作。

重返聯合國

幫助推動台灣重返國際社會，一直是我在FAPA會長任內不遺餘力推展的目標，但是我再怎樣努力也只能當媒人的角色，假如執政的國民政府沒有意願，則絕對無法達成。因此，爲了重返聯合國的申請理由，我曾安排王能祥與北美協調處副代表陳錫蕃一起在餐廳吃麵，因「國是會議」回台時，外交部的徐啓明、沈呂巡等人爲了台灣能加入「亞太經貿會議」（APEC）找我，要求FAPA協助。

一九九〇年，爲了配合FAPA常務委員蔡同榮返台推動「公民投票」的活動，位於華府的FAPA總部，成功舉辦一場「台美經貿會議」過後，於八月重新強化「重返聯合國小組」，交由王能祥統籌負責，以便海內外「裡應外合」，共同推動公民投票來解決台灣前途問題。

七月時，FAPA並與民進黨聯名向聯合國正式提案，要求以聯合國名義，針對台灣國際地位與主權，在台舉行公民投票，同時FAPA也促請美國參議員如甘迺迪、裴爾等人，繼索拉茲三月廿七日於衆議院提出公民投票決定台灣前途的「二九三決議案」後，於參議院再提出台灣前途決議案。

値得一提的是，當FAPA進行推動台灣重返國際社會的決議被王能祥好友菲律賓外交部長孟格拉帕斯(Paul Manglapus)獲知時，曾立即與FAPA聯繫，並趁九月下旬訪美之際，與FAPA外交政策專家田弘茂、張旭成、蔡式淵等人會晤，主動提供專業協助。

Manglapus於馬可仕時代流亡美國多年，長期領導菲律賓民主運動，國際聲望頗高，當時不論是角逐下屆聯合國大會主席，下任菲律賓總統或聯大秘書長呼聲都很高，他的實戰經驗，對FAPA開展工作助益不少。

Manglapus主張有四：

(1) 如果台灣不改國號，又不對外正式宣佈與中國大陸沒有任何糾葛的新主權國家，其聯大會籍的申請應先尋求中華人民共和國的連署；

(2) 即使台灣改國號，其內政不更新，民主化不夠徹底，不但各國不願承認其國格及其政府尋求聯大的席次會將落空；

(3) 如果台灣步入眞正的民主，國號也無代表中國大陸的任何象徵及假象，台灣很快會被國際承認，中共也將感受到來自全球的政治壓力、放棄武力侵台；

(4) 此時此刻，台灣再正式向聯大提出會籍的申請，中共不但不會行使否決權，頂多棄權，說不定改投贊成票，使台灣正式成爲聯大的新會員國。

從這位熱心的菲律賓外長再三反覆的主張中，FAPA獲得一個重要的結論是：台灣可以進入聯合國，然而欲求聯大會籍(Membership of the UN)或聯大的永久觀察員地位(Non member state, Permanent observor state)有兩個必要條件，缺一不可：

(1) 台灣有一部新憲法，反映眞實的民主。

(2) 台灣政府公開表明爲一個只代表台灣，不代表中國大陸的主權國家。

深入交談後更發現，FAPA可以以NGO的身分參加爲觀察員，進入聯大的附屬組織，其中可能最大的是工業發展組織(UNIDO)、教育科學及文化組織(UNESCO)、關稅與貿易總協定（GATT，現改爲WTO）、奧林匹克(Olympic)、國際貨幣基金會（IMF）等。

與Manglapus開誠佈公的兩席談，加上與美國代表懇談數次後，FAPA「重返聯合國」的工作小組，明知這有如「不可能任務」(Mission Impossible)一樣，但無不精神抖擻，準備長期抗戰。

當FAPA在海外爲台灣進入聯合國辛苦耕耘時，一九九一年六月在台灣，國民黨立委黃主文等也首度在立院提案要求申請加入聯合國，雖獲朝野兩黨八十一人聯署支持，但行政院及執政黨卻以「可行性不高」、「對兩岸互動恐有不利影響」、「黨籍立委提案，若行政院不予配合，可能造成倒閣危機」、「如果申請加入而被駁回，將影響民心士氣甚鉅」爲由予以拒絕，因此在國內只如曇花一現般喧騰一下，即告冷卻。

一九九一年二月，FAPA與民進黨聯手加入「無席次國際組織」，總算將台灣問題推入國際舞台上跨進一小步，而經由FAPA兩年的努力，我發現台灣難以加入國際組織，最大的阻力還是「中華民國」這個國號。

因爲中華民國的英文是Republic of China中華人民共和國的英文是People's Republic of China兩邊都是Chinese，別的國家的人根本搞不清楚這個China是那個China。尤其「中華民國」總以代表整個中國的立場，以「正統」自居，想以這種立場在中共政治陰翳下，爭取生存空間，容易混淆國際視聽，自斷生路，爲此我建議國府，既然加入國際社會乃全民共識，要踏出外交死巷，必須先放棄「一個中國」政策，保持彈性務實的身段。

呂秀蓮曾以立法委員的身分到美國來，發動紐約的台灣同鄉在聯合國前示威遊行，讓各國代表知道有主權國家的台灣至今仍被摒棄在聯合國外。

看到海內外的台灣人都急欲參加聯合國的意願已不能阻擋後，外交部長錢復才以根本不可能被採納的理由申請加入聯合國。

不管如何困難，中共當初進入聯合國也是經過十九次否決，才在第二十次如願以償，因此台灣當局不能憑「幻想」重返聯合國，畢竟這是一條漫長而崎嶇的道路，更是一項長期的政治角力，早些打拚，才能早些嚐到成果。

舊金山和約與公民投票

爲了喚醒台灣住民自決的權利，我上任會長不久就在FAPA全體通過一項決議：「台灣應舉行公民投票決定『一中一台』，以徹底解決台灣前途問題」。九〇年初，FAPA先成立「公民投票委員會」，由蔡同榮擔任召集人，積極展開推動公民投票運動，而九一年又正逢「舊金山和約」四十週年紀念，爲了凸顯台灣前途至今懸而未決的事實，我更全權委任副會長陳榮儒擔任舊金山和約紀念委員會召集人，舉辦一連串宣導教育活動，於是「舊金山和約」加上「公民投票」，一九九一年在FAPA主導下，台灣前途未定論被廣爲宣傳了一番，替海內外同胞上了一堂寶貴的歷史課。

正當蔡同榮在台灣成立「公民投票促進會」並設立地方分會，舉行組訓，如火如荼展開全民動員時，FAPA總會在美國適時祭出「舊金山和約四十週年」這張王牌，拉開如虹氣勢，那是因爲FAPA的秘書長昆不老在舊金山旅遊時，竟然在一家古董店買到一張四十年前簽訂「舊金山和約」當天的報紙，他視若珍寶立即捧回來給我過目，老實說，以前老是聽彭明敏等學者前輩強調台灣前途未定論「是根據舊金山和約，否定國民黨的依據開羅宣言台灣應屬於中國論，因爲和約效力大於宣言。」當我仔細閱讀該報原文有關舊金山和約的內容和來龍去脈後，我才恍然大悟個中道理，決定擴大宣傳，並以主張舉行公民投票，用台灣名稱進入聯合國，保障台灣安全，爭取國際地位來與島內呼應。

究竟舊金山和約與台灣前途有何關係呢？

所謂「舊金山和約」是由五十一個聯軍國家，於一九五一年九月八日，在舊金山簽訂對日和約，正式終止第二次世界大戰的戰爭狀態。其中第二條：「日本放棄一切對福爾摩沙『台灣』及澎湖諸島的一切權利、名義及要求。」和約上並未把台灣及澎湖的主權移交給中共或中華民國。

又，一九五二年後，中華民國與日本爲終戰狀態，另外簽定的「中日和約」，也只確認「舊金山和約」的內容，並無將台澎諸島的主權歸屬於任何國家，因此台灣並不屬於任何國家，這就是彭明敏等學者的「台灣前途未定論」的理論依據，但沒有進一步說爲何與開羅宣言不同的理由，故一般人並不能理解。

舊金山和約中，簽約國之所以不把台灣的主權移交給中國，主要是英國承認中國，但美國支持蔣家政權，而中共又加入韓戰打美軍，爲此，舊金山會議，中共與中華民國皆未受邀，也對台灣地位未做出最終安排。而在英美兩國僵持不能解決之下，遂由蘇聯等數個國家做仲裁，「台灣的歸屬將來由台灣住民決定」而落幕。

從五月起，由FAPA發起的「舊金山舉行和約紀念會」、「學術研討會」、「美國國會午餐會」、「推動美國國會通過台灣前途決議案」、「日本紀念會」及「組團返台參加群眾大會」等等，陸續在海內外熱鬧登場。我又邀約張燦鍙與高俊明牧師兩位台獨大首腦，於七月十六日首次踏上美國國會做公開演講，不僅刷新了美國國會記錄，同時也創下FAPA歷年來最盛大的一次國會午餐會。

九月七日，從全美各地湧來同鄉約三百人，早上前往舊金山中國領事館及北美事務協調處抗議示威，下午在史丹佛大學舉行台灣前途研討會，將紀念氣氛燃燒到最高點。

九月八日在北加州，面對四十年前這個扭轉台灣命運的重大日子，FAPA特別安排一場台灣名家音樂會，用扣人心弦的音符，來撫慰台灣人所承受一切苦難及

1991年9月8日在台北市體育場舉行「主張公民投票進入聯合國」大遊行。

和命運搏鬥的心情。

而九月七、八日在台灣，由在野團體舉辦的「舊金山和約紀念晚會」與「主張公民投票進入聯合國」的大遊行，在風雨交加中浩浩蕩蕩分別在台北上演，吸引海內外各大媒體。而我也率領FAPA的返鄉團體在台灣共襄盛舉，並快馬加鞭協助蔡同榮拜訪黨外執政的七縣市尋求串連，北上壯大「九八大遊行」的聲勢。九月八日那一天，穿著身上印著公民投票(plebiscite)T恤，第一次跟台灣三萬民眾走上街頭，儘管天公不作美，西北雨下得驚人，但是爲前途淋得全身溼答答，我的心情卻格外沸騰，尤其當我看到熱情男女不分老少，大家手牽手心連心，我認爲台灣前途光明在望，唯一讓我不明白的是，當我們走到承德路與民權路時，一群鎮暴警察與憲兵擋阻我們的去路，在美國群衆示威，警察扮演的是保護示威者，維持秩序的角色，不像台灣警察與民衆扮演對立的角色，反而容易讓場面失控，挑起警民衝突，作風實在不民主。

關於〈公民投票法〉，據蔡同榮立委表示，草案已經送入立法院多年但無下文，由於國民黨擔心萬一公民投票法通過的話，任何民主、自由、人權經濟、環保等大小問題，台灣民衆將動不動就要舉行公投，屆時執政黨將大權旁落，失去掌控的優勢，爲此，〈公民投票法〉至今還被凍結在立法院，不知何時才能見到天日？

倒是〈舊金山和約〉，應該好好表揚一下幕後大功臣昆不老，這位「慧眼獨具」、FAPA台灣陣營中獨一無二的荷蘭人。

一直到現在，會講幾句台灣話的昆不老最高興的莫過於發現〈舊金山和約〉，總算「替荷蘭贖罪」替台灣大大爭口氣。如今這張發黃的舊報紙，被昆不老小心翼翼裱褙起來，掛在華府總部，變成FAPA的寶貝，而這張歷史文獻的背後，除了代表台灣人有權決定台灣自己的命運之外，更重要的精神是提醒FAPA同仁，革命尚未成功，大家仍須努力。

打破黑名單，爭取返鄉權

轟轟烈烈的國是會議，一度使海外對台灣民主興起一片希望，不料會後國民黨內鬥白熱化，反而祭出戒嚴時代的黑名單政策，阻斷海外台灣人的歸鄉路，為此，一九九一年海內外首度串連發動「衝破黑名單，還我返鄉權」運動，企圖以申請、組團或闖關的方式，突破情治單位的封鎖，爭取自由歸鄉的基本人權。

黑名單的苦，海外台灣人最心知肚明，一九七三年初我移民美國時，從未涉及政治，雖然或多或少聽過「黑名單」，但自認為這是針對搞政治搞得過火的人，政府予以管制限制其返鄉權的名單，等到我陸續參與台灣人社團後才發現，其實很多莫名奇妙上了黑名單的人，不過是去「世台會」聽過演講，或是在同鄉會當會計等，就這樣被烙上「異議分子」的記號，從此幾十年被剝奪返鄉定居、探親、奔喪的權利。

感同身受海外台灣人那種望眼欲穿的歸鄉心情，自從台灣宣布解嚴，開放黨禁、報禁後，FAPA就把在美遊說的重點之一，擺在對海外台灣人權箝制最烈的

「黑名單」桎梏方面。

而在我擔任會長期間，又正逢〈台灣關係法〉十週年，索拉茲舉辦「台灣調查」，台灣大選年，國是會議召開，一連串政治氣候的轉變，吸引「海外異議人士」前仆後繼「翻牆」躍入主戰場。然一波波闖關的結果，幾乎全數身陷囹圄，對於國民黨有計劃的濫捕，FAPA除了發表聲明嚴辭譴責外，雖然我被劃歸在政策性「灰名單」內，仍三番兩次鋌而走險回台探監，爲奔走救援絡繹於途。

一九九一年二月，眼見台灣政治有逆流回到戒嚴的現象，由「新國家聯合研究室」、「台灣人權促進會」、「公民投票促進會」等在島內聯合設立「打破黑名單返鄉運動協調中心」，對海外同鄉致上一封公開信，並附上黑名單資料表，率先爲廢除黑名單跨出關鍵性的腳步。

統籌人洪奇昌在國內登高一呼，海外包括「台灣同鄉會」、「世台會」、「北美洲台灣人教授協會」、FAPA，也隨即在三月連手成立「台灣人黑名單處理小組」予以熱烈回應。

三月十九日，FAPA秘書長昆不老與台灣人權會長黃玉桂，針對「黑名單」問題聯袂拜訪美國國會，和參議員甘迺迪、培爾、李柏曼、威爾士頓及眾議員索拉茲、波特會晤，兩人指出：國務院的人權報告中，僅一九九〇年一月到八月，國府拒絕五千一百二十九件申請赴台的簽證。

三月二十六日，當FAPA又將數以千計台灣黑名單案件向聯合國提出申訴，醞釀使用國際輿論對台施壓，當時我在華府接受媒體採訪時曾表示：依據聯合國人權宣言第十三條第二項規定，每個人均有權返回自己的國家，台灣當局雖非聯合國會員，但人權並無國界。而根據「一五〇三」程序，人權會收到控訴後，將立即行文國府要求解釋，並進一步展開調查。

五月，FAPA再接再勵，聯名寫信給美國布希總統，六月FAPA接獲美國國務院回函：台灣當局應該允許台灣人民返回家鄉。

在FAPA大力奔走下，一九九一年十一月二十五日索拉茲在衆議院提出〈二四八號決議案〉，決議「美國國會認爲台灣當局應准許所有居留海外，獻身於和平政治改革的台灣人民返回台灣」。接著翌年三月十日，培爾、甘迺迪和李柏曼三位美國聯邦參議員聯署提出參議院「九十九號決議案」，再度呼籲台灣取消「黑名單」。

在個人行動方面，爲了突破「黑名單」及刑法一百條，早於八九年五月，陳

1991年11月FAPA在美國加州長堤市召開「掃除黑名單，還我返鄉權」會議；左起：羅益世、游祥修、作者和陳榮儒。

婉眞首創「翻牆回家」的先例，而參加了自焚身亡的鄭南榕喪禮，接著台獨聯盟中央委員蔡正隆、美國本部主席郭倍宏、九〇年美國本部副主席李應元，也先後循秘密管道成功潛回台灣，而郭倍宏的神出鬼沒在台灣除刮起一陣陣旋風之外，也激起台獨聯盟遷台之念頭。

一九九二年五月十四日，美國衆議院外交委員會亞太小組終於通過廢除黑名單的「二二四八號決議案」，第二天，台灣立法院也在國內「一一百行動聯盟」、「張燦鍙返台被捕」及「台灣醫界聯盟」接二連三的抗議行動後，三讀通過刑法第一百條修正案，至此，「黑名單」問題終於有了重大的突破。

刑法一百條修正後，根據國民黨的說法，從此「黑名單」將走入歷史，不過仍有一人尚未從「黑名單」榜上消除，那就是當年刺蔣案的黃文雄。不過據一九九六年新聞的報導，黃文雄平安地回台灣。

台獨聯盟遷台

一九九一年除了是海外台灣同鄉的「返鄉年」外，「台獨聯盟遷台」案，由於以粉碎「黑名單」、打破「叛亂團體」禁忌，回台整合台灣人的力量爲訴求，在島內不僅民進黨緊張側目，國民黨嚴陣以待，更爲海外「返鄉年」掀起戲劇性的高潮。

聯盟總部遷台，當然跟台獨運動重心轉移有關，從八六年民進黨成立以後，國內政治運動有如雨後春筍蓬勃發展，跟從前相較，台灣反而搖身一變爲獨立運動的主戰場，而主導運動的重要人士諸如謝長廷、尤清、洪奇昌等等，國民黨均視爲眼中釘，欲除之而後快，在風聲鶴唳中，能挺身動員美國國會議員相助者卻是FAPA，台獨聯盟只能暗中相助不爲人知，自郭倍宏、李應元回台成功以後，許多盟內人士開始檢討，唯恐在海外孤軍奮鬥已久，卻在台灣最關鍵的時刻「缺席」，將來在獨立運動史上不免留下遺憾，因此，爲了不讓海外獨立運動淪爲斷根的流亡運動，「台獨聯盟」計劃九一年將總部搬遷回台。

問題是，「聯盟」一直是國民黨的眼中釘、肉中刺，個個是黑名單榜上有名的「叛亂分子」，想回台第一個面臨的挑戰就是黑名單的封鎖。

由許添財總幹事所籌備的「台獨聯盟遷台」在紐約舉行惜別會時，張燦鍙的母親現身，台上出現擁抱兒子的場面，可歌可泣令人感動，激起與會五、六百人的情緒高潮。經媒體報導後，國民黨情治單位頗爲緊張，加強戒備。十二月七日，張燦鍙在睽違家鄉三十年後，踏入桃園中正機場，還來不及親吻故鄉土地，在入境口就被警方逮捕了。與第二次闖關失敗被捕的郭倍宏及潛伏在台的李應元因在咖啡廳行踪暴露被捕，同關在龜山獄牢。

對於張燦鍙的「聯盟遷台」，老實說我是不大贊成的。張返台前到洛杉磯來找我募款，我當面告訴他：「你是黑名單頭號人物，被通緝中，無法堂堂皇皇回去，若偷渡回台，不能活動，意義不大，若被捕關在牢裡，住食一概免費，募款何用？」但我也沒有極力阻止張的虎山行，我倆再度重逢時，張已身繫獄中，與昔日在海外飛揚的神情相較，張雖付出自由的代價，但總算回到魂縈夢繫的家鄉。

回首在FAPA的前塵往事，有兩件事很不願意觸及的就是FAPA在華府的兩大資產，Howard Johnson旅館和第七街的辦公樓。

爲彭明敏買旅館

大本營在南加州的我，爲何千里迢迢到華府買旅館？說實話是爲了彭明敏。FAPA創會之初，大家希望由彭明敏出任創會會長，住在西岸波特蘭的他，要在東岸的華府辦事很不方便因而再三推辭。蔡同榮希望我能說服彭先生就任，最後彭先生對我表示：「如果你在華府購買旅館，我就願意擔任FAPA的會長。」彭明敏的這一番話被郭雨新聽到了，在台北曾經擁有一家賓館的郭先生隨著提出建議，他在華府看好一家旅館，我們可以合作買下來。郭雨新的兒子郭時南（曾任宜蘭市長），當時在DC從事房地產生意，便介紹了一個水晶城(Crystal City)五角大廈附近一間擁有四十間房的Motel。旅館雖然舊一些，連土地總價四十幾萬價錢並不貴，一度動心買來改建。

正當此時，透過另一位房地產經紀人陳秀鳳(Betty Lee)的介紹，我相中位於

Bethesda區，擁有九十四房間的Chevy Chase Motel，它的賣主是來自香港的台灣留學生李文凱（另兩位股東任職駐美的北美協調處）。據了解，李文凱開了幾家湖南餐館，不過善於經營餐廳的他對於旅館業卻是外行，因此連續虧損幾年後，有意求售。一開始，對方開價一百八十萬（土地是租來的），我出價一百五十萬，沒有做成買賣，後來聽說李文凱將它以一百四十萬賣給一位老外，我乍聽備感意外。後來打算與在Dow Chemical（陶氏公司）的一位舊識獸醫Jim Tollet合作轉買一個六千畝的牧場，付了定金後，Betty急電告知事情有了轉機，原來新買主的老外信用不好，銀行借不到錢，買賣成爲僵局。此時Betty才向我透露，當初我買不成的原因是因爲李文凱一看到買主「王桂榮」這三個字，就說不賣，寧可降價十萬賣給別人，我心裡不爽，另方面已給牧場賣主訂金，乃再討價一百三十五萬。

一九八三年，總算以一百三十五萬自新買主老外的名下買到Chevy Chase旅館之後，有一年，我回台灣，是時省黨部主任宋時選請我吃梅花餐，在省黨部宋主任辦公室與李文凱不期而遇，證實早先聽說李文凱跟國民黨關係不錯，應該是可靠的消息。

有趣的是我的合夥人之一，親自在Chevy Chase坐鎮指揮，原是休士頓旅館業者的楊基定，後來跟李文凱成爲好朋友後，李向楊透露，王桂榮輾轉買下Chevy Chase後，來自駐美使館的傳言還自嘲互糗「國民黨淪陷了!」，在那個國民黨與FAPA楚河漢界的年代，原本因爲「李文凱關係」，從台灣來美的政府官員或機關團體到華府都習慣在Chevy Chase下榻住宿，後來獲知換成「王桂榮」後，國民黨官員再也不來了，怕住在「台獨」旅館，回國後將無故沾染一身是非。

買下Chevy Chase後，我即把Lobby縮小，一部分做爲職員辦公室，把原來的一棟辦公室改做六個可以出租的房間，經理則由楊基定兼職，一下子收入增加，但開銷減少很多。以我專業的眼光判斷，Chevy Chase的潛力十足。因此，除了楊基定外，我將我七十五%的股份，部分釋出給五位意氣相投的朋友（蔡仁泰、黃三榮、卓敏忠、洪義明與楊加猷），七人約定若Chevy Chase經營順利，每年所得利潤，至少兩成以上做爲民主運動的獻金。

第一年，變成一百個房間的Chevy Chase旅館，在「王氏經營法」大刀闊斧改革下，重新改頭換面，並在楊基定夫婦全力掌舵下，立即轉虧爲盈，一舉賺進二十多萬，因此那一年我們慷慨捐出五萬，其中一半捐給《台灣公論報》。

FAPA旅館的誕生

看到Chevy Chase賺錢後，股東之一的蔡仁泰遂靈機一動：FAPA的活動經費常捉襟見肘，每次活動都得四處募款，不如以FAPA的名義來買一間旅館，以後財源可以獨立，一勞永逸。

蔡仁泰及楊基定兩人，當我邀請他們合夥時剛好手裡欠缺現款，所以他們兩人的投資金是由我先墊的，因此蔡君才那麼信心提出該建議。蔡仁泰的建議，立刻引起FAPA會員的共鳴，由於FAPA不少主力會員出身「旅館公會」及「台美商會」，所以對投資旅館大家深具信心，蔡同榮更是一肩挑下募股責任，於是海外台灣人共同出資購買旅館資助FAPA一案，就此定案。

FAPA要買旅館，我當然傾力相助，起初並無把握能籌募多少資金，所以先帶蔡同榮到位於水晶城我原本想要與郭雨新合買的那家旅館，蔡一看非常反對，理由是「這麼小，好像『查某間』（賓館）一樣，萬一美國官員來看，豈不是太寒酸。」其實蔡同榮真是多慮了，因爲至今未曾有過任何美國國會議員到過 FAPA旅館或是辦公室。

一九八五年夏，最會募錢的蔡同榮跑遍全美，以一股不超過五萬元，竟然募到三百多萬，將近百位出資人寫下書面同意，願意將旅館經營的利潤四成捐作FAPA的活動經費，如此大手筆的共襄盛舉，爲海外台灣人寫下歷史的新頁。

有了三百多萬，找來找去，FAPA相中兩家旅館，一是要賣六百萬的Ramada Inn，另外一家是出價五百三十幾萬的Howard Johnson。兩家都是美國有名的連鎖旅館，享有一定的口碑，不過皆要求現金轉賣。

一開始我對這兩家有意見，猶豫的理由主要是這筆牽涉近百位股東的公家生意，最好不要借款，尤其將來賺的錢除了支付銀行貸款利息以外，還要支付四成的現金利潤給FAPA，除非每年都賺大錢，否則很難實現諾言，萬一不幸虧損的話，日後債務糾紛將會一籮筐。然而FAPA的中央委員，也是另一位旅館專家丁昭昇卻持另外看法，他以一般投資人的想法，認爲不向銀行借款不合乎投資原則，將來轉賣對投資人利益不大，丁昭昇的話，講出多數投資人的心理，後來，我無法力排衆議，於是不再堅持己見，但堅持不擔任負總責任的總經理職務(President)，而僅接受董事長一職(Chairman of the Board)，爲董事會之召集人。

當我擔心銀行借款不利於公家生意時，一度好心打算將盈收頗豐、身價至少兩百五十萬的Chevy Chase以兩百二十五萬割愛給FAPA，如此一來，FAPA不僅不用借款，不付利息，還有餘錢可做爲週轉金，但是彭明敏與蔡同榮等人因係政治人物，不黯企業經營，因此，不約而同的反應都是：「你賣多少？是不是按本錢賣？」由於事關七位股東之權益，聽罷後，我默不作聲，再也不提此事。

不久，Chevy Chase以兩百七十五萬賣出，正好FAPA預計籌措的三百多萬，有部分「台獨聯盟」的人臨時集體退股，爲此蔡同榮找我增資，我乃與楊基定徵得全體股東同意後，將所賺的錢提撥四十萬轉投資Howard Johnson。

FAPA最後敲定Howard Johnson，這家一百六十四單位、附有餐廳、依山建築的旅館，雖然交通不很方便，但風景優美，從下面望氣質特別，做爲海外台灣人第一家集資的旅館，大家一致同意「門面不錯」，至於缺乏現金，則由擔任萬通銀行控股公司董事長的我出面向萬通銀行疏通，以丁昭昇爲代表的名義借款，籌足款項。

起初Howard Johnson營運正常，帳面上賺有十幾萬，但償還貸款及付利息後，所剩現金不多，提撥給FAPA經費尚須靠貸款來支付，偏偏隨後接踵而至的種種因素，又讓Howard Johnson迅速走下坡。

先是爲了一九八四年奧林匹克運動會，全美新蓋旅館如雨後春筍，此起彼落冒出，相形之下FAPA旅館顯得落伍了，非整修不可。更離譜的是Howard Johnson的前賣主錢才拿到手，轉個身在附近興蓋一家新旅館，跟FAPA搶生意。

最致命的原因是，本來華府是販毒大本營，黑人市長本人也吸毒，在雷根一度雷厲掃毒下，毒販四處藏匿遷移，不少人往北進住到Cheverly區。當地犯罪率因而節節升高，白人紛紛遷離，觀光客止步。Howard Johnson正對面的一家辦公大樓，甚至人都搬光了，剩下一棟空盪盪的建築物。

FAPA雖然先後派出「南加州幫」的旅館專家楊加猷、楊基定等人坐鎮經營，但處在世界不景氣又受限於現實條件下，實在無能力挽狂瀾，兩人爲此還背負「非戰之罪」，飽受批評與指責。

曾經經營餐館賺不少錢的Betty Lee包了餐館去做，也因旅館住客稀少而沒有生意，虧不少錢。

飯店不賺錢，給FAPA的經費當然沒有了，而問題更嚴重的是沒錢還銀行，銀行並不願意就此罷手。

日暮西山的FAPA旅館

我一方面是擁有Howard Johnson旅館、FAPA Cheverly Associate的董事長，另一方面又是萬通銀行控股公司的前任董事長，一邊董事會請我寬限，一邊董事會又逼我還錢，搞得左右爲難，不知如何是好，派了康奈爾大學旅館系第一名畢業的兒子老三王政煌去旅館坐鎮，他不但沒有薪水拿，還拿出他的十萬元私房錢貸給旅館，應付討債的人。

從集資購買FAPA旅館的雄心壯志，到親眼目睹它一步步跌入破產邊緣，一群投資人傷心透頂，若要脫手已今非昔比，透過重新估價的Howard Johnson只剩下一百六十幾萬的身價，不僅投資人三百多萬將血本無歸，甚至連還淸銀行的三百一十萬債務都不夠（一九八五年借款一百八十萬，一九八八年又貸一百三十萬），不得已，一九九四年，丁昭昇向法院申請「第十一條款」破產前公司重組(Chapter 11, Bankruptcy Reorganization Plan)，並於一九九五年七月獲法院批准通過。

重新改組後的新條件變成：萬通銀行三百多萬的債務，減成一百三十六萬，新股東必須投資二十五萬，重新接管旅館的擁有權及經營權。

歷經如此重大變革，一九九六年Howard Johnson的營運漸漸恢復正常，儘管尚未脫離搖搖欲墜的窘境，但總算爲FAPA投資人在絕望中帶來一線曙光。

傷心辦公室

一九八三年，爲了讓FAPA在華府的遊說組織有立足之地，FAPA在Metro Center東區的七街，買下一棟總價十二、三萬三層樓的辦公樓，一樓爲辦公室，二樓做客廳並有廚房，三樓有兩間套房可做住家用。當時頭期款需要四萬，應蔡同榮之要求，我出資兩萬，剩下一半由蔡同榮募集，以交壹千元成爲永久會員、永免再繳會費的條件下募足，自此FAPA有了自己的辦公室，建立起自己的總部。彭明敏三年三個月的會長期間就是住在這裡（一九八六～八九）。

大概是一九九〇年初，有一次召開中常會時，蔡同榮建議聘請核能專家亦是美國軍事委員會顧問的謝淑媛教授來爲FAPA擴大服務，並提案買一間較大的辦公室以便能增聘幾位工作人員，說罷，大家都有同感。於是我就提議大家一起出錢，常務委員每人至少一萬元，中常委之一的蔡武男醫師向我說：「你是會長，你比較有錢，你答應出十萬元的話，咱們就跟。」經大家同意後，爲了遵守諾言，立下拋磚引玉之效，我即在華府的台灣同鄉信用合作社開一個帳戶，存入十萬。蔡武男等人則說，俟找到合適的辦公室時他們才出錢，而沒有及時跟進。買到辦公室時雖我催討幾次，仍舊不見半張支票存入。

在醞釀購買新辦公室時，正好五三八號FAPA總部隔壁的房子五四○號要出售，我認爲這是不可多得的良機，兩間緊鄰只要開個門就可以相通，非常方便。中常委之外，其他FAPA的人員來看過以後，也都大表同意，再加上當時華府的房地產低迷，有一度曾上漲到卅萬價值的房子僅開價廿四萬，我還價二十二萬而成交，一九九一年，在我卸任半年前，募款雖然尚無著落，但既以FAPA名義存入十萬捐款，我就再以個人名義向台灣同鄉信用合作社貸款十二萬，一共花費二十二萬，買下來做爲FAPA的辦公室，本來我想以FAPA的名義借款，但信用合作社的規定必須以個人名義才可，所以FAPA的新屋就變成了我的私人財產。

正當我在辦理新屋的過戶手續時，五四二號的屋主跑來跟我交涉，要以她剛買到的五三六號房子交換我的五四○號，原來她們也需要擴大辦公室，但事先並不知道五四○號要賣，所以買了中間隔二棟房屋的五三六號。我去看過以後，認爲因樓梯的關係，中間開門互通不易而拒絕，僅答應她們的電線電纜可通過上空相連接。

卸任時，我爲了支持新會長陳榮儒就任，特別提出一個Offer即：FAPA不用急著還錢，直到一九九三年十二月三十一日其任期結束前，FAPA若能募得十二萬以上資金，再向我購屋即可，如無法募足應有之金額，該屋名副其實的歸我所有，等於是我收回十萬元捐款。這個Offer在中央委員會開會時，大家認爲合理而列入記錄。

陳榮儒繼任會長期間，以「還清王桂榮的債務」爲新辦公室籌募不少基金，期間陳榮儒兩度從華府飛到ＬＡ辦事時順便找我商量，說華府房地產又跌了，希望辦公室算便宜一點，我眞不明白到底這是什麼意思，如果募不足款來找我商量還可原諒，若以房地產下跌爲由要我算便宜一點就太沒有道理了。我心想，兩年多來辦公室一直無償讓FAPA使用，每個月由我負責做貸款利息同時並遵守諾言捐款十萬，爲何還要如此斤斤計較？

一九九三年FAPA首次組團回台，除了拜會以外也肩負募款之責，我也參加團體，爲募款助一臂之力，當年募款有二十萬之多。

正逢此時，我接受僑務委員一職，在FAPA內部激起了一陣反彈聲浪，有一天我接到剛參與FAPA會務不久、不明就理的一名李姓中常委來電興師問罪，並希望我房子算便宜一點，他不講還好，一講我心情更是不爽，彷彿我做僑務委員是犯了什麼天條大錯，必須接受「懲罰」一樣。

當初，內人發現沒有人跟隨捐款，而我也買了房屋，頗爲不悅，加上陳榮儒來洛杉磯我家兩次要求降價，更爲氣憤而講些重話，彼此傷了些感情，終使溝通陷入僵局。

後來副會長樊豐忠醫生以電話最後通牒，「若無法降價，FAPA常委會決定另買他間」，眞使我寒透了心。

最後獲知FAPA新購買的辦公樓，就在只隔了一條街的近鄰五五二號，而且所出的價錢又比他們必須付給我的還要多一點，內人感到孰可忍孰不可忍，便以家人的名義發出一封措辭嚴厲的信給會長陳榮儒，表達強烈不滿。

先後的辦公室與旅館風波，及因擔任僑務委員而受盡誤解與委屈，令我萬念俱灰，在家人壓力下，我決心暫不與這些昔日戰友共事而辭去FAPA中央委員之職。

本來於一九九一年十一月二十二日在長堤舉行台美基金會頒獎典禮上，也是我六十歲生日又面臨卸任FAPA會長，我在衆多FAPA中央委員及迢迢千里遠從華府來的衆議員索拉茲面前，宣布「我要從此退休，今後不再插手政治」，但經接任會長陳榮儒的好意一再要求，爲了表示支持之意而留任FAPA委員。自從一九八二年見證FAPA的誕生，到一九九四年初心碎淡出FAPA核心圈，整整十二年全身心奉獻的歲月，從一個單純的生意人意外走上政治舞台，在海外奔走台灣人公共事務中，發揮了一定的功能，如今，不諱言，我時常感念這段難得的人生歷練，儘管風風雨雨、毀譽參半，但FAPA旅館與FAPA辦公樓，卻是我最不堪回首的往事。

四大護法

FAPA結交了許多國會議員，其中有四位被暱稱爲「四大護法」的美國朋友：民主黨的Stephen Solarz（索拉茲）、Edward Kennedy（甘迺迪）、Claiborne Pell（裴爾）及共和黨的Jim Leach（李奇）。

先是一九八三年，台灣實施戒嚴三十三週年，在華府舉辦記者招待會聯合對國民黨示威；一九八六年，台灣戒嚴三十七年。四人又成立「台灣民主委員會」，以及關注〈台灣關係法〉的修定，出售防衛武器給台灣等，始終與海外台灣人站在統一戰線。

甘迺迪參議員和台灣人的結緣，是在當年出馬競選總統時，因伊朗與伊拉克之戰爭，一度行情跌落谷底，可是有一千名海外台灣人替他舉辦盛況空前的募款餐會，雪中送炭的情誼，使他後來極力幫助台灣獨得兩萬名移民額。為了紀念這個友誼，我在五十歲創設「台美基金會」時，便力邀甘迺迪擔任榮譽會長，不過這位榮譽會長至今從未出席過基金會的頒獎盛典，原來，我的生日正好是他那位大名鼎鼎的哥哥「甘迺迪總統」遇刺身亡的忌日。

談到裴爾，我的印象是他比「台獨」還台獨。出身陸戰隊的裴爾會如此支持台獨，有其歷史背景。二次大戰期間，他和一批文官被送到哥倫比亞大學受訓，準備在盟軍接收台灣後，託管台灣，不料開羅宣言主張中國要佔管台灣，他們的計劃被迫取消，然裴爾卻已將推動台獨視為他的神聖使命之一。

「四大護法」中，李奇是唯一的共和黨員，當「中」美建交時，為保障台灣安全，免於受中共武力侵犯的〈台灣關係法案〉，李奇即是催生法案的主要關鍵人。與李奇的交誼中，有兩件事令我印象深刻是當我在辦《亞洲商報》時發生陳文成

FAPA四大護法一：愛德華・甘迺迪參議員（右一）。

FAPA四大護法之一：參議院外交委員會主席裴爾（中）。

FAPA四大護法之一：索拉茲參議員（右）頒獎感謝作者組織「索拉茲之友會」。

FAPA四大護法之一：共和黨參議員李奇（左）。

命案，他主動與我聯繫，要到加州舉辦公聽會，搞得國民黨緊張地打電話要求我不要讓他來；另外就是一九八八年，我獲雷根總統亞裔總統獎時，在美國國會演講向觀衆介紹我的正是李奇及另一位民主黨人峰田衆議員。

四位國會議員朋友中，最常接觸的是衆議員索拉茲。因爲從爲陳文成命案舉辦聽證會、台灣獲兩萬獨立移民額、廢除戒嚴令、民進黨的誕生、台灣自決運動及組團赴台灣觀選戰、廢除黑名單……等等。台灣民主化的關鍵時刻，索拉茲沒有一次缺席過。爲了特別感謝他，我曾多次奉蔡同榮及彭明敏會長請托，多次陪他到西雅圖、舊金山、芝加哥、堪薩斯等等各州去募款，而在一九九○年選區遽改，選情告急時，我還特別徵召五十人，組成「索拉茲之友會」每年支持五萬元，替他的選舉舖路。遺憾的是，九一年我宣佈退休後，九二年紐約州舉行民主黨的初選因選區的改變重劃，索拉茲竟以些微票數敗北，結束他在美國長達十四年的國會議員生涯。

民主黨財務委員會

由於時常爲民主黨的國會議員募款，我因而被網入成爲財務委員會一員，實際上，我本人僅參加過一次在加州Four Season「四季」大飯店的成立大會，其餘則因會議地點遠在華府等東部地區，故我只出錢而讓蔡同榮或陳唐山等人前往參加，每次開會的餐費所費不貲，每桌十人一萬五千美金。

想起來，我爲議員們募款的次數眞是不少。從甘迺迪、Mondale、裴爾、Alan Cranston、Martin Martinez、李奇、索拉兹、Murkowski、Robert Torricelli、Howard Berman、Dan Lungren、Mel Levine、Tom Carper、Norman Mineta、Mervyn Dymally、Paul Simon、Jesse Helms、Pamela Harriman（共和黨，曾邀請我任黨的顧問）、Gary Hart、Michael Dukakis、Joseph Montoya、Phil Gramm（共和黨，邀請我加入Inner Circle）、Ackerman、George Mitchell、Lee Hamilton、Pete Wilson、John Glenn、Joseph Liberman、Richard Gephardt。

除了國會議員以外，也爲加州及洛杉磯政府人物募款，如市長Tom Bradley、David Roberti、Lily Chen（陳李婉若）、Henry Yee（余顯利）、Leo McCarthy、March Fong Yu、S. B. Woo、陳達孚、Matt Fong等等，以及長堤市、Montebello、Santa Fe Springs 、Rosemead等我的事業投資區域的市長及議員們，不勝枚舉。

支持以上政治人物雖非皆由我主動，但是參與協助大力動員支持過，所以尙有記憶，至於應付應付的小數目支持者，就不記得了。

會長甘苦談

由於FAPA會長這個職務在海內外皆備受注目，因此對並非政壇出身，又恥於搞政治權謀的我，內外壓力皆大，當FAPA因人事糾葛，面臨分裂之際，挺身而出，雖不像謝聰敏（現爲立法委員）所說的「跳入地獄」，但亦是痛苦的事情。

一方面，加州幫FAPA成員相繼隨彭明敏離去，只有江昭儀、歐煌坤等少數人，跟我堅守到底，另外，從李登輝擔任總統後，台灣政治環境日益自由開放，FAPA賴以打擊的題目越來越少，而我在任內推行的兩大目標：「台美經貿」及「重返國際舞台」，如果沒有鉅額的金錢作爲後盾，或少了國民黨的政策合作，都顯得孤掌難鳴，在力不從心的現實環境下，卸下FAPA會長的職務，實在是如釋重負。

然而，在FAPA沈重的會長頭銜下，也有一些實質的斬獲。我非常努力用功，連飛行時間也不忘進修，由胡忠信幫忙撰寫演講稿及FAPA聲明，三年來輾轉苦戰的結果，我的政治理論與實務都有具體的進步，由企業家而變成政治家。

另外，從「中」美建交後，中華民國北美事務協調處成爲「地下大使館」，反而合法登記的FAPA變成台灣外交單位，爲此我常被朋友加冠爲「台灣人民的外交部長」。

剛接任胡志強大使職位的陳錫蕃先生，在一九八九年由洛杉磯的北美協調處處長昇任爲副大使，與我被選爲FAPA會長而將往華府就任時，洛杉磯台美商會曾爲我們兩人舉行歡送會。在會上，我笑著向衆人指著陳錫蕃先生說：「人家『地下外交部長』是高薪階級，我這個『台灣人的外交部長』不僅沒有薪水，還要自掏腰包，自己下廚料理三餐。」

說到料理三餐，是懶得每日三餐都要開車十五分鐘到外面吃飯，因此每週到中國城買一次菜，燒一鍋滷肉做爲主菜裹腹，最大的意外是，宣布退休的第二年，就因駐華府期間吃了過多油膩滷肉飯，膽固醇過高，緊急住院動心臟手術，到鬼門關轉了一回，逃過一劫。

告別FAPA會長並宣布退休

一九九一年十一月二十二日我六十歲生日，在長堤凱悅(Hyatt Regency)大飯店正式卸下FAPA會長並宣布退休。那一天，同時也是「台美基金會」頒獎的日子，一年一度的FAPA中央委員會議亦改在此地舉行，選舉下屆總會長，索拉茲衆議員及五十位「索拉茲之友」會員亦從各地趕來與會，盛況空前，由於意義特別，氣氛也格外不同，宴會的高潮是遠從華府趕來，美國衆議員索拉茲的一場演講，他先用台語說出：「台灣民主萬歲」，接著文情並茂介紹我給在場人士，從我(Kenjohn Wang)出生於日據時代，目睹二二八事變，到爲台灣人犧牲奉獻「捨我其誰」的一生，不知他從那裡找來那麼詳細的英文資料，侃侃而談，最後又以台語「生日恭禧，吃百歲！」祝福我。

最後我上台感謝索拉茲衆議員，長期與FAPA並肩作戰並當衆宣布不競選連任會長，從此退休、享受餘年。

話雖如此，在衆多台灣人社團的事情上，無論是旅館公會，台灣商會，長輩會或台灣人公共事務會都很難完全脫身。

第十章　回饋故土，獎掖人才

台美基金會——第一個在海外成立的基金會

動機

一九七三年三月我帶著一家大小移民美國，全家胼手胝足東湊西借，致力經營旅館業，不出幾年，在南加州博得「旅館業大王」的溢稱。但我心想，人生除了追求財富外，是否也該爲社會作些回饋的事業？

一九七五年，美軍自越南撤退，越南赤化後很多難民到處流亡，其中不少是華裔。又經常聞悉菲律賓及印尼等東南亞國家排華事件，也知道過去從唐山爲造鐵路移民來美的華人受白人歧視。如果在美國人眼中，我只不過是個「追求財富、聲望的成功商人」而已，則將來會不會像多數華人一樣被人看不起，以致有一天也會遭排斥，則將終生不安。

我希望提昇自己的人生境界，成爲「摯愛鄉土，關愛社會的人士」，則應該投入主流社會多做公益事業，以提升台裔華人在美的社會地位。

一九八一年初，在台的舊識蔡銘福先生在印尼發了大財，看上了我所經營的假日旅館，認爲有利可圖，亦可藉機轉換舞台，乃出高價收買。

一九八一年十一月初，蔡同榮教授打來電話告訴我，甘迺迪及索拉茲兩位國會議員在國會爲台灣人爭取兩萬移民額正陷入苦戰中，所以希望我率一些有心的菁英到華府給他們打氣，並決定於十一月六日爲索拉茲眾議員舉行餐會以建立友誼。於是我邀請好友楊加猷、顏樹洋及在《亞洲商報》做客的吳文樺三人同行。

既然來到東部，我即前往拜訪台獨聯盟主席張燦鍙先生，感謝他們曾幫我完成甘迺迪參議員爲總統候選人的募款餐會，並請教他如何進一步做些更有益的事。張主席及陳南天到機場迎接招待我，得知我出售旅館將賺一筆數目不少的錢，就說沒有任何事情比建國重要，希望我捐五萬美金給聯盟做經費。

在東部任務完畢後，蔡同榮教授親自駕車送我往機場時，我也請教他如何爲台灣人在美國做些有意義的事，他就建議我設立一個「王氏基金會」專做鼓勵台灣人之事。

回洛杉磯後不久，表妹夫黃越欽教授來訪，則建議我投資一百萬美金在美國設立一個大學。

我心想，拿出一百萬建立大學是一種奉獻亦能賺錢，但必須勞其心骨，而設立基金會僅出錢就可達成，不必多費心力。

一九八二年四月有一天在家與太太兩人吃早餐時，我把藏在心裡很久的事向她透露，我說：「我們出售了假日旅館，約賺了三百五十萬，我想趁有能力的時候做一點對社會有益的事。」她回答說：「很好！應該爲台灣人做一點事，你想捐多少？」「壹百萬。」「什麼？爲什麼要那麼多？」她有一點發呆的樣子。

「我想以妳的名義設立基金會，做爲台灣人的諾貝爾獎，每年選出最有成就的台灣人若干人給予表揚，以壹百萬的利息來做才夠用。」

「是不是再考慮一下？」

「我已經考慮很久了，行善要及時，再考慮下去就永遠做不成。」

「賺的錢，有一部分是小孩們的……應該爭求孩子們的同意。」

當天下午小孩子們放學回來，我把捐款設立基金會的事告訴他們。老三政煌頭一個回答說：「Dad, you did a right thing。」老大政仁與老二政中也沒有異議表示贊成。於是我拿起電話就打給常在一起的台美商會的理事們。

「我建議你使用那些錢訓練培養，組織一個管弦樂隊。」許丕龍這樣說。

「壹百萬元拿出去就拿不回來，你還沒有老，以那個壹百萬元拿去投資賺錢，將來再捐不是更好嗎？」徐麟泉這樣說。

「太好了！我會把每年的得獎人在《亞洲商報》公佈，宣揚他們的成就事實。」《亞洲商報》的總經理李豐明這樣說。

「應該通知大家來捐錢響應你的善舉。」卓敏忠與蔡明燦都這樣說。

「很好！太好了！是不是請商會理事們大家來研究怎麼做？」郭三儀似很興奮的樣子。

「應該召開記者會正式宣佈讓大家知道。」楊立正也很驚奇而興奮。

由來

我少年的時候因老師的鼓勵，希望像愛因斯坦做一位科學家爲國家奉獻，得到諾貝爾獎揚名世界，後來因家境關係而往商界發展。

在美國生活以後，發現許多台灣故鄉來的留學生都很優秀，在不同的領域裡各有很好的表現，但大都默默無名。我認爲應該把這優秀而有成就的人發掘出來，表揚肯定其貢獻，讓全世界的人知道台灣人是很優秀的民族。

日本松下電氣公司的創辦人松下幸之助曾說：「人到四十歲就應該自創事業，到了五十五歲就應該思考並開始回饋社會。」

興辦廈門大學及集美學校的愛國華僑陳嘉庚先生說：「夫公益義務固不待富而後盡，如欲待富而後盡，則一生無可爲之日，救亡圖存，匹夫有責。」

一九八二年我賣掉一家在Montebello的Holiday Inn（假日旅館），賺到一筆數目不少的錢，覺得「人的慾望無窮，有能力當及時行善」，經全家人的同意，捐出壹百萬美金設立一個屬於全體台灣人的「台美基金會」。

在將近半年的籌備中，對於基金會的中、英文名稱，頒獎項目、得主如何產生、獎額多少、如何管理、審核標準、台灣人的定義、頒獎地點應在台灣或美國舉行等細節，都是討論的重點。

我曾被收載於Who's Who in California 1981-1982, 13th Edition，所以在集會商討前，自備了腹案草稿反應我最初的構想。

英文名：Foundation for Taiwanese Who's Who

中文名：台灣人才發掘基金會

宗　旨：爲發掘海內外特優台灣人才（凡認同台灣爲故鄉者，省籍不拘），將其公諸於世以增進吾民族自尊而設立之。

基金額：壹百萬美金。

獎金額：從基金運轉得來之孳息，扣除通貨膨脹數額，再扣除運用基金與頒獎費用之餘額。

獎　類：暫設(1)科學獎——五千～一萬美金(2)文藝獎——五千～一萬美金(3)社會服務獎——五千～一萬美金。

發掘辦法：

(1)科技人才——經由台灣科工學會、北美教授協會、化學協會等專才組織之團體推薦。

(2)文藝獎——作家協會或有名之音樂家或藝術家團體推薦。

(3)服務獎——請世界台灣同鄉會通知世界各地之同鄉會推薦。

評審：

以上所推薦出來之人才，經由基金會之審查小組初審通過後逐次發表於《亞洲商報》，將來收載於《Taiwanese Who's Who》一書，並頒發獎狀一紙。每年年終再經複審委員複審選出二～三人（每獎），再發表於《亞洲商報》，經由讀者投票選出第一名爲當年得獎人（三科目共三人）。

組織：

(1) 籌備會——設籌備委員至少由以下人員組成，基金運用保管專家、金融人才二人、科技人才一至二人作家一人、藝術家、音樂家一至二人、同鄉會代表（公正人士）一人、宣傳及企劃人才一人

(2) 籌備完成後，籌備委員即變爲管理委員，由管理委員聘請初審委員，每組三人共九人，均從加州選出，採取會審制。

(3) 複審委員：由初審委員推薦國際上公認之特殊人才擔任之（不分地域別州或國外也可）複審辦法由複審委員另定之。

頒獎地點：在加州或在台灣開年會時指定之地點。

費用分攤：第一年預算，獎金三十％，薪水三十％，辦公費十％（印刷、郵票、電話費、租金等），宣傳費三十％（全世界，包括島內外），以後逐年減少。

台美基金會終於誕生

本來我計劃中只要七至九人即可的籌備委員，因想要參加的熱心人士衆多，最後增加到十七人。其名單如下：

(1)陳炳銳 (2)周　麟 (3)卓敏忠 (4)張哲⿰土魁 (5)黃三榮 (6)蔡明燦 (7)許丕龍
(8)許錦銘 (9)洪肇奎 (10)林文雄 (11)李豐明 (12)郭三儀 (13)王志成 (14)王賽美
(15)王政仁 (16)楊嘉猷 (17)楊立正

在USC教經濟的林文雄教授，後來因爲太太生病而辭退，而其餘十六人當中，台美商會的理事佔有三分之二，因此張哲⿰土魁理事提議使用「台美商會」的「台美」兩個字做爲基金會之名，經大家一致同意命名爲「台美基金會」，有兼顧台灣及美國兩地之意義，英文則翻譯爲Taiwanese American Foundation簡稱TAF。

確定之章程概要如下：

一、「台美基金會」設立人才成就獎，以獎掖海內外台灣傑出人才爲宗旨。「台美基金會」（TAF）爲依法成立之非營利性法人機構，其財產不屬於任何個人或團體。

二、「台美基金會」以王桂榮伉儷捐獻的壹百萬美金爲創始基金，設科技工程、人文科學、社會服務三項成就，每年每項獎額以美金壹萬元爲基數。

1982年洛杉磯市長Tom Brady頒獎給作者，獎勵他成立台美基金會。

三、「台美基金會」歡迎各界關愛台灣人士，踴躍捐贈參與，以提高獎額，增加獎金種類。

四、「台美基金會」邀請中外各界社會賢達爲榮譽顧問，聘請專家權威、公正人士爲管理委員，每年定期舉辦推薦、評審、表揚、頒授等活動。

資格：

一、不論出生地，凡關愛台灣、認同台灣爲故鄉者。

二、在本基金會已設立之獎金範圍內。（1. 科技工程獎，2. 人文科學獎，3. 社會服務獎）。

三、有具體之傑出成就事實（著作、發

明、服務）而經社會團體推薦者，或自我推薦，經基金會管理委員會核可者。

四、以往未曾得獎，或得獎而其獎額未超過本基金之數目者。

甄選：

一、宣布：每年十二月中旬，宣布下年度之獎金類別及獎額。

二、報名：每年一月份起至六月三十日止，接受各地區社團推薦提名或自我推薦，而經管理委員會核可者。

三、初審：邀請加州地區之專家或學者，擔任初審委員，每項以三人爲準採會審制，從七月中旬起至八月中旬止，初審通過者，獲獎章乙副，其成就事實公佈在報章上，並將個人資料登錄於本基金會之《台灣名人錄》中。

四、複審：複審委員由初審委員及管理委員推薦之權威碩望若干名擔任。地區不限，在十月十五日前選出各項得獎人。

五、頒獎：每年十一月下旬，在南加州公開舉行典禮，頒授獎金及獎狀。

一九八七年以後台美基金會有很大的改變：

(1) 管理委員會改制爲理事會。李豐明接自王賽美擔任第二任基金會會長後，設立「台美基金會之友」，以加強社會賢達對本基金會的熱情參與貢獻。

(2) 十一月王志成先生及其夫人王蔡香美女士捐款一萬元美金，在台美基金會下設立一項「科技研究生獎」，獎金額爲一千美金。

(3) 由李奎然教授作曲，李豐明作詞，製「台美基金會會歌」。

(4) 設立「特別榮譽獎」。

(5) 爲凝聚關愛台灣的人才回饋鄉土的熱誠，以提供解決台灣當前問題的途徑，本基金會每兩年定期在台灣舉行研討會，研討會主題由理事會決定，並由理事會選聘講員，接洽台灣的協辦單位自立晚報社，自一九八八年開始共同辦理研討會。而辦理研討會當年停辦頒獎。

研討會在台灣舉辦三次：一九八八年「台灣的教育問題」，一九九〇年「如何重建台灣社會道德」，一九九二年「急速邁向國際的台灣」。

其後因台灣政治漸趨於民主化，台灣社會蓬勃發展趨於多元化，經濟發達起飛，人民富裕，各種各式基金會如雨後春筍成立，各種社會問題的研討會也開始盛行。

一九九三年第八屆頒獎典禮由台北的國際獅子會300A2區承辦，因是首次在台灣頒獎，獎額又調高爲每項兩萬美金或台幣伍十萬元，相當轟動。

一九九五年第九屆也在台北環亞飯店舉辦，是由台美基金會於一九九四年二月在台灣成立的分會「王桂榮台美文教基金會」自己辦理，照樣辦得非常成功，乃得力於老謀深算的劉建德及社交廣泛的林後山，深謀遠慮的吳松夫等理事。

適時援救萬通銀行

一九八〇年，以台南幫第二代吳平原、吳平治兄弟爲主，百分之百台灣人資金創設的萬國通商銀行，因雇用了對台灣人習俗不熟的白人爲總經理，因而營運不善，加以被解雇的一位女職員控告銀行的一位男經理性騷擾，銀行面臨要賠償數百萬元的困境，經報紙批露後，許多存款人爭先恐後排長龍擠兌，該星期五一天就被領走貳仟萬，隔日星期六適值台美基金會召開記者會宣佈成立，而台美基金會的籌備委員，大部分是剛新入股增資給萬國通商銀行五百五十萬的台美商會永久基本會員，因此在衆多記者面前除了宣佈台美基金會的成立經過以外，也宣布銀行增資狀況，表達台灣人誓死保護在美國僅有一家完全台資銀行的決心，其中我本人亦認股了一百萬，這個消息經星期天的報紙透露後，星期一，預期另一次排隊領錢的人總算銷聲匿跡。

創設資金六百萬的萬國通商銀行，面臨虧空前招來將近八百萬增資，又聘請一位從阿拉斯卡銀行來的銀行家吳澧培先生，經兩年大力整頓後，第三年就開始轉虧爲盈，生意日日蒸上，名字也改爲萬通銀行。

驚動國民黨

中央通訊社洛杉磯辦事處特派員丁侃先生，把台美基金會召開記者會發表的內容傳回台灣後不久，中國時報記者蒯亮以越洋電話訪問我。

有幾位朋友及在台親戚們傳眞或影印寄來的民國七十一年十一月十六日報紙頭條新聞，大標題是這樣登載的：「要把中國人的智慧凝聚起來，讓龍的傳人在世界揚眉吐氣。獎掖人才提後進，盼『諾貝爾獎』爲國人爭光榮」。

聯合報、經濟日報、自立晚報等在台灣的報紙也都以醒目的標題大事報導，好像轟動到台灣。

因此一九八三年春回台時，國民黨中央黨部秘書長蔣彥士及副秘書長陳履安兩位先生，都急著問我設立基金會的宗旨，眞正目的，及爲何取名「台美」而不以「華美」或「中美」命名。

而國際獅子會三〇〇區（台灣區）的總監督郭宗波先生及國際理事蔡馨發兩位先生也找我，談及要代理台美基金會在台代理頒獎事宜。

政府及民間爭取回台投資

有一天我突然接到一封發自台灣的電報，要我回台灣投資，接著收到一封信略作說明，原來是前行政專校同學許寬義代書，他說台北汐止有一塊山坡地約二十甲，是南洋的華僑在開發建村，但因一九八〇年初台灣景氣低迷，該僑團破產，因此要求脫售，只要新台幣二億即可。

一九八二年美元對台幣一比四十，美國萬通銀行面臨整頓，需要增資五、六百萬，然而當時台灣經濟蕭條，景氣低迷，台南統一集團沒有餘力參與增資，因此，我自己投資一百萬，加上商會理事們集資救起了萬通銀行。素被台灣國民黨點名做記號的異議人士（一九八一年我回台時，中國時報登載海工會所登的一篇文章，指我是海外台獨最有資產的人。）一九八三年春我再度回到台灣，當時的《中國時報》副總經理，即前行政專科學校生活指導主任金曄先生，希望我回歸國民黨（我在學時，同班同學張英哲（現任新光保險公司副總經理）說服我，再經前輩許新枝（前桃園縣長）及黃金龍（後來改名爲黃信介，曾是民進黨主席，現爲總統府資政）兩位推薦介紹，由金曄主任完成我辦理入黨手續），並希望我回去投資，他說我政府正在鼓勵興建專科學校，如果我願意，則政府還可以幫助我取得一筆土地建校。

我請教過幾位在台灣的朋友，他們都說設專科學校很賺錢，既然政府在鼓勵又可取得土地，是很難得的一個好機會。但是當時我在美國創辦《亞洲商報》常批判台灣的時政，只希望在台灣設立台灣分社，傳達海外台灣人的心聲，對於賺錢無多大的興趣。認爲辦學校也許可以賺錢，但必須全身投入，不但被綁在台灣，又得人好處後怎能有立場再批評人家呢？幾經思考後，我放棄了設校的念頭。

壓力四面八方到來

一九八三年三月初一，台美基金會公佈接受推荐傑出台灣人才辦法後，各方面的壓力衝著我而來。許信良及彭明敏兩位先生及活躍同鄉先後親訪敝宅，希望我的社會服務獎，能頒給在牢獄中的高俊明牧師或林義雄律師。高俊明牧師任職台灣基督長老教會總幹事、台灣神學院（玉山）院長，於一九七七年發表〈人權宣言〉，呼籲建立台灣爲民主、自由、公義的新而獨立的國家，不容於國民黨，於一九八〇年美麗島事件發生時入獄四年。林義雄曾與姚嘉文共設「平民法律事務所」，免費爲含冤坐獄的平民向被國民黨控制的法院挑戰，又在任省議員時抗議「大軍壓境」，於美麗島事件發生時被捕入獄，並於次年二二八事件紀念日發生血案，林母及兩幼女被殺，引起同情。

我因在台灣時加入台北北區獅子會，來美後移籍中國城獅子會，國民黨就透過國際獅子會的關係拉攏我。《中國時報》於民國七十二年七月十一日有一篇署名「彭凡」題目爲「台灣的諾貝爾獎」的文章，這樣寫：

備受各方矚目的台美基金會第一屆人才成就獎，已決定在今年十一月下旬於台北頒獎。國際獅子會中華民國總會並承諾擔任該基金會在台灣的總代理機構。傳奇性、爭議性的此間台灣殷商王桂榮，捐出這筆一百萬元設置人文、科工及社會服務獎三類獎別，有人說他是沽名釣譽，有人說他是別有懷抱。

在研議這項基金名稱時，其智囊人物曾以「台灣的諾貝爾獎」期許，並以「台美」爲名。有人詆詬它草螢自比月光，也有人詬病它爲何不以「華美」或「中美」基金會等名。

兼以此間若干團體在舉荐受獎人時，提出若干頗有爭議性的人物，更激起各方的蜚言臆測。

王桂榮六月間在夏威夷參加世華觀光會議後，專程回到台北拜會有關機關，說明他捐基金，獎掖台灣人才的本旨。

據了解，台美基金會第一屆人才成就獎在六月三十日接受舉荐截止，受舉荐合格者達九十四人（社團）之多。如宜蘭眼科名醫陳五福、雲門舞集創辦人林懷民、台灣音樂家江文也等，都是名重一時的人物。

但美國的《中報》在同一天以大標題「『台灣諾貝爾獎金』評選九十四人獲海內外推薦，陳五福林義雄令人矚目」見報，而同在美國的《國際日報》則以醒目的「社會服務項可能給林義雄」爲標題，雖然台美基金會的總幹事郭三儀極力否認內定之說，呼籲媒體勿妄加猜測，社會大眾仍不能釋懷，在不同的各種報紙投稿呼籲「勿使頒獎成政治籌碼」。

親國民黨的《南華時報》在九月三十日第二版以「政治浸染學術，基金會碰釘子，台美人才成就獎易地頒發，得獎人由複審委員評審中。」爲題報導說：「……該頒獎典禮『無法』在台北舉行，乃因少部分得獎人士不被國府所歡迎，雖經有關人士的協調折中，仍無法達成協議，以致使原擬於台北頒獎一案胎死腹中。」

國民黨的機關報於十一月二十二日以「『台美基金會』究竟是幹什麼？不要讓投機的人影響政治」爲題：「……今年初審獲獎人員將於十一月左右在加州長堤市舉行頒獎典禮，我們從友人處得悉今年獲獎名單，包括三方面人士：第一類是台獨分子或與『台獨』有密切關係的美麗島事件案犯；第二類是親中共人士；第三類是親國民黨人士，從這三方面故意分配的人士背景，再加上其他資料的判斷，我們認爲王桂榮先生似乎正在做一筆『政治買賣』，在輪盤上押寶，既不得罪國民黨，也不得罪中共，更與台獨能維持密切關係，據悉王某並爲與中共掛勾的『台灣獨立聯盟』重要經費捐助者，與主張暴力的僞盟主席張燦鍙關係密切，基金會部分委員且爲僞盟盟員，照這樣看來，王桂榮今年兩次回台灣，似有挾此爲資本，隱隱向國民黨當局作進一步的政治買賣……」

想像力之豐富，與前年在公佈台美基金會成立時，《美麗島週刊》上一位陳姓人士說：「王桂榮設立『台美基金會』之目的是在逃避鉅額稅金，其實他每年只要拿出三萬出來就可達到目的，捐一百萬可能是騙人的。」互相輝映。

首次在台灣頒獎

負責典禮程序的第十一分區主席蕭法剛獅兄，在一九九三年十一月份月刊登載人才成就獎頒獎典禮系列報導中說；

王桂榮台美基金會「人才成就獎」頒獎典禮，一向在美國舉辦。今年第一次刻意設在台灣舉辦，其用意之深，只可會心藏意，得獎人的意識形態，和頒獎人的架構，直接影響到主辦單位的心結與難處。因爲台美基金會以及得獎人的成員，或多或少仍潛隱著政治理念的差異。如果要將頒獎典禮，處理得凸顯超然而又和諧順利成功的話，務必找一個無黨無派，熱心社會形象良好的團體來接掌承辦，剛好台美基金會創設人王桂榮先生過去也是獅友，了解獅子會向來一意熱心公益，不涉政教爭議，爲人們所讚揚的世界最大的服務社團。……可是攤開預設之典禮程序表時，首先遭遇的困難就是唱國歌，向國旗敬禮，獅子會與台美基金會雙方就出現了不同的意見，……有部分得獎者不願從政府首長的手中得到他的獎……行政院長連戰特別應邀前來頒發「科技工程獎」，而他當年的老師，台灣民主運動先驅者彭明敏也當選「特別榮譽獎」，這對政治立場互異，命運迥然不同的師生，在近三十年的隔閡之後，日昨卻同時出現在表揚傑出台灣人的同一場合……得獎者彭明敏專題演講時，言論過當，涉及破壞損害國家時……

這次300A2區承辦……從召開籌備會議起到揭幕，及至典禮的過程，能在盛大的氣氛中隆重、莊嚴、肅穆，順利成功的結束，最主要的是在莊監督再發先生，秉承獅子會的目標「勿涉政教爭議」的原則，並以超黨派的架勢，高風亮節的姿態，……更以全方位的「信賴」授權給參與工作的獅友，責成簡秘書長，適才分組……讓每一環節相互扣緊，與合作無間。終於在典禮中，首先獲得了行政院連戰先生，在頒獎後致詞時，一再誇讚「參與這次歷史性的頒獎典禮，使我覺得過去參加過的場面，從沒有看過如此盛大、隆重、莊嚴、肅穆，辦得非常成功。」……

其實，台美基金會能由獅子會承辦，最大功勞者是好友劉延英獅兄，因爲同屬北區獅子會中有兩位外省籍獅友對我有成見，從中破壞，若無劉獅兄（我倆同生肖羊，他早我一紀年同月同日生）在二年半內，鍥而不捨的與三任不同的會長從中斡旋，最後促成也是北區獅子會出身時任300A2區擁有六十八個分會的監督莊再發先生出面，以無比的勇氣與魄力才完成。

人文、科技、社會服務獎

民視電視台的一位女記者來訪問我時，突然問到爲什麼是科技工程、人文及

每年台美基金會頒獎典禮11月22日，都同時慶祝作者生日，支持者劉延英獅兄（中）剛好同月同日生。

1993年台美基金會首次在台舉辦頒獎典禮，圖爲千人在環亞飯店參加盛會的實況。

社會服務三個獎呢？這個問題從「台美基金會」的成立至今十五年歲月中，從沒有人問起。小時候，因受老師的鼓勵，想追隨科學家愛因斯坦成為科學發明家；又在小學時曾因圖畫及毛筆都得過獎，也喜歡看小說、偉人傳記，而有一度想做小說家；篤信佛教，愛鄰居而慈善的母親對我的感召——這三個影響我潛在意識的力量，是提出在台美基金會設立「科學」、「人文」及「社會服務」三個獎的原因。

郭雨新和平紀念獎

「台美基金會」設立的三個獎當中，「社會服務獎」最有爭議。彭明敏先生及許信良先生專程來訪，要求我把「社會獎」給林義雄；基督教會的同鄉則希望我將「社會服務獎」頒給高俊明牧師。

當林義雄被推薦的理由是曾設立「平民法律事務所」，而入圍的消息經報導後，周清玉國大代表對我說「平民法律事務所」是她的丈夫姚嘉文發起設立，因此姚嘉文應該也有資格得獎。其實，在「台美基金會」成立典禮上我就很明白的指出，我只是捐款，拋磚引玉。基金會是屬於全體台灣人的，因此歸於基金會管理委員管理、受審、甄審，我絕不插手。

在成立大會致詞，我說過慈母教示我：「厝邊頭尾的人平安，咱才會平安，社會若好，個人才會好。」是在鼓勵大家從善。所以甄審委員了解我設立社會服務獎的原意而選出陳五福慈善家爲第一屆社會服務獎得獎人。

爲了台灣民主運動獻身的林義雄、呂秀蓮或陳菊等人，也能有機會得獎，當郭雨新先生仙逝時，我另與一些生意合夥人捐一筆款，設立「郭雨新和平紀念獎」，歸郭家遺族管理。

台灣分會「財團法人王桂榮台美文教基金會」

第一次由台灣的國際獅子會承辦的頒獎典禮非常成功，轟動了台灣社會，因此，我認爲有必要在台灣設立基金會的分會。

TAF台灣的分會，成立已有四年多。由於當年申請設立時，因爲台、美兩國語言、法令不同，在法律章程及分會命名上有所分歧。著稱於美國的台美基金會

Taiwanese American Foundation (TAF)，並不被台灣政府當局所認可。台灣的基金會只分爲兩種：慈善基金會屬於內政部管轄範圍；文教基金會屬於教育部管轄範圍。政府規定任何基金會名稱，前面必冠有財團法人如「慈善」或「文教」等字眼。TAF（台美基金會）因此不符規定，不能被接受。若以台美文教基金會命之，則當時台北已經有一個「台美文教基金會——陳永興爲陳文成而成立。爲有別於「台美文教基金會」，TAF在台分會，最後以「財團法人王桂榮台美文教基金會」命名，於一九九四年二月在台北成立。當時因爲美國的TAF總會理事會，對成立分會有不同論點，以「台美基金會」的基金能用於頒發獎金給特殊成就的人才，不得挪作他用，最後「財團法人王桂榮台美文教基金會」基本金額一千萬台幣由我夫婦再度解囊。

這四年來TAF在台的「財團法人王桂榮台美文教基金會」（統一編號92025921）與「台美基金會」在美的總會，相輔相成合作無間，TAF一台一美，終於成爲名副其實的「台美基金會」。

歷年得獎人名單

年次	年代	年屆	科技工程	人文科學	社會服務	特別榮譽獎	科技研究生獎
1	1982						
2	1983	1	廖述宗	江文也，楊逵	陳五福		
3	1984	2	陳坤木	王詩琅	陳永興		
4	1985	3	林俊義 簡逸文	張良澤			
5	1986	4	吳政彥	鍾肇政	高俊明		
6	1987	5	林宗義 李鎮源	謝里法		李遠哲	喻鵬飛
7	1988						
8	1989	6	林明璋 廖一久	蕭泰然	釋證嚴		劉國瑞
9	1990						
10	1991	7	蘇仲卿 蔡振水	葉石濤	蘭大弼 薄柔纜		林宏哲
11	1992						
12	1993	8	周拭明 王光燦 吳成文	李淑德 林文德	張漢裕	彭明敏 李石樵 吳豐山	
13	1994						
14	1995	9	莊明哲 林聖賢	李能琪（李喬）		魏克思 (Joseph L. Wilkerson)	陳威光
15	1996						
16	1997	10	許重義 鄭天佐 翁啓惠	林衡哲	吳繼釗	何大一	
17	1999	11	張俊彥	柏楊 楊青矗	柯蔡玉瓊		
18	2001	12	范良政 洪伯文 何汝諧	蔡瑞月 黃娟 陳慕融	劉俠	李登輝	
19	2003	13	賴明昭 李國雄	林榮德	陳文彥 金恆煒	呂秀蓮	
20	2005	14	李文雄	陳錦芳 李壬癸			
總數			26	20	12	8	4

第十一章　海外台灣人社區第一份報紙

《亞洲商報》的誕生

由來

我不是搖筆桿的文化人，卻在一九八〇年又一次大膽出擊，創辦了海外台灣人第一份報紙《亞洲商報》，雖然僅歷時三年，卻曾是南加州發行量最大的華文報紙，為我多彩的一生再添傳奇。

我原本名氣侷限於南加州，自從替競選總統的愛德華・甘迺迪舉辦盛大募款餐會後，結識了很多朋友，不少人因此找我辦報紙。

先是台灣的《台灣時報》想在舊金山創辦《遠東時報》，吳基福醫師的好友保力達公司的老闆陳姓友人，邀我共同出資任社長；而在加州曾於紐約辦《台語日報》的李豐明也建議我辦報；連許信良與陳婉眞也千里迢迢從東部來到洛杉磯，請我擔任《台灣民報》的「董事長」兼「社長」兼「總經理」，邀我在文化事業上共襄盛舉。台灣同鄉會會長羅慕義也要我創辦報紙，取名《桂冠報》。

紐約的蔡明峰（蔡明憲立委的二哥）、許盛男醫師及楊次雄（楊黃美幸的丈夫）等人，邀我到紐約研討辦報，南加州的社團首領也多次在長堤我的旅館，集會要我起來帶動辦報。

陳婉眞則更積極的從紐約打電話來告訴我，她已集了五千人同鄉有意投資報紙者，將在長堤市集會討論如何辦報事宜，希望由我籌備。

這麼多人找我辦報，令我難免有些心動，爲的是當時海外只有《世界日報》一家華文報紙，但在國民黨箝制下，鮮少刊登台灣人社團的消息，台灣人爲了有一處輿論發表的園地，辦報已是時勢所趨，然而忙於商務，我始終沒有付諸具體行動。

直到有一次，台灣同鄉會爲某一事件，要到洛杉磯北美協調處抗議示威，我鑑於過去每次要示威遊行，都在大街小巷的牆壁上或在電線桿上貼佈告，污染了環境，且挨了不少罵，乃向活動召集人郭清江建議，在報上刊登廣告，郭氏則要我去疏通新聞界，於是我打電話給《世界日報》的記者郭淑敏，她表示個人願意幫忙，但不能保證報社一定刊登，我只好以買廣告的方式總算爭取到版面。

不料，當報紙刊出後，我簡直又氣又好笑，因爲海工會就在我們的「新聞廣告」旁，再刊登一個更大的「新聞廣告」予以抨擊。受了這件事刺激，我終於決定：咱們台灣人自己辦報，不求他人。

策略

既然決定辦報，到底要辦一份怎樣的報紙呢？聽別人說了那麼多，我倒是有一套自己的想法。首先，這份報紙一定是要能夠表達海外台灣人的心聲；其次，要能夠提升海外台灣人在美的社會地位；自一九七九「中」美建交後，新移民潮不斷，洛杉磯不僅已成亞裔移民最大的集中地，同時也是全美最商業化的城市。爲此，我盼望這份報紙能夠發揮「商業功能」的角色，指導新移民如何從商，以取得更高的經濟地位，來融入美國社會，新移民先求溫飽，生活安定後，才有餘力照顧台灣，回饋故鄉。

亞洲商報主要成員：左起：李豐明夫婦和作者

新移民常到的地方一定是中餐館及超級市場，我乃將這份報紙取名《亞洲商報》，大量舖排在餐館及市場，免費贈閱。

我決定辦報後，南加州一群熱愛鄉土之士很快凝聚共識，有錢出錢，有力出力，本來理想籌措目標爲三十萬元，正當籌劃進入緊鑼密鼓的階段，以許信良爲首的純政治性報紙《美麗島週刊》突然以《美麗島雜誌》在海外復刊的面貌，搶先在八月二十六日出刊，由於來勢洶洶，受此激盪《亞洲商報》雖才籌措十五萬，也倉皇上市。

一九八〇年十一月七日創刊的《亞洲商報》，一度本想命名爲《台美商報》或

《台灣商報》，但在那個政治敏感的年代，任何凸顯「台灣」的字號，立刻會與「台獨」劃上等號，爲了保持新聞獨立，吸引政治立場中立的新移民，並團結所有華裔人，我們最後敲定爲《亞洲商報》。

每週四出刊的《亞洲商報》，爲了使讀者群能擴及移民第二代，乃同時發行中英文版，英文版由本報靈魂人物李豐明先生執筆，李氏（現在於台灣中國文化大學擔任院長）雖出身材料科學博士，中英文俱佳，也是網球選手，是一位文武全才。

爲了中文能插入英文及數字，我們放棄一般中文報紙慣用的直排由右而左，改採橫排由左而右，且不用中華民國紀元而用西式公元方式。

此外，氣勢不小的是一創刊就發行一萬兩千份，發行量領先其他中文報紙。事實上《亞洲商報》的訂戶不過一千多，但是我卻堅持印行一萬多份，發派到各超級市場及中國餐廳作爲免費贈閱。因爲我認爲既然辦報，就要讓更多人看到，才能達到廣爲教育的目的，廣告也才有效果，更重要的是，我認爲報社的收入來源應該靠廣告，而不是區區售報收入，發行量大自然影響力大，廣告也就源源不斷，這點跟當時同是台灣人報紙，純走政治批判路線而不要廣告的《美麗島週報》

完全不同。

值得一提的是《亞洲商報》第一期創刊號，就在丁昭昇社長和我兩人出馬下，拉到四十多個廣告，風風光光出報。

事實證明；我們這種生意人的眼光，的確讓《亞洲商報》以異軍突起的新貌，迅速在南加州報界攻佔一席之地，以一份幾乎只送少賣的新週報而言，每個月只虧損兩、三千美元左右，比起在慘澹中經營的《美麗島週報》和一年就被國民黨以凍結外匯的方式宣告垮台的《遠東時報》及《中國時報》來說，《亞洲商報》算是運氣相當不錯了。

創先發行「號外」

《亞洲商報》創刊後，由於還在摸索階段，加上寫作群水準不一表現也參差不齊，連代表報社立場的「社論」也談不上有何特色，然而隨著經驗的累積，新聞專業人員的加入《亞洲商報》在國內外重大新聞的掌控上，倒是愈來愈有專業水準，其中在創刊五個月後，亦即一九八一年三月三十一日，雷根總統遇刺的第二天，《亞洲商報》第一次發行「號外」詳實的報導，加上精彩的兩張現場照片，可以說是一次成功的新聞出擊。

陳文成命案

未成氣候前《亞洲商報》除了企圖擔任溝通橋樑，反映海外台灣人心聲外，對國民黨並不採取主動攻擊的策略，一九八一年七月三日，旅美學人陳文成在台灣大學墜樓命案發生，當國民黨將之推諉成「自殺」，意欲粉飾罪嫌時，卻讓從《美麗島週報》轉任《亞洲商報》的名筆孫慶餘逮著機會，大大地發揮報社的力量，孫氏的神通廣大，在國民黨對海外新聞嚴密封鎖下，他依然拿到台灣各報有關陳案詳細的資料，從七月十七日起，就在《亞洲商報》獨家刊載，配合美國眾議員李奇(Jim Leach)到洛杉磯召開的公聽會與在美國國會的演說，及索拉茲在華府眾議院兩度爲陳文成教授命案舉辦公聽會等等，一連幾週頭版頭條的強棒出擊，遂使《亞洲商報》行情大漲，增印到壹萬四千份，一炮打響在全美的知名度。那個時候朋友看到我，都豎起大拇指說：「讚」。我第一次嚐到辦報的成就感，興奮地將每次出報前忙到半夜、累到半路在加油站休息的所有辛勞，全都拋到腦後。

《台灣公論報》與《美麗島週報》

陳文成命案後，七月三十一日，海外台灣人又多了一份報紙，屬於台獨聯盟系統喉舌的《台灣公論報》誕生了。這份報紙的誕生，我可以說也有一份催生的功勞。

原來，在八〇年初，台灣人社團在談論辦報時，我曾經對日本台獨聯盟本部主席許世楷及張燦鍙主席等建議辦報的重要，但是許等的反應是報紙固然重要，但並非優先考量，何況當時「聯盟」已有《台獨季刊》的發行。在日本也有《台灣青年》月刊。

然而，《美麗島週報》成立後，許信良為了爭取領導權，走的是光怪陸離的批判路線，為攻擊「聯盟」，光一個「刺蔣事件」（四二四事件）就可以每週大作文章，極盡批判能事，面對《美麗島週報》的撻伐，《台獨季刊》只能每三個月反擊一次，最後，「刺蔣事件」時擔任「聯盟」主席的蔡同榮終於忍無可忍，決定辦報還以顏色。

當蔡同榮到洛杉磯來找我投資時，我自己已有一份報紙而欲加婉拒，但以蔡君的個性，一旦被他黏住就絕無法脫開，只好以捐款代替投資。但我的經驗談告訴蔡同榮，辦報光靠捐款是生存不下去的，一定要有廣告，所以除了捐款一萬之外又主動奉送廣告，就這樣，我的Holiday Inn變成了《台灣公論報》的第一個廣告。

《公論報》的加入使得不到一年的時間，海外台灣人社團的報紙已成三家鼎立的局面，三家報紙各有屬性，各有立場：《美麗島》賣價是一般報紙的好幾倍，如同雜誌價格，市場不大，讀者屬革命堅強的特定對象；《公論報》不對外發售，採取訂戶的方式（據說名單有六千人左右）；唯一維持在公共場所免費贈閱的仍然只有《亞洲商報》。

臥底的「盟員」簡金生

爲愛德華・甘迺迪競選總統募款餐會擔任總幹事的簡金生，因能力強，中英文俱佳，《亞洲商報》創立時擔任籌備有功，乃請他擔任首任總經理，我則擔任董事長，除了忙著拉廣告，看看社論外，無暇管理其他事務，總經理因此兼任了總編輯職務。一九八一年，當《亞洲商報》創辦不久，我回台採訪及拜會時，經由海工會副主任蔡鐘雄告知，才知道《亞洲商報》裡罵國民黨的文章，原來都藏在我鮮少過目的副刊及英文版。

簡氏的編務由於偏離了《亞洲商報》的超然中立原則，惹怒了李豐明董事，因此離開報社，不久後，有一次高速公路上拋錨下車替換輪胎時，不幸遭來車撞及，意外身亡。經《公論報》報導，我才知道簡氏原來是一位台獨大將，被「聯盟」派來我身邊工作的人物。

因《亞洲商報》惹一身是非

辦報之後，樹大招風的結果，我嘗盡了眾矢之的的煩惱，除了動輒得咎，是非特多外，也有人威脅要炸《亞洲商報》，甚至打電話到家中恐嚇我的太太……

實際上，辦報三年來，我一共只發表過三篇社論，一是〈創刊辭〉；二是〈如何提升在美華人地位〉；三是〈海外遴選立委問題〉，此外一九八一年一月回台，看到台灣正籠罩在陳香梅大陸行的震撼，及傳聞黨外人士張春男即將被抓的氣氛中，我返美後隨即就返台期間與國民黨及黨外人士接觸的經驗，寫了一大版〈幾個敏感問題的所見所思所聞〉刊在《亞洲商報》。

〈如何提昇在美華人地位〉惹怒了「台獨聯盟」的激進派，說我「不顧台人，只顧華人」是「台奸，走狗」。因不滿國府遴選立委從未考慮台灣人而寫的〈海外遴選立委問題〉，雖然促成了林基源教授（曾任台灣同鄉聯誼會會長）爲第一個台灣人海外遴選立委，且也受到批評說我「想去做國民黨官」。至於〈幾個敏感問題的探討〉因附上幾張與台灣官員合照照片，而被《美麗島週報》連續攻擊，批評我是「藉與國民黨高官合照以提高身份」，甚至說我創設「台美基金會」的目的可疑……等，有人罵我是「台奸」，有人說我是「台獨」，也有人數落我是「美帝走狗」……。更有人說我是有了錢「想出名才辦報」。

儘管手中掌握媒體的利器，我鮮少公器私用，爲自己辯駁，八三年二度參加海外遴選立委那一次，《美麗島週報》連續六週以專欄方式痛批我，由於寫得實在荒腔走板，反而一些海外同鄉看不過去，主動替我召開一個非正式的協調會，邀請《美麗島週報》出面說明，當時幾名列席者無人願意承認誰是執筆者，最後《美麗島週報》社長羅慕義爲此還辭了職，其後也退出了台灣人社團的活動。

批評我痛罵我的不只是其他報章雜誌，連自己的《亞洲商報》裡常刊登外來的投稿，如商報的專欄「文化沙漠」、「麻醉醫師日記」，也指名或影射。其實很多引起外界誤會或不滿的文章，並非由我執筆或授意，但帳卻都算到我頭上。我更因辦報而被國府列入「灰名單」內。

〈幾個敏感問題的探討與所聞所見所視〉的內幕

一九八一年一月中旬，我以報社的董事長身分申請回台，目的在探訪因高雄事件在監獄中的黃信介等民主鬥士及其眷屬，以及謀求與《自立晚報》合作的可能性。

經李福春（前台北市議員）的引介，順利的採訪了許榮淑、周清玉與黃天福，同時也拜訪了胡秋原先生，許榮淑女士住在和平東路的巷子內，因不知道那一間，問了很多鄰居都說不認識許榮淑這個人，正想打道回府時，一個老婦人走近來說：「是在那一家的二樓，大家都是不敢說，若被人查問，請勿說我說的。」並很快的走開。找到周清玉家時，她說在這裡談話很危險，有被竊聽的可能，並約我在某家咖啡廳見面。後來周清玉與方素敏（林義雄妻）到我住宿的旅館來，更深入的談起美麗島事件發生的內幕，並申訴她們的處境苦處。

我回台申請被批准的條件是要有國民黨人的陪同，我買的華航機票是經濟艙，但他們藉客滿而把我送到一等艙，到達台北機場，我們從貴賓處入境，行李也沒有查，來迎接的是時任海工會副主任蔡鐘雄等五、六人。

蔡氏告訴我，除了海工會以外，僑務委員會、外交部、中央黨部的人都想見我，後來他們又加上了台北市長楊金欉、省主席林洋港、高雄市長王玉雲，安全局吳鴻昌及《經濟日報》社長閻奉璋及代表蔣孝武的蔣天鐸先生等人。蔡副主任陪我到中南部，還安排我參觀中鋼及中船公司，把我回台僅有的十六天通通排滿，至於我要求探監的事，直到我回美兩天前的星期四才說，探監只能星期三每週一次，且必定是親屬才可。還好，我利用他們午餐後睡午覺的休息時間去看了周清玉、許榮淑及黃天福等人，不過後來還是被他們發覺而不能再進一步探訪其他眷屬，有趣的是，我在台灣發現很多眷屬（良心犯）住家對面都有電話亭樣箱形小屋，裡面坐有一位警察，很可能是在監視出入人員。因此，我回美國後寫「幾個敏感問題……」時，故意將周清玉、許榮淑及黃天福等人所講的話列入民間的說法，並爲了保護他們而不把名字及照片刊出，至於官方講話，我就把他們所講的話一一寫出來，並爲證實起見也把照片（合照）及名字完全照登，我及編務人的苦心，不但沒有得到回報反而招來指責，實在是沒有料到的事。王玉雲招待

亞洲商報與自立晚報商談合作；左起：作者、李雅樵、吳三連、吳豐山與李福春。

我到高雄，是希望我替他在海外澄清高雄事件與他無關，因為高雄事件發生後，在海外有謠言傳說，王市長叫一些流氓打警察，讓憲警單位有口實，以暴民動亂為由抓黨外人士，是先鎮而後暴的設計者，以致市長的妻舅在洛杉磯慘遭炸死，王市長喊冤，但經我在高雄調查結果，確實在現場周圍樹蔭下早有佈置許多憲警待命抓人事實，惟是否王市長設計也很難證明，故回美後並沒有寫出來。

時任外交部次長的錢復責備《亞洲商報》專挑國民黨的缺點，

有很多優點都不登載，我說「國民黨也許有做些好事，但所有報紙都競相刊登歌功頌德，《亞洲商報》只是週報，跟在後頭搖旗吶喊沒有人會看的，所以祇刊登其他報紙不敢刊登的壞事，而且國民黨所做任何好事，我也得不到第一手資料。」他就說：「我給你介紹新聞局長宋楚瑜，他會免費送你資料。」又說：「要害一個人最好的方法是叫他辦報或娶姨太太、希望你不要被害死。」自從見了宋局長後，《亞洲商報》經常收到免費的國內第一手資料。

至於與《自立晚報》合作的事，與吳三連董事長、李雅樵社長及吳豐山總編輯三人會談；因週報與每天發行的晚報很難配合而作罷，但自此後，每天接到一份免費晚報，對於《亞洲商報》得益不少。

爲郭雨新仗義執言

一九八二年八月十二日，台灣民意領航者郭雨新老先生宣稱要到中國訪問之後，引起台灣內外衆議紛譁，許多人也懷疑郭先生的思想與立場，在報章雜誌譴責或在聚會中漫罵者不勝其數，但其中很少有人注意到郭先生在紐約參加FAPA例會時，聲明他擬議中的訪問中國大陸之行在中國方面正公開表明「關於台灣之前途，中國尊重台灣一千八百萬住民的決定後，即可成行。」這一句話。

我因與郭老先生多次接觸，也看過他《議壇縱橫二十年》著作，及〈台灣人民邁向前程〉等文章，深信他有堅定不移的台灣人意識，乃特飛往華府拜訪郭老先生探問究竟。

他說「中國大使柴澤民告訴我，中國的領導人很想知道台灣人的眞正意願，希望我早日束裝往訪大陸。」接著說：「剛好，柴大使約我今晚再度深談，是否你陪我去參加飯局？」我因當晚有FAPA的要事，且認爲時機不對，乃勸他將今晚的飯局延期，等外面的輿論稍爲冷靜後再說。

眼看各界刻薄的批判，紛紛加諸在這位黨外大老的身上，把過去一生的功勞全部一筆勾消之無情的後輩，我甚感不滿乃挺身而出，爲郭雨新擬欲赴大陸的心路歷程，放在《亞洲商報》的第一版頭條(October 22, 1982)，題目爲「中共欲知台人眞正意願，盼郭雨新及時束裝往訪」，並註「一俟中共聲明尊重台人意願即時成行」，在其前也報導郭老先生的〈台灣人民邁向前程〉的文章，讓同鄉們知道或重新認爲郭雨新有堅定不移的民主風骨。這份溫暖，郭老一直銘記在心。

有一天，我接到好友徐麟泉寄來一封信，說郭老因取消大陸行，乃請他旅遊大陸時順便代為打聽在上海的一棟房子，並要他轉告我欲將「台灣民主運動海外同盟」主席一職交給我繼承。

不久，郭老親身遠從華府來到洛城找我，住宿於楊加猷所有之旅館，我趨訪時，郭老打開一個裝滿藥品的皮箱說，他已年老多病，現在全靠藥物度日，卻仍念念不忘組黨之事，他說：「在台灣不可能組黨，所以必須在海外組黨後遷回台灣，我手裡有一套日本公明黨及自民黨的組織章程，你去蒐集美國民主黨及共和黨的章程做參考，糾合有志同鄉組織一個政黨後遷回台灣，有政黨競爭，台灣才有民主政治。」又說：「我的組織有二十多位忠貞而能幹的人才，如王能祥、洪耀東及魏瑞明等人，會協助你完成此一大業，希望你準備接我『主席』的位置。」

我從未插手政治，當時又有Holidy Inn及Ramada Inn兩家連鎖旅館，一家西施飯店兼夜總會，萬通銀行及《亞洲商報》等，且也兼任台美商會會長及旅館公會理事等職，整日忙得不可開交，因而推辭郭老之好意。

雖然百事纏身，不敢接郭老的主席位置，卻對於他的想法「在海外組黨後遷台」之事深有同感而念念於懷，不久，前台北市議員林水泉先生來美，我告訴他郭老的理念，並請他肩起組黨大任，並每月付給他經費，終於促成一九八六年五月許信良、謝聰敏及林水泉三人在美國發起組黨遷台壯舉促成台灣島內民主進步黨提前於該年九月成立。

《亞洲商報》與李登輝

一九八三年八月六日，台灣省主席李登輝應加州台灣同鄉聯誼會之邀，蒞臨帕莎迪納希爾頓酒店演講。我因得悉楊麗花的歌仔戲團也要到該酒店「寶島之夜」晚會演出四十分鐘的歌仔戲，而應聯誼會之邀去參加了盛會，在大廳與一些熟人寒喧以後想到外面抽煙，剛走到門口，適遇李主席與北美協調處處長金樹基進來，金處長向李主席介紹我說：「這一位是台美商會會長王桂榮先生。」李主席即問我：「是否辦《亞洲商報》的那位王先生？」。李登輝上任總統以後，我做了多次座上賓，這是因報紙結緣。

原來《亞洲商報》在七月二十九日的「旅美見聞」一欄，有一篇署名「望風」寫的〈李登輝帶歌仔戲團？〉，及八月五日的〈李登輝的另一面：李牧師〉及〈李登輝政治行情看漲〉兩篇文章，都在記述李登輝發達的過程及海外台灣同鄉對於李先生的寄望。這在專門批評台灣政治及政治人物的《亞洲商報》來說是很異常的。

在超級市場可以免費索取的《亞洲商報》常被一掃而空，以爲被拿走放入垃圾桶，一九八一年初我回台灣才發現，幾乎政府機關的所有部門都有《亞洲商報》，一九八七年我去中國，台灣同胞聯誼會的要員告訴我，他們都看《亞洲商報》，所以對我未見面以前就很熟悉，這說明《亞洲商報》是台灣當局及中共當局的最愛。

在〈李登輝政治行情看漲〉一篇文章是這樣寫的：

〔本報訊〕最近兩三個月來，台灣省主席李登輝在台灣報紙雜誌上一躍成爲最「風雲」的人物。報章上登載他的消息與照片的次數與版面，已超過向來最擅長「自做秀」和「自發稿」的新聞局長宋楚瑜。

雖然這兩人都有留美博士頭銜，地位上李登輝高宋楚瑜一籌。李登輝學農經，宋楚瑜學新聞，李氏不會自發稿，宋氏很可能常自發稿。

最近一個月來，李登輝的政治命運特別顯示水漲船高之勢。一則他將於八月初來美訪問的消息自兩個月前就在海內外報紙大登特登，二則他在七月六日的國民黨中常會中，公開被國民黨主席蔣經國先生讚揚。這件「讚揚」聞在島內已經成為家喻戶曉的話題。李登輝的政治行情看漲，對一般民衆是正面的反應，特別在時間上蔣經國的健康問題成為國內外關切之際，又值此啓程訪美之前夕，蔣經國的話中暗示頗引起各界人士的「做文章」，其中以「副總統候選人」的傳言最引人注目細聽。

據政論家胡忠信說，《亞洲商報》的總編輯因這些文章被李總統看重，召回台灣任職。（這可能有錯，蓋「望風」是李豐明的筆名，而不是總編輯孫慶餘的筆名。）

與陳履安爭執

《亞洲商報》以開放的言論對島內時政頗有批評和建議，因此我的政治立場頗引人注意。有人說我是台獨份子，有人說我左右不分，根本沒有立場，終被國府當局列入管制名單。

一九八三年八月我到北美協調處申請簽證回台，我向劉處長說「一九八〇年起，我的簽證有效期雖然四到五年，但其間只能進入台灣一次期間爲一個月爲限，因此每次回台灣都要重新申請，又如果回台灣而有事要到香港或日本，就不能再進台灣，非常不方便，是否給我改單次爲多次？」劉處長雖然幫忙把我的簽證從單次改爲多次，但是有效期間縮短爲只有六個月，即從一九八三年八月到一九八四年二月，過期無效，而仍然最多只能在台停留一個月，我說：「劉處長，請你幫忙，給我五年有效期，同我太太的護照一樣好嗎？」「這個，我不能做主，請你回台灣以後想辦法。」劉處長說。「回台灣找誰呢？」我追問，「找中央黨部陳副秘書長履安先生好了。」他答說。

一九八三年八月，世界華商金融會議在日本東京召開，美國的廿多家華資銀行也組團參加，我擔任副團長兼發言人。當時台灣有外匯存底三、四百億美金，在美國的存款大部份集中於廣東銀行，大家都認爲應該分散到所有華資銀行，才有安全性及公平性，我及吳澧培、翁瀛豐等人被派爲華資銀行代表，回台灣向中央銀行、經濟部及行政院陳情，時任央行總裁的俞國華向我們說：「華資銀行的董事們是否對中華民國政府忠貞？目前華資銀行的資產都很小，安全性也有問題……。」等等，講些漏氣的話，時任經濟部長的徐立德，因是同學的關係，我前往拜訪，他說：「政府拿出一億美金存入華資銀行，萬一被倒了也無礙。」但是當時的外匯存款都是以俞國華個人名義存入國外銀行，所以他也無能爲力。中央銀行副總經理錢純（錢復的哥哥）則顧左右而言他，一點誠意都沒有，代表們都非常掃興而歸。我們都在心裡想，台灣人移民海外的歷史很短，爲了生活打拼非常辛苦，創業維艱，政府若能幫助海外移民創業，將來成功以後，自然會飲水思源，效忠國家，但如果政府先要求尚在求溫飽的移民先效忠政府，然後才肯給予幫助，實在是本末倒置的想法。

我於一九八二年在美國創立台美基金會，獎掖人才，回饋故鄉，但因顧及在故鄉台灣知道此事之人不多，乃乘回台之際透過同學林二及賀聖軫小姐，安排記者招待會，花了一萬五千元宴請了二十多家報社電視公司及廣播電台的記者們，原想藉媒體的報導宣傳台美基金會的宗旨及申請辦法，讓更多的民眾得知消息，以推薦報名，豈知隔日除了《自立晚報》以外所有報紙都沒有登載這一則消息，我到榮民醫院探訪因病住院的沈君山先生，順便請教他媒體不報導的原因，沈先生告訴我說，自王昇將軍到巴拉圭做大使以後，國內掌管媒體言論的人就是陳履安。其實我兩天前才被國民黨中央黨部祕書長蔣彥士及副祕書長陳履安詢問，為什麼我在洛杉磯所組織的商會和基金會均以「台美」命名，而不用「華美」或「中美」？而我回答他們：「我們都是從台灣去美國的商人，所以以『台美』命名，並沒有特別的意義。若以『華美』或『中美』命名，則將來跟大陸去美國的人分不清楚，況且，以『華美』或『中美』命名的組織在洛杉磯已經多得不勝枚舉。」當時我覺得蔣、陳兩位先生都沒有再追問，而以為沒有問題才召開記者會。

我拜託沈君山先生代約陳履安先生，再度前去拜訪，會面時間訂在翌日下午二點，該日中午內政部長林洋港請我在王子飯店用餐。之後，我準時到陳履安先生的辦公室。

「才見面沒有幾天，有什麼要事使得你急來找我？上一次我說你在台灣期間要派人保護你，不知你想好了沒有？」陳問。「我不是什麼偉大的人物，不敢要人保護，也沒有做過任何壞事需要人來監視。」我回答。

「你在海外很活躍，也有知名度，萬一在台灣發生什麼事，我們負擔不起。」

「那麼請你給我緊急電話號碼，危急事發生時我可以打去求救。」

「這沒有問題，你現在住來來飯店？」

「是的，不過我今天來的目的是想知道，前幾天爲了台美基金會舉行記者會，差不多所有的報紙記者都來了，連三家電視台也來，但爲什麼次日報紙上都沒有台美基金會的消息？」我問。

「報紙不登你的消息，我怎麼會知道？」

「我聽說開記者會那一天下午，你去拜訪《中國時報》的金副社長。」

「那跟這個有什麼關係？」陳繼續說：「你說報紙都沒有登載，不是《自立晚報》及《民生報》都登出來嗎？」

我很驚訝他怎麼會知道《自立晚報》及《民生報》有登載？我根本不知道《民生報》的事，因我只買了三份報紙，《自立晚報》之外，就是台灣的兩大報《中國時報》及《聯合報》，因爲該三個報系在一九八二年我創立台美基金會時，根據中央社的消息提供曾大大報導我的創舉，而在台灣開記者會當天，該報系記者們都來，怎麼會不登載呢？我心裡愈想愈氣，但他既然說跟他無關，我有什麼辦法呢？於是我再問他：「我的回台簽證，都說要向台北方面請示？」

「這是內政部及警總入出境管理處的事，跟我無關！」他又推得一乾二淨。

明明劉處長及沈君山兩位先生都說是陳履安在管，他還裝傻一副無辜的樣子，我不由得火上心頭。

我說：「我們台灣人本來對你們陳家很尊敬的。」於是我拿回手提公文包，站起來要走，氣頭上用力過猛，桌上文件紙夾四散飛出。

「王先生，請別生氣，我送你回去。」陳也站起來。

「謝謝你，不用了！」我走下樓梯，他跟著我下樓，說：「那麼叫我司機開車送你回去吧！」

「不用了，我自己坐計程車回去。」

曾由海工會派往台灣同鄉聯誼會擔任總幹事的何嘉榮，剛好要回台灣競選嘉義縣長，得知我要去見陳履安，拜託我讓他隨行，他一直陪我在陳履安辦公室，眼見我不悅的一幕當場呆住了，後來他也跟我下樓，生氣說：「我的事本來是想靠你幫忙，現在反而讓你弄壞了。」

因住在來來飯店親戚們來訪較遠，停車也不方便，五姑母要我搬到吉林路她家住，我第六天就去了。當天，第三分局就打電話到五姑母家告訴我，因管區不同，保護人員也不同，另外給我一個電話號碼。奇怪，他們怎麼知道我搬家，又知道電話號碼？除非有人二十四小時跟著我。

當陳履安要我同意派人保護我時，我去請教康寧祥先生，他帶我去找吳三連董事長商量，結果他們一致建議我向陳履安要緊急求救電話。

我眞佩服陳履安先生的修養，我對他生氣，他都不動肝火，還說要送我回家，讓我事後也有所反省。

一場特務的「鴻門宴」

開完在東京的世界華商金融會議，搭乘中華航空往台北的班機快到桃園機場時，機上突然廣播：「請王桂榮先生下機前到機長室來一下。」鄰座的翁贏豐先生對我說：「他們叫你。」廣播重播時我注意聽，確實在叫我。飛機停妥後，下機前我問站在門口的一位空中少爺說：「我是王桂榮，找我有什麼事？」「警備總部的人在下面等你。」我心想，警總的人怎麼知道我來台北呢？他們找我幹什麼呢？果然一下機就有兩位穿公務員衣服的人靠近我說：「歡迎王先生回台北！」「你們是不是警總的人？」「是的，吳副參謀長關心你，派我們來看看你是否安全地回來，有沒有人來接你，如果沒有，我們可以送你回去。」「謝謝你們！我弟弟會來接我，請不要關心。」我心想你們何必多此一舉？讓伴我回來的翁贏豐（代表洛杉磯世華銀行）害怕的匆匆離開，不辭而別。

約經一個星期的某一天早晨，我吃完早餐與五姑丈吳萬春先生在客聽聊天，有一位小姐打了電話來：

「你是王桂榮先生嗎？我是團結自強協會的吳秘書，警備總部今午要請你吃中飯，不知你方便嗎？」

我翻開了小册子(Appointment Book)，看了當天下午沒有事就答應了。我想，假如今天不行，總有一天非去不可，逃避不掉的事。

約經十幾分鐘後，吳小姐又打電話來：「王先生，我十點鐘到府上來接你。」

「妳不是說吃中餐嗎？爲什麼那麼早就去呢？」我問。

「他們說餐前先同你談話，」吳小姐繼續說：「我馬上就出發，請你準備。」

所謂團結自強協會是由當時高雄市長王玉雲發起，向拆廢鐵船的人募款集資八千萬設立，專門迎接海外異議人士回國溝通的一個組織，全部資金近二億，由吳三連擔任董事長，沈君山教授爲秘書長，吳小姐是桃園人，畢業於政治大學的政治學碩士，長得很伶俐可愛。

我與吳小姐乘自強協會的車共赴信義路四段，一個據說是警總的貴賓室，門口有兩位剃光頭穿西裝的年輕人看我們進去就立正，才進入大門已有一群人在等待，旁邊還有電視機、攝影機及錄音機，其中警總的吳副參謀長鴻昌先生首先開口：「請王先生看看四壁周圍的照片。」

我這才定睛一看，四週掛滿了「美麗島事件」中暴民打警察的照片，看完了之後，其中有人問道：「王先生看了感想如何？」我說：「光看照片沒有眞實感，我不知從何說起？」對方就說：「沒關係，我們再看錄影帶。」於是放起了黃信介、張俊宏、林義雄、林弘宣、陳菊、呂秀蓮、姚嘉文等人在獄中的錄影帶。

錄影帶中的問題千篇一律，不外乎吃得飽嗎？睡得暖嗎？只有一人，剃光頭的林義雄，怎麼問也不答腔，看到這裡，想到緝兇無期的林宅血案，同樣是爲人子爲人父的我，心情爲之沈重不已。

我辦《亞洲商報》期間回國兩次，就是一九八一年及一九八三年這一次，每次回來，他們都異口同聲問我回國的目的，我總是回答：第一想回來看看台灣進步的情形；第二，想看看在獄中的黃信介。

「爲什麼要看黃信介呢？」他們總是好奇的這樣問。

「黃信介是我小時候的朋友，他到美國去，每次都先去看我，住我那裡，我回來台灣也想看看他，尤其他有不幸的遭遇在獄裡，我更有必要去探訪他，安慰他，否則將來有一天出獄知道我回去沒有去看他，他一定會想我是一個無情無義的人。」

他們總是先答應我，要安排我去探訪，但結果總是過了星期三、今天已是星期四所以不能去，或者按照規定只有他們親戚才可以去等等理由搪塞。

「王先生，是不是要聽一聽陳文成的錄音帶？」在低沈的氣壓中，調查局王組長的一句話，更使我一凜，心中掠過不祥的感覺。

一來是錄音帶雜音太大，有公共汽車的喇叭聲摻雜其中，聽不出一個所以然，二來被三個單位九個特務包圍的滋味實在不好受，因此我說：「聽不清楚，不想聽。」對方則表示：「對照筆錄，就可以聽得清楚。」坐困愁城中，我猛然，想起陳文成曾被警總約談後，再被調查約談（孫慶餘在《亞洲商報》報導過），於是靈機一動說：「我們海外盛傳一種謠言，指出陳文成的死是調查局幹的，再嫁禍給警總。」此話一出王組長立刻予以否認：「沒這回事！我們只是跟陳文成溝通而已。」「那你們今天請我來是不是來溝通？」「當然是！」「既然是溝通，為什麼我來一兩個小時，還沒做筆錄？」

我話畢，對方臉色已經大變，吳副參謀長見狀，趕忙插嘴：「王先生，吃飯時間到了，我們到隔壁去。」結束了當時僵持的場面，事後，吳小姐打電話給我，稱讚我冷靜機智，她說替我捏了一把冷汗。

正在用餐時，特務又出了一道題目，警總吳鴻昌先生問我：「王先生是不是可以參加三民主義統一中國大同盟？」我心裡有一點緊張，放下筷子，點了一支香煙，抽了三口後回答說：「三民主義是孫中山提倡，非常理想的主義。但是現在是戒嚴時期，三民主義無法實行，又如何統一中國呢？」。因此我建議改名，但他說這是蔣總統命名故不能改，「既然不能改，無法實行的空洞的東西，我參加了也沒有意義。」

「那你想怎麼改？」我又突然想起外派在洛杉磯海工會的一位工作人員鄭志誠先生，曾對我說過應該改名為「三民主義建設新中國」就說：「可以改名為三民主義建設新中國，大家先努力，讓三民主義得以實行。」「很好的想法，那請你來發起，我們都來參加。」餐會後他親自開車送我回家。

陳鼓應控告《亞洲商報》

一九八一年元月，由孫慶餘執筆，刊登在《亞洲商報》頭版〈由左傾到回歸—陳鼓應的心路歷程〉，文中揭露陳鼓應在八〇年年底應邀訪問香港時，據聞曾迂迴轉往大陸進行為期十天的拜會……消息曝光，任職柏克萊大學分校中國問題研究中心研究員的陳鼓應立即否認，強烈反彈不已。

事情發生時，我人在台灣訪問，回到美國後，陳若曦來電話要我登報致歉，我問孫慶餘是否眞有其事，他說這件事是陳若曦告訴CC，然後CC告訴孫慶餘，於是形諸文字，我因此查問陳若曦，彼此關係開始交惡，事情越演越烈，因雙方各執一辭，難明究竟。

在戒嚴時期到大陸去是嚴重的事，因此《亞洲商報》雖然盡道義責任刊登「道歉啓事」，但陳鼓應仍無法釋懷，在四週朋友唆使，以《亞洲商報》毀謗名譽，刻意中傷他清白，要求六百萬元賠償，一狀告進舊金山法庭，總部在洛杉磯的《亞洲商報》主要負責人：社長丁昭昇、總經理李豐明及我都是榜上列名的被告。

官司一打兩年，打得我們三人灰頭土臉，加上法庭遠在舊金山，本來就忙碌的我們三人，一遇開庭期間更是苦不堪言。本來很氣，堅持跟陳鼓應訴訟到底，但陸續有人居中調停，調停的原因不外乎是陳鼓應爲台灣民主運動已經犧牲不少，丟了台大教職不說，如今又被商報一寫，連台灣都回不去……。

一九八二年，妹夫政治大學法律系主任黃越欽來訪，希望我能興辦大學，獲知陳鼓應控告《亞洲商報》之事，黃說陳是他很要好的朋友，這次來美也有意去舊金山拜訪他，我們於是一同到Auckland陳家，陳太太談起陳鼓應長年參與台灣民主運動的心路歷程，更是聲淚俱下，並表示他們也是支持《亞洲商報》的讀者，無錢支付律師費，我考慮過後，不再執意對簿公堂，一九八三年底，好友《加州日報》總編輯阮大方來找我，說陳鼓應不但繳不出律師費，連一家生活都很苦，要求我寬量和解，替他代繳律師費，在《亞洲商報》結束營運後，雙方於一九八四年二月在庭外和解，兩年的官司，《亞洲商報》共支付陳及其律師費共壹萬八千美元，其中我個人支付一半。

陳鼓應告倒《亞洲商報》，喧騰一時的官司結束不過半年，一九八四年那年秋天，陳鼓應就離美應邀前往北京大學擔任客座教授。八九年時，他和三十多位學者合編一本《明清實學思想史》，其中〈自序〉中，提到「在我一九八〇年第一次回國之前……」，有意思的是，這句話對一般人可能毫無意義，可是對蒙上不白之冤，爲此停刊的《亞洲商報》而言，卻如同當頭棒喝，李豐明很氣乃邀我聯手於一九八九年三月十七日舉行記者會宣佈「原告」陳鼓應當年隱瞞了事實眞相……

這份遲來的關鍵證據雖然還給《亞洲商報》一個清白，但已改變不了《亞洲商報》夭折的命運，李豐明本想進一步對陳鼓應催討一份公道，無奈陳一直滯留大陸，最後這件事也就不了了之。

《亞洲商報》進入第三年時，不僅人事糾紛不斷，財務也直閃紅燈，股東們懊悔著當時經費尚未籌齊就出報，幾度對外增資也乏人問津，爲了力挽狂瀾，八月十五日楊加猷出任社長，肩負改革重任，許丕龍也加入協助，取消免費贈閱改走零售策略，無奈大勢已去，赤字持續竄高，經由董事會開會，十月廿一日《亞洲商報》步上停刊的命運。

財務窘困，自是《亞洲商報》停刊的一大原因，不過眞正導致股東人心渙散，投資意願低落的主因，卻是一樁纏訟數年由陳鼓應控告《亞洲商報》請求賠償六百萬元的誹謗官司。

但對我來說，令我心灰意冷的卻是同鄉們的不斷攻訐，連《亞洲商報》上幾個專欄，如「文化沙漠」、「麻醉醫師日記」也批評，讓我惹了一身是非，最諷刺的是等到準備結束報業時，反而衆人皆來阻止，然則時不我予，《亞洲商報》終於在紛擾虧損之下結束了它的命運。

從《亞洲商報》在一片荒蕪中創立，替台灣人報紙開疆闢土，寫下一頁歷史，到最後油盡燈枯宣佈關門大吉，我唯一欣慰的是《亞洲商報》畢竟盡了承先啓後的使命，當它卸下歷史任務時，洛杉磯已成中文報紙蓬勃的天下，除《世界日報》、《美麗島週刊》、《台灣公論報》外，《中報》、《國際日報》、《美洲中國時報》等，也加入新聞競爭的行例。

回憶這風雨飄搖的三年，我總結的心得是：外行人辦報實在好辛苦！直到自己辦過報才眞正體會到，爲什麼人家說要毀掉一個人，就叫他去辦報紙的道理，想起一九八一年錢復外交部次長對我說，要害一個人最好的辦法就是叫也去辦報或叫他娶姨太太，眞哉斯言！

因此商報結束前，曾有許多人趕來勸阻，甚至後來曾經批評我的人鼓動三寸不爛之舌來勸我加入辦《太平洋時報》或其他報紙，我一概搖頭敬謝不敏了。

第十二章 海外台灣人第一所老人公寓

台灣長輩會

一九七八年，賴占鰲及蕭華銓先生等十數名老人發起籌組「老人會」，因籌備人屬於「台灣福音教會」及「台灣長老教會」兩派，老人都很固執不易妥協，賴先生乃找我參加，希望能居間協調，促成老人會圓滿達成。

經我協調後，第一任會長由福音教會派陳夢蘭先生擔任，一九七九年五月五日成立台灣老人會，借用洛杉磯福音教會爲會址，並取名爲「台灣長輩會」。

陳夢蘭先生擔任會長時，聘他的長男陳銓仁藥劑師爲秘書，事情辦理得相當順利，所以希望能再連任，引起長老教會派的蕭華銓等人的抗議。抗議的主要理由是陳會長經常住在紐約女兒的家，常常開會缺席，不在洛杉磯，而陳會長想連任的主要理由是，辛辛苦苦組成的老人會，萬一會長選出國民黨人，實在令人不放心。賴及蕭兩位先生又來找我，希望我勸退陳先生。

於是我又出面協調兩派教會輪流推出會長，成功勸退了陳夢蘭先生。陳銓仁管理的所有檔案，也順利移交給長老教會派的蕭華銓醫師，由他接任第二任會長。

賴占鰲先生是老人會的發起人，非常熱心，但既不居功也不求名利，爲了想幫助老人會的經費，與一友人開一家小飯館，不但生意沒有做成還虧了本。

蕭醫師做會長很努力，做得有聲有色，所以大家再選他爲第三任會長，同時把長輩會的名字改爲「台灣老人會」，在小東京向日本人租了一個地方做爲辦公室，設有娛樂室供老人們下棋、打麻將，每月開始發行通訊。

我當時因只有四十八歲，尚無資格做正式會員，乃以榮譽會員身份常與他們的理事一起開會，除了做居間協調外，連續多年每年捐出一千美金，也替他們募款。一九九四年慶祝十五週年時，頒獎給我這捐款最多的人。

第五任會長賴高安賜，恢復「台灣長輩會」名稱，並提倡籌建老人公寓，當時會員人數有六百多人。

鶴園公寓

一九八五年萬通銀行經理卓敏忠及我，為長輩會舉行一場大型募款餐會後，在蒙得利公園市(Monterey Park)訂購四萬平方呎土地，擬建老人公寓，惟遭市民及市政府反對，雖然經長輩會示威抗議投訴獲勝，無奈仍有其他困難不得不暫時擱置。一九八六年，政府因赤字太多，停止對老人公寓的經費補助，歷經內內外外萬般波折，但賴會長非常堅持推動，我乃提出一個口號：「咱們老人由咱們台灣人共同來照顧，不應依靠美國政府」，遂在El Monte現址購買六萬平方呎土地。

一九八七年命名鶴園(Flamingo Garden)老人公寓，由台灣人建築師李棟材設計，味全公司承建（沒有賺錢），蔡昆山長輩監工，以最省錢最克難的方式建成品質一流的老人公寓，於一九八八年完工，三月五日舉行盛大開幕典禮。開幕當天市長前來剪綵，議會頒發一張獎狀給我。

這一棟五十八單位的老人公寓有四千平方呎的交誼廳、廚房、辦公廳，並設有醫務室，由台灣人醫師輪流當義工。

自一九八四年賴高安賜擔任會長發起蓋老人公寓，到一九八七年始能動工，

1990年10月10日第一屆鑽、金婚46對伉儷於台灣長輩會的鶴園公寓前留念。

原因是其中有些人反對，因爲怕沒有多少人來住。經年的宣傳，前來登記需要住宿的只有二十幾人。二來萬通銀行因爲以前放款不動產，遇到不景氣有很多倒帳，心有餘悸，遲遲不敢通過貸款，後來我發脾氣說：「不能貸款給台灣人公益事業的台灣人的銀行，它還有什麼存在的意義！」硬把它通過。

一股五萬只要現款投資二萬五，其餘向銀行借款，共五十八股（一股給長輩會乾股）的投資，遲遲募不到十足，最後由我、丁昭昇、張正宗三人頂下來。

鶴園公寓的正門有一對雄獅，是

卓敏忠以三千元買來贈送的，能夠成功的蓋起台灣人自己的老人公寓，最大的功勞者，其實就是賴高安賜及卓敏忠兩人。賴高安賜女士從一九八三年連任五屆會長到一九八八年公寓完成才卸任會長。而卓敏忠以一位沒有什麼資產的吃頭路人，對於長輩會的捐款之多，據報導是僅次於我的第二名。

本來怕住不滿而虧本的顧慮，開幕後沒有多久就住滿了，還有很多人排隊等待空出。本來預備犧牲的投資者不但沒有犧牲，反而賺了錢。

台灣長輩會的會員最多時達到一千四百多人，台灣來的官員，通常都先到在中國城的中華會館拜訪後，因沒有台灣會館代表台灣人社團，就來鶴園公寓。

旅遊全世界，有華人的地方不但有中華會館還有各地同鄉會館，但獨欠台灣同鄉會館（泰國等少數國家除外），在美國台灣移民大約有四十年了，標榜代表台灣人社團的台灣同鄉會理事會長諸公不知作何感想。

第十三章　我的「中國經驗」

一九八七年八月廿六日，應中國台胞聯誼會正式邀請，我悄悄造訪中國，雖然我以「私人身分」造訪，但由於身兼FAPA總會執行副會長，在當年特殊政治氣氛下，此行變得敏感又受人側目。

說起來，我並不是第一位受邀前往中國的海外台灣人政治社團人物。一九八二年，黨外運動的老前輩郭雨新，應中共全國政協主席鄧穎超之邀原本打算前往中國拜會，不料才一宣佈，隨即觸犯眾怒，撻伐之聲不絕於耳，最後在《亞洲商報》發表聲明：「除非中國尊重台灣人民意願，否則不赴中國訪問。」其中國行宣告落幕。

一九八三年，全美有十位台灣人教授獲邀赴中國參加「台灣問題討論會」，也是尚未出發，反對聲浪已經此起彼落，海外左派運動元老「獨立台灣會」主席史明先生，甚至為此發表聲明，點名批判這十位教授為「反革命份子」。

從上述兩個例子不難看出，當時海外台灣人對中國仍維持在「不接觸、不談判、不妥協」、敵我分明的傳統心態。

然而隨著中國邁向改革開放、國民黨權威的衰落，海外台灣人不禁對台灣將何去何從發出重重疑問；另外，自一九八四年中共為解決香港問題提出「一國兩制」後，中共對海外、尤其是北美洲的台灣人，更是勤做統戰極力拉攏！再加上華航貨機事件，台灣女籃赴莫斯科比賽的影響……諸如種種，海外台灣人社團不得不正視左右台灣前途的「中國因素」。

海外台灣人究竟該不該跟中國接觸呢？FAPA成立後，這也是FAPA成員見仁見智、最愛爭辯、也尚未找到定論的議題。以我個人而言，之所以勇於首開風氣之先，除了鑒於時代潮流所需外，最主要的是跟我的「中國經驗」有關。

第一次接觸

自從兩岸對峙後，根在台灣的我，想都沒想過會跟中國有所牽扯。聽黃三榮夫婦旅遊中國歸來後形容中國之落後，環境不衛生且很少有公共廁所，坐遊覽車在中途要下車小解，只以汽車爲界，男女分兩邊方便，黃太太更勸說，女士若要中國遊最好穿裙子，不要穿長褲，否則會很尷尬、難看……等等經驗談，更使我提不起興趣前往中國。

我旅美後第一個接觸的「中國官員」，其實是二二八事件後爲了逃避國民黨追殺而投奔中國的台灣客家人彭騰雲。八三年前後他因公來美，住在成功中學的前輩黃炎的家中（黃曾赴中國講學，因而與彭認識），經由黃炎邀請，我與吳西面兩人造訪黃家，才認識了這位中華全國台灣同胞聯誼會的副會長。彭先生以台灣人且親身經歷二二八事件的人，竟替中共到美國來統戰台美人，吳西面及我均認爲太不應該而輪流予以反擊，曉以大義。

彭騰雲走後不久，我又在橘郡迪斯奈樂園附近的「阿里山餐廳」，見到時任中華全國台胞聯誼會會長林麗韞，餐廳老闆蘇建源同學的妹夫是彭騰雲的堂弟，蘇君與林麗韞會長又是淸水鎭的老鄉。

我當時忍不住劈頭就問林會長：「你是台灣人，怎麼會去中國做這種事？」當場不留情面給林麗韞，不過林日後訪美多次，總會與我聯絡、致意，一九八四年世界奧林匹克在洛杉磯舉行時，與《中報》創辦人傅朝樞先生等請我夫妻參加慶祝，並給中國得金牌的人頒獎。

對於林、彭等人的修養與耐心，實在心感佩服。

歡迎李先念的演講稿風波

第三次，則是一位名副其實的中國高官，一九八五年七月來美訪問的中華人民共和國主席李先念，為歷年來訪美地位最高的中共領導人。

為了歡迎李先念來訪，美國雷根總統親自從白宮出迎，而當他抵達洛杉磯時，親共的僑社也已預定在比華利山莊的希爾頓大飯店，替他辦一個轟轟烈烈的歡迎會。

主辦單位透過《中報》記者譚世英傳話，請我擔任致歡迎詞六人代表中的「台灣人代表」，一開始我藉故推辭，因為身為堂堂台灣人的我，豈可去「拍馬逢迎」中共國家主席，但大概是為了爭取我參加，主辦單位後來同意我不必致歡迎詞，僅到會場亮相即可，我更加嚴詞拒絕，以免白白受利用。後來，主辦單位改變主意要我出席「講講話」，我經過思考後答應了。既然請我講講話，我應該趁這個機會說出台灣人的心聲。

沒想到我打算出席李先念歡迎會的消息傳出後，僑界又是一片譁然，我家中電話不斷，北美事務協調處處長劉達人及台獨聯盟主席張燦鍙也先後來電關切，勸阻我打消此行，來自各方的壓力，致使我心生反彈：「你們都不知道我要講些什麼，憑什麼給我亂加帽子？」於是拂逆衆意，堅持原議。

演講前，主辦單位突然以事先編印成册爲由，向我索取演講稿。按我的慣例，因商務繁忙，所以演講一向只列大綱，其他即席發揮，沒有寫成演講稿的習慣，經不起被再三催促後，我乃口述大意，請有「第一筆」美譽的孫慶餘執筆，待講稿完成後，交給主辦單位。

主席、李主席、李夫人，各位中國政府官員及各位來賓：

我很高興以一個台灣僑胞的身分，能在這裡歡迎中國的國家主席一行人，並有機會說幾句話。

李主席這次訪美，是歷年中國領導人訪美職位最高的一個。這顯示中美關係已進入到國家元首的互訪。也顯示中國的開放政策，確實突破了意識型態，正在積極參加世界事務。

身爲台灣人，我樂意看到中國的國際地位提高，爲海內外華人爭一口氣。身爲台灣人，處在這個激烈變化的時代，我更樂意看到中國的開放政策，對海峽兩岸人民都是好消息，而不是有一方覺得興奮安慰，另一方面覺得憂慮恐懼。

中國政府近年提出和平統一的呼籲。這個呼籲乍聽之下相當理想，但如何取信於台灣人民卻不容易。到目前爲止，我還沒有看到中國官方對台灣人民的意願及感情，有任何具體的主張及反應。

台灣人民正在追求民主，台灣人民要求台灣前途的解決不使用武力及威脅，台灣人民也希望經濟的繁榮能繼續下去。中國提出和平統一，特別強調民族感情。但是如果中國政府對有歷史恩怨的國民黨，都能拋棄恩怨，要求恢復兄弟感情，那麼，中國政府對沒有歷史恩怨的台灣人民，更應該尊重他們的意願及感情才是。

中國人喜愛大家庭，五代同堂被認爲是有福氣。但是，五代同堂最受苦的就是媳婦。兒子爲討好父母經常委屈媳婦。對於中國現行的和平統一政策，有很多台灣人民怕變成媳婦。

中國人又喜愛談兄弟感情。但兄弟爲了爭財產而同室操戈，卻常常發生。可見兄弟感情不一定能解決一些現實問題。我希望台灣與中國兩地的關係能「親如手足」。我覺得談朋友感情比談兄弟感情實在。友情是平等的、互惠的，沒有先天義務的。而不是要像父母與子女或大哥與小弟的關係。

和平統一應該是和平的，沒有威脅的，大家高高興興心甘情願的。因此和平統一需要的是耐心及體諒。我相信，所有的台灣人民都願意中國強大、光榮；所有的台灣人民也都期待中國對他們是一個互相扶持，可以信賴的朋友，而不是一個嚴厲、強制的兄弟。如果中國強大了，台灣人民卻覺得威脅越來越大了，如果中國光榮了，台灣人民卻無法分享光榮，反而覺得危險，那麼，這不但是民族感情的不幸，而且離開和平統一的目標越來越遠。

我希望中國政府多瞭解台灣住民的意願及感情，多發揮耐心及體諒，讓台灣人民有安全感，能夠彼此建立互信。那麼台灣問題的和平解決就容易了。謝謝大家。

演講會前一天，收到印行的書面資料時，我傻眼了，因爲我的講稿被刪改得面目全非，以下是被刪改了的演詞：

主席、李主席、李夫人，各位中國政府官員及各位來賓：

我很高興以一個台灣僑胞的身分，能在這裡歡迎中國的國家主席一行人，並有機會說幾句話。

李主席這次訪美，是歷年中國領導人訪美，職位最高的一位。這顯示中美關係已進入到國家元首的互訪，也顯示中國的開放政策，確實突破了意識型態，正在參加世界事務。

身爲台灣人，我樂意看到中國的國際地位提高，爲海內外華人爭一口氣。身爲台灣人，處在這個激烈變化的時代，我更樂意看到中國的開放政策，對海峽兩岸人民都是好消息，我們希望中國政府與台灣同胞加強相互溝通，我亦願意爲此而努力。

刪改後的致詞與我的原意相差太遠，因此我決定拒絕出席，並向主辦單位提出嚴重抗議，接著又在許丕龍、黃志明的建議下，於七月廿七日在蒙市林肯酒店，召開記者會說明此事。

本人受邀代表此間洛杉磯台灣人，參加中華人民共和國主席李先念訪問洛杉磯之宴會，並被推派爲致詞六人代表之一。但，本人萬萬沒有想到，在此地言論自由的國家——美國，本人致詞內容，必須經由主辦單位修改，始得做爲當日李先念宴會上的講詞。這種作法不僅扼殺了言論自由，更是打著紅旗反紅旗，本末倒置的作風、行爲。

本人爲抗議這種反言論自由，特此申明退出此次的歡迎宴會。

本人致詞內容中，提及中國的和平統一，必須尊重居住在台灣的一千九百萬台灣人民的意願，大家心甘情願，並非恫嚇、威脅、利誘可以達成的。

中國提出和平統一的構想，既然連海外台灣人心聲都無法接納，這無疑是暴露了中國主張海峽兩岸和平統一，其實盡是幌子！是欺騙的手段！以和平統一做爲達到目的的假像，這種欺騙的心態、行爲，叫海外台灣人感到心寒。

是故，本人特此鄭重表示：中國既然連海外台灣人的諍言，尊重一千九百萬台灣人民意願的誠意都沒有，都無法接納，那請問李先念主席，海峽兩岸的和平統一基礎在那裡呢？

洛杉磯華人在七月廿八日晚上，在比華利山莊希爾頓飯店舉行大規模晚宴，歡迎李先念一行，主辦單位印發單上曾列有六位演講致詞的人，但是六人之一，唯一台籍的王桂榮卻沒有出現而臨時由一位曾姓名不見傳的台籍人士取代，使許多與會者納悶。

鬧得轟轟烈烈的李先念風波過後，雖然從一片批評聲浪中，我重新贏回掌聲，不過我深深感受到，對中共一面以聯絡鄉情的方式建立友誼，鼓勵「回歸祖國」參觀、訪問、講學、應聘、經商、投資；一面極力爭取台灣人支持統一，雙管齊下的統戰攻勢，海外台灣人應該化被動爲主動，趕緊凝聚因應之道才是。

台灣問題研究小組的成立

一九八六年六月，擁有四十幾個組織的「南加州台灣人社團」，召開一年一度的協調會，首次正式將「面對中國統戰，海外台灣人該如何因應」列入議程，此舉果然引發熱烈討論，一場激辯後通過決議，選出蔡銘祿、王秋森、郭清江、許斌碩、王桂榮五人，成立「台灣問題研究小組」，並由我王桂榮出任召集人。

五人小組多次研商，擬定三個工作重點：

⑴建議海外台灣人社團籌組訪問團，分別前往台灣及中國訪問，藉此了解國共雙方對台灣問題所持政策的背景；

⑵建議海外台灣人社團邀請國共雙方派遣的訪問團，到各地訪問台灣人社團，增進對海外台灣人的了解與認識；

⑶爲了達到上述目標，需要三方均以最大的包容與忍耐的態度，不斷努力進行接觸。

台灣研究小組的成立，正好爲一九八六年南加州即將展開一連串台灣人政治熱季暖身，像七月下旬以後的「台灣人公共政策研討會」、「第十三屆世界台灣同鄉年會」、「第一屆台灣人基督徒大會」及台灣民主黨建黨委員會年底「遷黨回台」的系列募款會等等……，屆時獨立運動家、學者、社會人士、企業界將來到洛杉磯，那個下半年的洛杉磯實在非常「台灣政治」。

爲了廣徵民意，五人小組到聖地牙哥參加蔡明憲等人發起的「台灣人公共政策研討會」，看齊聚一堂的海內外學者專家提出報告，聽取意見。雖無定論，但多數人並不反對與中國接觸；接著五人小組又到華府跟「世台會」及FAPA的工作委員會提出報導，也大致獲得相同的回應。

九月十九日，南加州六個「生活座談會」一年一度的大辯論，題目就是：「目前海外台灣人代表是不是應與中國溝通？」跟從前動則得咎的情況，海外台灣人的心態似乎已日漸開放。

為了再接再勵，將問題普及化、草根化，我又與蔡銘祿兩人進一步提供獎金，向全美進行「台灣前途問題」徵文比賽，同時更為了從中推派與中共溝通的台灣人代表，一九八四年在南加州台灣人社團中，一度讓人側目的「海外台灣人議會」，再度變成討論的焦點……。

經過一系列調查後，我們獲得兩個基本的共識：一個國共長期黨爭所產生的中台宿怨，應該設法化解，兩者之間是要統一，或者建立正常的國際關係，有待慎重探索，不應草率接受「一國兩制」的方案，較值得進行的具體努力包括：人道上的探親，非政治性的接觸，訪問交流等等。

其二是：主張中台建立平等互惠邦交者，遠比主張統一者為多，多數社團和個人主張必須立即展開行動，讓台灣恢復國際人格，將來如果多數台灣住民希望和中國統一，認爲統一最利於台灣人民的權益，這種統一可在恢復國際人格的基礎下來進行，總之，恢復國際人格可以導向獨立自主，也可容納與中國的統一，並非片面偏向獨立。

這個結論經發表後，在哈佛大學進修的呂秀蓮女士寫給我一封信，大力反對與中國三通。我說：通郵、探親是基於人道考量的多數意見，她即提出希望與我打筆戰，但不久，蔣經國總統壓不住老兵的壓力，終於開放回中國探親。

一九八七中國行

有了民意做爲基礎，萬事俱備後，東風正好翩然而至。一九八七年八月，中華全國台胞聯誼會會長林麗韞正式遞上邀請函，揹負海外台灣人「反統戰」任務的我，遂下定決心，親自前往中國一探情況。台聯會的邀請，其實幕後有段精采的插曲。

一九八七年五月，中共中央軍委會副主席楊尙昆率團訪美，抵洛杉磯時，親共僑會再度為他舉辦一個盛大的歡迎會，這次主辦單位不敢再找我了，五月二十五日在好運道餐廳舉辦的宴會，「台灣同胞代表」變成了跟李登輝有姻親關係的《加州論壇報》董事長曾輝光。

跟李先念不同的是，楊尚昆來到台灣移民大本營的洛杉磯，立即伸出統戰之手，表示很想見此間的台灣同胞，經過斡旋，三十幾位台灣人組成一個代表團跟楊尚昆一行人懇談，這一次，台灣人代表先聚共識擬出致詞內容後，推我為致詞代表，共擬的書面內容如下：

我今天很高興看到這麼多南加州的鄉親領袖人物聚集在一起，和中國政府對台決策的負責人面對面地會談，溝通意見，談談台灣人的心聲。以前中國政府對台灣人的意見不夠重視。希望這是一個好的開始，表示中國政府重視台灣人民的意見和願望。

我們住在美國，但是很關心台灣，因為那兒有我們的親戚朋友。我們也很關心中國大陸，因為我們的祖先是從唐山移居台灣的。今天中國也有幾萬台灣同胞生活在那裡，我們當然也很關心他們的現況。美國與台灣雖然海天相隔，但是透過各種管道，我們經常彼此接觸連繫，台灣發生的事情，通過電傳，幾分鐘後我們就能得到消息的眞相。我們與島內的同胞不但心連心，而且是手牽手在一起，我們深深了解今日海內外台胞的需要和願望，我可以在此說出大家的心聲。中國統一對海外華人與島內住民的利益與感受並不相同，統一的中國，對海外絕大多數的華人有益，中共、國民黨和台獨對立，使海外華人社會分裂，華人力量互相抵制，不團結，爲外國人恥笑！

以武力取得統一，只是逞一時之快，同胞相殘，是民族的悲哀。即使表面統一，也無法取得台灣人的心，更會播下仇恨的種子，將來分裂之爭在所難免。所以放棄對台用武，不但可爭取民心，而且杜絕國府保守派藉此口號壓迫台灣住民。

以和平的手段完成統一，才能促進民族的大團結。以香港收回後的實況，以港人治港的實績，來爭取台胞對統一的意願。台胞需要一段時間來領略中共的宣傳，才能了解中共的現象，香港未來的表現，將是台胞何去何從選擇的重要依據之一。台獨是國民黨統治台灣的結果，台灣光復後，國民黨政府貪污腐化，橫行霸道，官逼民反，結果發生了二二八事件，國府屠殺了幾萬台灣人的領袖人物，種下了台灣人的分離意識。四十年來，國民黨利用中國各省四十年前選出的中央民意代表來控制政權，壓迫台灣人的政治地位，這種不平等的待遇，到今天還存在，戒嚴法還沒解除，又要在外省人控制下的立法院制定什麼換湯不換藥的〈國安法〉，繼續壓迫台灣人民。民進黨領導的「五一九」示威遊行，是國民黨逼出來的。

自決並不等於獨立，也有可能統一。試以加拿大的魁北克省爲例。幾年前，該省有部分人主張應與加國分離，自己獨立，爲此問題加拿大幾乎發生內亂，但是經過魁北克省民投票自決的結果，今日的加拿大不但保有魁北克省，而且全國更加團結。

統一不是問題，爲誰統一，如何統一，才是大家應該關心的問題。希望中國執政官員能經常同台胞會談，建立經常性溝通的管道，大家開誠佈公爲台灣人的幸福及同胞的骨肉親情而繼續努力。讓我們把三通的政策，也在海外落實。

接著楊尚昆也講話後大家自由發言，氣氛相當和諧。會議結束時，楊尚昆當場口頭邀我們去中國看一看。

楊走了幾天以後，我在羅斯密市的「將才健康活動中心」辦公室來了一對意外的訪客，即唐樹備夫婦，兩人從舊金山趕來致歉，希望我不要掛意李先念講稿一事，大家盡釋前嫌……並再一次提起去中國訪問一事。

因此，收到台聯會正式邀請函時，我認為時機成熟了，為了降低政治色彩，我與想法相同，同是旅館經營者，也是FAPA會長彭明敏先生的特別助理楊加猷，以私人身分請託曾經前往中國多次的曾輝光與台胞聯誼會取得聯繫，八月廿六日楊、曾及夫人與我四人私費自洛杉磯乘星航，自香港進入廣東。

在台聯會安排下，我們先參觀當地深圳、蛇口及珠海三個經濟特區後，赴廣州、桂林、西安、北京、長春、吉林、上海、廈門等城市參觀訪問，九月十八日飛返美國。

第一次到中國，我心中充滿各種好奇，尤其是旅居中國的台灣人，他們生活的情形，對台灣前途的想法等，所以我們每到一地考察投資環境之餘，都不忘見咱們台灣人。

根據中共一九八七年官方資料顯示，當時旅居中國的台灣人約有兩萬七千人，其中大多數是第二代或第三代，第一代已凋零到剩下四千人左右。在中國的台灣人有的是戰爭前後自台灣、日本，或別地轉赴中國的留學生，有的是當年國民黨七十師被俘的士兵，有的則是二二八事件逃往中國者……。

在中國的台灣組織主要有二，一是屬於統戰部的台胞聯誼會，一為中國扶植的政黨，主張台灣高度自治的台灣民主自治同盟。

我們特別帶去美國的台灣同鄉會組織章程彼此交流，也帶去台美基金會的章程及獎金申請辦法，更送給他們幾套《台灣前途論文集》、《自由的滋味》與《台灣人的詩篇》分贈給他們。

台聯會特別在北京很著名的全聚德烤鴨店宴請我們，也請來擔任台聯會顧問的張春男、黃順興與陳鼓應做陪，餐後黃順興表示，想私下與我交談。

於是當晚黃順興（曾任台東縣長及立法委員）和張春男（曾任國大代表）兩位先生聯袂駕到我住的旅館，黃帶了兩本著作《黃順興看中國》送給我，並與我就統獨問題交換意見。黃先生在中國擔任農業科學院顧問，年輕時候在日本留學受過日本人的欺侮，因此希望有一個統一而強大的中國。中國人民政協常務委員的張春男有一部車及司機，是中共政府供給的。次年張先生來美時告訴我，當晚才踏出房門，主張統一的黃順興便跟張春男說：「王桂榮這個人比較傾向台獨」。

走訪中國幾個主要城市，讓我想起卅多年前的台灣，一些民生用品、雞鴨魚肉的價格比台灣貴，以他們月平均三十美元收入，真不知他們怎麼吃得起？同時我們一行也發現，此間民衆並不關心統一不統一，關心的是實質生活的改善，與相關政治、社會制度的改變。

在長春停留期間，正好兩位《自立晚報》記者前來中國，每天都有人跑進跑出，向我們報告這檔大事，那是台灣媒體第一次搶灘中國，這兩位記者好像帶來了六・一級的地震，震驚了全中國，我當時無暇插手此事，但一九九三年自立報社長吳豐山先生因一九八七年突破兩岸新聞禁忌，榮獲台美基金會新聞奉獻特別獎，獎雖然來得遲了些，卻讓我覺得內心有些堪慰。

廈門是最後一站，來到當地時，正好他們在選人民代表，街上的牆壁貼滿了紅紙，正在宣傳什麼是選舉，選舉有什麼好處？如「人民選人民代表，人民代表爲人民」，像民主課程的第一課，這點讓我生活在先進民主國家的人留下深刻印象。

與楊尚昆一席談

一九八七年中國行，最讓我意想不到的收穫是九月七日在北京跟對台辦主任楊思德先生談罷，楊說：「明天還有一位比我位還更高的人想見你們。」九月八日，一輛紅旗黑轎車，將我們一行接到天安門廣場人民大會堂的新疆廳，才知道接待我們的原來是已經繼任爲國家主席的楊尚昆。

楊尚昆給我的感覺，態度落落大方，言論尺度頗爲開放，也不介意我打開錄音機記錄兩人的談話。統戰部長閻明復及楊思德在旁做陪，林麗韞坐在我背面做記錄、筆記。

我倆僅吃了幾道菜後即進入快言快語，針對中國對台政策，廣泛交流意見。

有趣的是，楊尚昆一再強調統一的好處，對歷史的交代，其中說了一句話：「我們的領導人認爲，台灣有漲死的資金及衆多的人才，中國有無盡的天然資源與廉價勞工，統一對兩岸都有好處。」我就問他：「統一以後，台灣人若要資源要不要用錢向中國買？」他回答說：「當然要用錢買。」

「若須要用錢買，不統一，也可以買，所以那不是統一的好處。」我接著繼續

與中共前國家主席楊尚昆（右一）及統戰部長閻明復（左一），爭談兩岸關係。

說：「台灣現在工業發達，工廠很難僱到勞工，所以從外國輸入很多勞工，中國有許多廉價勞工，台灣照樣可以輸入，與中、台統一沒有關係。」我再追問：「你能說出沒有統一達不到的好處嗎？」楊尚昆想了很久以後說：「中國要養活十多億人口並不簡單，統一以後，中國頂多到台灣拿一點錢，其他各管各的，不會去管你們。」我說：「我在西安看到兵馬俑，規模宏大，也在北京看到長城，使我想起秦始皇使用武力併吞六國，統一中國，原想萬世一系，但是秦朝，只不過延續二代而已，……受到人民擁戴的統一才能萬世永存。回顧美國開國之初只有十三州，今日美國已是五十一州的聯邦……都是經過人民投票和國會票決的民主程序完成的。這種經過人民意願贊同而達成的統一，將永遠結合在一起……中國的統一大業大可參考美國的模式，循序漸進。」接著我提出爲何中共至今尙不公開宣佈放棄以武力解決台灣問題的主張。楊尙昆鄭重表示，中國人互相殘殺的局面應該結束了，中共絕不對台灣同胞使用武力，中共的軍事武力是用來對付對台灣有野心的外來帝國主義者。因此我建議他，使用中國話向台灣人宣佈放棄武力，而另用外國語言警告外國有野心者使用武力。

就這樣，一個主題，我的台灣國語與楊尙昆的四川國語，兩人各說各話，彷彿兩條找不到交接的平行線，不過雙方開誠佈公的態度，倒給彼此留下不壞的印象，結束時，楊尙昆還向我建議，下次請彭明敏先生來中國看一看。

悄悄去，悄悄回，等到此行曝光後，海外台灣人都好奇地問我們去做了什麼？講了什麼？爲了釋疑，我與楊加猷、曾輝光聯合召開記者會，說明我們中國行所見所思。後來《公論報》記者來興師問罪，我就把與楊尙昆一席談的錄影帶交給他們。

台灣研究所承認「台灣自古不屬於中國」

一九八八年十二月底，我與太太兩人再度到廈門，想探查我的祖先所住的地方，但無結果。

卅一日拜訪台灣研究所，出來迎接的六位學者中竟有三、四人是台灣同胞，所長陳孔立先生是福州人。在中午的宴席中，我請問陳所長：「中國說台灣自古屬於中國的根據在那裡？所謂自古，應該是盤古開天。」陳所長很坦然地說，他曾去美國在芝加哥參加台灣問題討論會，遇到台獨聯盟副主席洪哲勝先生，洪先生交給他一本他所著《台灣自救》小册子，拿回中國研究後，認爲台灣自古不屬於中國的說法正確，就向中共中央提出糾正過兩次，所以中央已不再提「台灣自古屬於中國的」言論。

八九年底我到廈門時，我在美國擔任北美台灣商會聯合總會會長。有卅多家台商聚集開會，福建省統戰部張克輝部長先生，及北京政協委員、國際友誼促進會副理事長李定先生與會解答問題。大部份台商提出來的問題都繞在中國法律朝令夕改，無法適從，有的向銀行貸款，償還期未到則被迫還，有的免稅期從合約

訪門廈門大學台灣研究所；前排左起：所長陳孔立、作者、朱天順和陳炳基。

的五年被減爲四年，事前都沒有接到通知等等……困境許多。

其中有一位台商陳溪福，在廈門開有一家工廠叫做新亞洲貝殼珠寶首飾有限公司，專門作出口日本的生意，他請我去參觀工廠後，請張克輝作陪請我吃飯。他猛喝幾杯酒後大發牢騷，什麼每次自己開車去市區，車就被警察扣留，考駕駛執照不能使用自己的轎車，必須使用軍用大卡車，因而永遠考不上。政府讓他進口數輛馬達機車，卻不讓他們的工人開入市區，說是環境保護。最後說：「我今天說這些怨言若被政府抓走，拜託王會長救救我家人。」同席的陳太太則抱著嬰孩流眼淚。

飯後他又帶我們去一家百貨公司，進門頭一個櫥櫃是他租用來排珠寶首飾的，但是上面卻排放了很多別人的東西，覆罩著他的商品，因此他就破口大罵百貨公司的經理人員沒有良心，招來幾位彪形大漢圍著他來，我一看情況不對，突然大聲喊：「站住不許動！我來處理。」那些人愣住，看我大概以爲我是中央的大官而退縮，我敢緊把陳先生帶走出去。

八九年六月四日天安門事件發生後，我再也沒有興趣到中國去了。

第十四章　台灣團結聯盟海外後援會

成立與緣由

公元二〇〇〇年民進黨的陳水扁先生當選中華民國第二任民選總統。台灣首次政黨輪替。台灣人民用選票終結了中國國民黨一黨專政的時代！海內外台灣人期盼當家做主的美夢終於成眞。民進黨執政一年來，遭受在野黨在立法院爲反對而反對的無理性杯葛，以致扁政府政策無法推動，政績乏善可陳，令人失望！一年來台灣政局動亂、經濟衰退、社會不安，究其原因，顯而易見，立法院是最大的亂源。因此年底立法委員改選成爲未來三年民進黨施政成敗的關鍵，也是落實本土派政策的決定性機會。但是依民進黨目前的實力是無法贏得立法院過半席次。

受李前總統登輝的精神感召，由黃主文主席、蘇進強祕書長及多位幹部和熱心的黨員發起創立第一個以「台灣」爲名的政黨——台灣團結聯盟，並適時提出：穩定政局、振興經濟、鞏固民主、壯大台灣四大黨綱，號召有志人士團結爲台灣打拼。台灣團結聯盟的成立，不但適得其時，也深得民意。台聯是第一個堂堂正正冠以台灣爲名的政黨！最具本土精神並代表台灣主體意識。

二○○一年六月，李前總統登輝伉儷來美訪問受到海外台灣人熱情的歡迎，並於六月二十五日在南加州舉辦有史以來規模最大、人數最多的盛大餐會來歡迎台灣人心目中的台灣民主之父。李前總統登輝在總統任內帶領台灣人出頭天，當家作主。今天台灣從總統萬歲演變成人民萬歲的時代！台灣人感恩擁戴的心意在此熱烈表達出來，洛杉磯台美人的臨別贈言：「台灣建國」的震耳呼聲，李前總統一定永銘於心。回台灣時桃園國際機場廣大民衆盛情的迎接場面更是令人感動！李前總統回台不久，八月十二日台灣團結聯盟正式成立。台聯堅持台灣主體意識，本土第一精神，向世界宣示台灣人要當家作主，是台灣的主人。舊金山和約簽定已五十年，台灣主權紛爭不斷，台聯的出現，其意義特別重大。

台聯的精神領袖李登輝、主席黃主文、祕書長蘇進強以及國際事務部主任張禎祥和我都是舊識，因此台聯成立後的第四天，八月十六日黃主席來函，要我協助台聯發展政黨外交與組織。而後徵詢世界李登輝之友會共同主席曾輝光及廖聰明的意見，他們兩位立即答應擔任台灣團結聯盟海外後援會的發起人。他們兩人熱心支持使我信心大增。遂在內人的協助下，很快邀請到三十多位台灣人社團的代表，共同發起成立台灣團結聯盟海外後援會。這三十多位代表來自不同政黨和社會背景，但都一致認同後援會的目標——援助台聯贏得年底立法委員選舉，支持阿扁總統順利執政，壯大台灣。

我回函黃主席說明我是民進黨員，只能從旁協助台聯。但是多位好友都認為成立台聯後援會的意義重大，比以前我對台灣人社會所作的貢獻更重要。因此深思後，欣然擔任後援會榮譽召集人與大家共同打拼。經過僅僅一個月的籌備，由於各位發起人的努力和眾多熱心同鄉的大力支持，後援會成立大會就有九百多位同鄉熱情參加！盛況動人。

返台助選團及台聯戰果

海外後援會成立後不久就組織返台助選團，由黃榮貳擔任團長、周康熙及王

2001年成立台聯海外後援會組團返台助選第五屆立委選舉，小有斬獲。

榮義兩位擔任副團長共約三十人回台助選，而由我擔任領隊租了一部遊覽車，往返南北多次爲三十九位台聯立法委員候選人助選。

台灣團結聯盟組黨成軍即參與競選第五屆立法委員，雖然沒有預期的大勝，卻也拿到八〇一，五六〇票，得票率爲八・七九％。

當選者爲

陳建銘　台北市（北區）

廖本煙　台北縣（第一選區）

許登宮　台北縣（第二選區）

何敏豪　台中市

錢林慧君　台南市
蘇盈貴　高雄市（北區）
羅志明　高雄市（南區）
林志隆　高雄縣
黃宗源　全國不分區
吳東昇　全國不分區
程振隆　全國不分區
黃政哲　全國不分區
王政中　僑選

成立海外黨部

台灣團結聯盟新主席蘇進強伉儷率羅志明委員、廖本煙委員、曾燦燈委員、劉寬平委員、尹伶瑛委員、郭林勇委員、李先仁執行長（政策會）、呂憲治主任（國際事務部）、林義德副主任（國際事務部）、洪浦釗祕書（主席室）等一行十二

2005年7月17日台聯主席蘇進強率團赴洛杉磯參加海外台灣人團結之夜，並成立台聯海外黨部。

人於二〇〇五年七月十六日訪問美國並參加洛杉磯「海外台灣人團結之夜」及美國各地方黨部成立大會。

七月十七日晚上在San Gebriel Hilton Hotel席開四十多桌歡迎蘇主席團隊。海外台灣人團結之夜後，即給南加州黨部主委周明成、大洛杉磯黨部主任呂庚寅、北加州黨部主委謝鎮寬及波士頓黨部主委游勝雄及美西黨部主委周志鵬等授證，正式成立海外地方黨部。

第十五章　意外的肯定

母校的獎勵

一、中興大學美國南加州校友會傑出校友

興大校友會自一九七一年在南加州洛杉磯成立後，每年都有一次盛大的聚會，一九九八年十月二十四日的聚會時，突然被叫上台，會長韓幼琴給我一張獎狀，表揚我爲傑出校友，這是自我參加校友會二十多年來首次受到獎勵，也是校友會空前的舉動，我眞的受寵若驚、感激萬分。

二、國立中興大學第五屆傑出校友

二〇〇一年四月接到中興大學校友聯絡中心的通知獲選爲第五屆「傑出校友」，評審會議於三月二十九日召開，會中選出五位「傑出校友」當選人：王桂榮、林萬年、陳連和、劉顯達、劉安國。表揚大會暫定於民國九十年六月九日畢業典禮舉行，而我被表揚之原因，在《傑出校友》刊物裡由中興大學南加州校友會一九八七年會長張之元先生所撰寫〈我所認識的王桂榮同學〉一文中，略述如下：

中興校友會成立於民國六十年（一九七一年），首任會長爲合作系的校友陳李婉若女士，她曾是有「小台北」之稱，而且是亞裔人口聚居最多的蒙特利公園市首任民選的華裔女市長，二十多年來，一直是民主黨政壇上活躍的一棵長青樹。

在校友會舉辦的各項活動之中，我更是認識了許多先後期的同學，其中最有成就、印象較爲深刻的傑出校友就是王桂榮同學，他比我早來美國五年，在學校裡他學的是財務行政，我學的是土地行政，他低我兩屆，回法商學院補修學分時是同期同學，但甚少交往，眞正認識和了解他是在海外的洛杉磯。

王桂榮同學在南加州的商場上可說是叱吒風雲、呼風喚雨。我知道他曾以旅館業起家，辦過社區報紙《亞洲商報》，他更有一位美麗能幹的賢內助——王賽美女士，兩人胼手胝足，艱苦奮鬥，以致有今天的成就。

王桂榮同學於民國六十二年（公元一九七三年）攜帶七萬美金來美闖天下，在短短的六年之中竟創造出奇蹟，累積了千萬美元的財富，他爲人憨厚、熱心公益，曾組織了台灣人第一個專業公會——旅館公會，並進一步成立台美商會，擴而大之成爲北美洲台灣商會聯合會，一直到世界台灣商會聯合總會，結合海外台商的力量，使台灣對全球的商務貿易起了一定的影響作用。

此外，他認爲「金錢爲身外之物」，財富取之於社會，亦當用之於社會，爲了回饋故土，獎掖人才，乃於民國七十一年（一九八二年）捐出了壹佰萬美元，創立了「台美基金會」，以孳生利息作爲獎金，設人文科學、科技工程、社會服務等三大項獎金，由海內外各界推舉優秀人才，經委員會審核投票錄取傑出人才，每年頒獎一次，僑界均譽爲小型的「諾貝爾獎」，迄今已連續舉辦了二十屆矣！

民國八十九年（二〇〇〇年），他又捐出了一幢位於聖蓋博市鬧區的一幢龐大的建築物連同停車場，作爲「台灣會館」的館址，以供社區同胞活動集會之用，這又是一注大手筆，頗得社會大眾的一致好評。

王桂榮同學最使我印象深刻的一件事就是一九八五年七月二十七日，中共「國家

2000年捐出位於聖蓋博市鬧區的一幢巨宅作爲「台灣會館」，供社區同胞活動集會之用。

主席」李先念訪問美加抵達洛杉磯，次日僑界有一場千人歡迎晚宴，地點在好萊塢北方的北華利希爾頓大飯店，在宴會席上安排了五位華人人士發表演講，有代表銀行界的遠東銀行總裁黃仲元等人士，但最引人矚目的就是邀請了南加州台籍聞人王桂榮代表「台灣同胞」致詞，唯大會規定演講稿必須事先送交籌備會過目，王桂榮事先知道講稿被「動了手腳」，因而臨陣缺席，一時成爲喧騰僑社的頭條新聞，轟動了全美，筆者也爲他在加州論壇報的專欄「痴人夢語」中寫了一篇報導，對王同學「有所爲，有所不爲」，壯士斷腕的大無畏精神大加讚揚，認爲由此一舉動可以凸顯共產政權的極不民主，王同學釜底抽薪的作風，無異在海外替政府出擊，又打了一次極漂亮的勝仗。

欣聞王桂榮同學膺選爲本年度五位傑出校友之一，六月初將返母校接受表揚，我認爲的確是實至名歸、當之無愧、可喜可賀，特爲此文，以表申賀之意。

三、國立台北大學第一屆傑出校友

得到中興大學第五屆傑出校友的榮譽後，不久又接到台北大學校長李建興的邀請參加台北大學第一屆校慶暨三峽校區啓用典禮，並獲表揚爲傑出校友，訂於中華民國九十年十一月一日上午九時三十分於本校三峽校區舉行典禮。

從建國北路二段，我台北的辦公室望穿斜對面興安街口與合江街的法商學院招牌，約一、二年前突然被改爲國立台北大學。早聽說台北縣要成立台北大學，現在已成爲事實，但萬萬沒想到，「她」是從國立中興大學獨立出來之法商學院的變身。

民國四十二年畢業於省立行政專科學校財政科後，進入鳳山軍官學校接受預備軍官第二期訓練，訓畢回鄉就職不久，行政專校改爲法商學院，故白天上班、夜間前往母校上課補修學分，後來台北的法商學院與台中農學院合併成立中興大學，但我已出國，所以一直到傑出校友的表揚，我才看到在台中的母校。在美國將近三十年來一直都參加在南加州的中興大學校友會，與校友們建立了濃厚感情，因此一想到與「中興」切斷關係非常感傷，但很高興法商學院獨立成為台北大學後，中興大學母校仍然把我們之前畢業的人看成「中興人」而給我「傑出校友」榮譽，跟我同時得獎者有江丙坤、徐立德、康寧祥、吳淑珍、許新枝、饒穎奇、游錫堃等共二十多位。

四、回饋母校

我在省立行政專科學校二年，每個月拿到工讀金六十元新台幣，負責刻鋼版、印刷、掃地……等，雖然辛苦一點，但晚上便不再外出做生意，而專心讀書，以致如今稍有成就，獲悉本校有學生急難慰助辦法，以過來人之心情來幫助家境貧苦，有心向學的學弟妹，捐出新台幣壹佰貳拾萬元整回饋母校。

榮獲華美博物館第九屆歷史締造者獎

華美博物館是一個半官方半民間的非營利事業組織，其籌備委員會成立於一

2005年榮獲備受矚目的華美博物館「歷史締造者獎」，表揚作者的傑出商業成就及對移民的貢獻。

九八四年，是由十八位華裔、蘇格蘭裔、義大利裔等理事所組成。歷經十九年通過加州州、郡、市等政府的重重請願，始得於二〇〇三年開幕。華美博物館座落於美國加州洛杉磯市中心佔地四十四英畝的洛市歷史發祥地，該區已列爲古蹟保護區，保有許多不同族裔發展的史蹟。華美博物館位於該區東南角一棟於一八九〇年所建的嘉尼爾大樓內，室內面積一七，二〇〇英呎。其土地與建物的產權屬於市政府所有，而籌款及營運工作則由華美博物館之友會負責。該會是由理事會、員工團隊以及義工團體所組成。

華美博物館的宗旨是保存與分享華裔美國人豐富的文化及其對美國持續的貢獻。為了促使社會大眾對華裔美國人的重視、了解與賞識，華美博物館不斷推出相關展覽、教育與文化活動，並舉辦年度歷史締造者獎頒獎典禮。該獎業已推出九屆，獲獎人士包括有：前加州州務卿余江月桂、前加州財務長鄺傑靈、國泰銀行創始者陳鳳儔、老僑界大老黃金泉與胡國棟、聯邦大法官劉成威、民權作家張純如、溜冰皇后關穎珊、首位華裔大法官黃錦紹、名法醫李昌鈺、新僑界文化推動者劉冰……等等。

華美博物館的「歷史締造者獎」在美國備受矚目，二〇〇五年第九屆「歷史締造者獎」經過嚴格的篩選後，館方來函告知我獲選為傑出商業成就暨移民貢獻獎之得獎人。頒獎典禮訂於九月十日晚間假聖蓋博市希爾頓飯店舉行，當晚超過五百位嘉賓共襄盛舉。其中包括：加州國會議員胥爾夫、加州衆議員趙美心、洛杉磯市長維爾拉構沙、洛杉磯郡警長李貝卡、洛杉磯郡長安東諾維奇、洛杉磯市歷史古蹟保護局局長西凡禔斯、聖蓋博副市長梅志堅、蒙特利市議員伍國慶、瑞當都市長甄榮峰、南帕薩迪納市長劉文輝、中國領事館副總領事黃曉健、台北經文處處長魏武煉、台灣前立法委員王政中等……都親自蒞臨祝賀，不克到場的政要們也都派遣代表前去頒發賀狀致意；場面赫赫。

回顧移民美國三十年，華裔從商成功者無數，我因深受幸運之神眷顧，而能在商場發展一帆風順，使我有能力成立台美基金會及台美商會……等社團，從事台美社區活動，並推動我一向堅持的理念，希望藉由這些社團活動團結台美人，對移居國家社會做出一些奉獻，藉此提昇台灣人在國際的社會地位與聲譽。此次能得到華美博物館的「歷史締造者獎」，它是包括台灣新移民與有一百五十年移民史老僑的所有華人的獎，堪稱非常有意義，這份難得的殊榮，將使我永遠銘記在心。

第十六章　規劃餘生

政治是一條不歸路

自宣布不競選連任FAPA會長後，人家常問我下一步打算怎麼走？因爲第一任FAPA會長蔡同榮返台選立委，第二任陳唐山選上台南縣縣長，第三任彭明敏也回台灣選總統，前三屆會長在台灣政壇都曾先後轟轟烈烈表現過，身爲第四任會長的我，在台灣的政治舞台有何粉墨演出的機會？

其實，卸任後，民進黨曾希望我入黨，以讓我順利取得僑選國代之資格，黨主席黃信介並親自到我家說項，鍾金江還親自將申請表送到我家，江昭儀也一再催促我入黨，我曾一度心動，最後關頭卻還是緊急煞車，放棄回台參選。

總之，一下有人勸我參加僑選國代之行列，有人鼓勵我加入僑選立委之競爭，還有人勸我返台競選區域立委，甚至有朋友遠道而來說要出錢幫我選總統……，三思過後，我全部予以拒絕，除了理解到政治是條不歸路之外，始終認為自己已屬於海外人士，且已宣布退休，應該好好規劃晚年生活才是，何況島內年輕人才輩出，尤其眼睜睜目睹不少海外民主鬥士懷抱一腔熱情返台後，反遭冷冰冰的際遇，更是興味索然。

一九八六年當民進黨成立，我陪許信良等人回台不成而過境東京時，就已告訴過許信良，在台灣既然已有民進黨成立，我的任務基本上已完成。

一九九二年彭明敏要回台灣時曾對我說「你曾經陪許信良，及洪奇昌等人回台，更應陪我回去」的一句話，不但使我陪他回台，更在一九九五年彭氏要競選總統時，陪他一起加入民進黨，但，其後，我也沒有參與民進黨的活動。

除了一九九三年接受僑務委員這個無薪水的榮譽職務，保留海外台灣人通往國內的「管道」外，至今我並無返台從政的打算。

在美國的家裡，有一天我突然收到台灣傳來的傳眞，是移居澳洲雪梨的同鄉會會長翁國揚先生傳來的。其內容是民進黨總統候選人許信良競選總部在攻擊另一位同是民進黨總統候選人彭明敏先生的所謂「黑函」。因爲我與他們兩位總統候選人在美國時都相處過，尤其在FAPA任職時與彭先生共事很久，甚知其爲人處事之道而尊敬有餘，看其黑函內容則是根據一個事實而歪曲捏造不實的成分居多。因此甚感不平乃束裝回台。

回台當晚在台北士林的基隆廢河道剛好有一場民進黨總統候選人的第一階段辯論會。一進入現場看到許信良在演講，他說：「昨晚在英國倫敦修碩士的我的兒子打電話對我說，『爸爸，你應該讓給彭明敏，不要跟他競爭，因爲彭明敏已經那麼老了，且殘障只有一隻手，應該同情他！』」。許信良繼續說：「但是我想總統的職位關係到兩千多萬台灣人的命運，怎麼可以隨便同情一個老人而心軟不顧大局呢？況且彭先生僅寫了一篇三萬字的文章就已經享受三十年了。實際上該篇文章也不是他親自寫的，只是在其他人寫的文章上蓋個印章或簽字而已。」一群眾一時嘩然，我聽到有很多噓聲。同時想起，彭明敏先生首次回台在高雄受到人群的歡呼時，許信良站在台上向群眾說：「彭明敏先生將是代表民進黨競選總統的唯一不二人選。」言猶在耳與今晚許氏的講話怎麼會前後那樣矛盾。

後來輪到彭明敏先生上台辯論時說：「我曾經先後留學日本與法國，我的文章很多但大部分都是以日文或法文寫的，可能是許信良先生看不懂，才講那種話吧！」

群衆報以熱烈掌聲。當晚投給彭先生的票有九千多張，而許氏僅得到一千多張。

我親眼見到這種爲名利竟不顧倫理，自相殘殺的局面，甚感痛心，認爲政治人物實在可怕，對於參政更心灰意冷。

權力會使人腐化，眞是名言，政治人物掌握了權力，嚐到滋味後，大都不肯放棄，想把握終身。我看許多民意代表不惜花很多錢一再尋求連任，其中雖有些人一時下台，但想到在位時的風光與下台後的人情冷落，有的甚至不知如何謀生，就不管何種民意代表幾乎飢不擇食參加競選，甚至不擇手段，只要當選就可，所以說政治是一條不歸路。

我告訴我的三位兒子，若有意當民意代表，最好先把自己的事業基礎打好，有了健全的企業不愁生活後，擔任民意代表爲人民服務謀福利，可以光明正大坦然以對，隨時都可以下台而無憂。

持續奉獻的晚年

很多人常好奇問我：「爲什麼六十歲就要急著從商場上退休？」「那麼早退休

你要幹什麼？」「環境能讓你退休嗎？」「人生不是七十開始？你絕對退而不休。」

而我自有一番道理，小時候喜歡讀小說，尤其偉人的成功史。日本松下電氣公司老闆曾說，一個人四十歲就要創業，賺錢賺到五十五歲就要開始回饋社會。我反省自己三十歲自創事業，五十歲設「台美基金會」回饋，比別人都早十年，而我在南加州創立的事業，由於擔任FAPA會長必須到東部的華府的關係，分別由三個兒子接去順利地在發揚光大中，趁身體還好，多年前對內人賽美羅曼蒂克的承諾——環遊世界八十天，跟太太重新享受人生。小時候幾次看相，算命師都說我「少年勞祿，愈老愈好命。」

每次當我想到出生爲台灣人的意義時，就憶起，我曾經發誓將上天賜給我的財富，當做是「爲台灣人做事的資金」提高台灣人的地位與尊嚴。

我初步規劃並也開始實行幾項公益事業。除了回饋美國當地白人社會以外，茲略述兩項：

一、捐獻台灣會館

大約從一九七九年開始，每任南加州台灣同鄉會會長都曾宣佈，以建立台灣會館做爲政見之一，然而十幾年過去了，號稱海外台灣人聚集最多的南加州迄今尚未有「台灣會館」的成立，反觀後來居上的紐約、休士頓、聖地牙哥、溫哥華已建立台灣會館，而且成爲活動中心，不時舉辦各種多采多姿的活動。

我一直有一個心願，希望洛杉磯早日有一個台灣會館做爲台灣人社團共同的家，成爲精神的堡壘，發揚我們的文化，並把它帶進美國的主流社會，回饋美國社會，提高台灣族裔在美國的社會地位。

同時，我希望台灣來的四大族群，不論任何社團或黨派都能藉台灣會館來互相溝通，協助合作，團結在一起。

因爲我們都從台灣來，對我們的家鄉有深厚的感情，雖移居海外也希望我們的國家更好。

我曾經向有心人士表示，倘若他們募集了一定的金額不靠政府之補助，我個人則捐出相對的資金，但此事一直沒有著落。經過長久思考以後，與其期待別人來做，不如自己主動先做，來帶動台灣會館的成立。乃於一九九七年八月經家人的同意，提供十二年前以美金一百六十五萬購置蓋建的「將才健康活動中心」，拋磚引玉，建立台灣會館。相信位於台灣移民集中之心臟地帶，柔似密市3001

作者與同學簡瑋輝（左）攝於台灣會館前。

許效舜、林慧萍、澎洽洽（右起）等八位演員特來洛杉磯爲南加州台灣會館基金會成立大會盛大演出。

Walnut Grove，有四萬平方呎之土地，建坪有二萬平方呎之建築物，經改建後，必將能做爲多目標之台灣會館。

一九九八年六月十二日在籌備會祕書長廖聰明先生及其他社團領袖的帶領下，「千人餐會，百萬募款」之台灣會館成立大會，聚集了一千五百多位人士，把Bonaventure旅館會場前之馬路擠得水洩不通，盛況空前。

在籌設會館的過程中，難免有諸般雜音出現，令我感覺，賺錢容易，捐錢反而困難重重。幸虧經林榮松醫師、柯勳廷醫師等人的大力協調，才使得建館工程順利進行。令我最感動者則是兩位意識型態不同的廖聰明與林榮松先生竟能爲台灣人的大團結而合作無間，加上陳政吉、曾輝光、顏樹洋、黃三榮、蔡慶生、楊熾勳、梁政吉、許月雀、黃茂淸、何壽美、張正宗等近三十位籌備委員的協助，總算大功告成，實現了海外台灣人共同的夢想。

二、讓「台美基金會」歷年得獎傑出人才集體發揮功能

當設立台美基金會時，我曾想凡通過複審的每獎前三位傑出人才，都在《亞洲商報》刊登其成就事實後，將來列入台灣名人錄(Taiwanese Who's Who)發行。

當時的構想是能夠進入複審的一定都是特殊傑出人才，以人文獎來說，假如進入複審的三位中，一位是音樂家，其他兩位分別是藝術家或文學家，但最後得獎人依規定祇能選擇一位。第一屆頒獎時，複審人員在典禮當場才宣布得獎者爲在中國大陸的音樂家江文也先生，而在藝術方面首榜的陳錦芳先生竟落榜。這並不表示畫家陳錦芳先生比不上江文也老先生，而是當屆的複審委員可能較側重音樂。

又如科技工程獎，在複審入圍者當時有生物學家廖述宗先生與電機工程家陳坤木先生，但當場被宣布得獎人爲廖述宗。幸者，次年陳坤木先生重來才得獎。可惜，「亞洲商報」因爲辦了三年就關門大吉，所以刊印《台灣名人錄》的理想沒有付諸實行。

一九九二年，「台美基金會」在台灣舉行「急速邁進國際社會」的研討會後，請所有住在台灣的得獎人聚集在國賓大飯店舉行聯誼餐會，希望藉聯誼會的性質，使得傑出人才能夠凝聚其才能爲故鄉台灣做出集體的貢獻，但因科技工程、人文科學及社會服務三項不同領域的人才無法達成共識，所以僅辦理了一次就沒有再續辦。

一九九七年因爲人文得獎人林哲雄（林衡哲）醫師回到台灣在花蓮的門諾醫

院服務，這位被稱爲開拓文化大師因爲醉心台灣文化，在美國辦過出版社，收集對台灣歷史上大有奉獻的人物收入在其「台灣文庫」，如今回到台灣後亦在鼓勵大家合資開辦「望春風」出版社，繼續其事業實現夢想。

我忽然想起若能聚集十七年來的「人文科學」得獎的傑出人才爲基礎班底，與林醫師的構想連結在一起，則可能發揮創出台灣的新文化。我把這一構想向當年「台美基金會」的會長陳立宗先生（美國太空科學專家）敘述過，他非常贊成。若能經「台美基金會」理事們的同意，則資金方面可以協助而付諸實行，究竟如何，將看今後發展。

我因爲擔任僑務委員一職，六十歲宣布要退休，根本退而不能休，依然在各種社團拋頭露面，解決台灣人的各種公眾事務，尤其自「世界台灣商會聯合會」成立後，還要忙於往返世界各國，因此一樣忙得不可開交，自嘲職業已變成了「開會業」。

至於在我退休生涯規劃中，到哈佛進修美國史地，或是重拾畫筆完成童年美夢，屬於詩情畫意的那一部分，在環境的不容許下，只能偶而練練高爾夫，勉強踏出「理想」退休生涯中的一小步。

附錄：王桂榮自訂年表

一九三一年十一月　生於台北市大稻埕（現今延平北路二段）。

一九三八年　父親王石塗逝世。

一九三九年　進太平國民學校。

一九四四年　轉學至關渡國民學校。

一九四五年四月　考進台北第二中學校（即今日成功中學）。

一九五三年　畢業於行政專科學校財政科（即今國立中興大學法商學院），同年進入鳳山軍校，接受預備軍官第二期訓練一年。

一九五四～五五年　經就業考試進入台灣省政府財政廳，擔任稅務員。

一九五五～五六年　韓戰爆發後，美軍顧問大量來台，應召集爲編譯官，在台南空軍基地服務，跟隨Leonard Hawke少校一年。

一九五七年　退伍後與朋友組織大東亞化學醫藥供應社，進口批發西藥原料。

一九五八年　自設宇星行，試銷台灣產品出口，後轉做中央信託局投標之業務。

一九五九年一月十二日　與王賽美結婚。

一九六〇年秋　進入七海製藥廠任職。

一九六一年二月八日　長子政仁出生。

一九六二年　與吳西面合作買下華洋西藥房，並改名爲宇星西藥房。

一九六二年十月十日　次子政中出生。

一九六三年　與吳西面合作買下新中台貿易公司，改名安星貿易公司

一九六四年一月二十七日　三子政煌出生。

一九六四年　買下防老堂製藥廠，改名爲七星製藥廠。

一九六五年　買下華南製藥廠，改名安星製藥股份有限公司。

一九六五年　考察東南亞市場。

一九六六年　因擴大業務，公司移至重慶北路，購買七海製藥廠可利痛製劑之商標及存貨，購買台北市最大西藥房「華美」西藥房之庫存。

一九六七年　重新開設「六一行」，代理國際綠藻公司，製銷太空糧食「綠藻」康麗樂。

一九六八年　被中國郵報(China Post)報導爲一成功的商人。

一九六九年一月　往日本探訪昔日恩師，返台後，加入樂業貿易公司經營動物藥品。

一九六九年八月　自設功祥原料行。

一九六九年九月　創立功祥貿易有限公司。

一九七〇年　代理日本的「日光化學公司」，開創化妝品原料生意。

一九七一年　首次旅遊美國。

一九七二年　隻身前往巴西考察，尋找商機。

一九七二年四月十三日　取得巴拉圭身分証。

一九七三年三月十九日　帶全家移民美國，定居洛杉磯。

一九七四年八月　購買第一家旅館Newland Motel。同年參加組織「南加州旅館公會」，並連任四屆會長。

進入Golden West College進修會計簿計，及Cypress College修旅館經營課程。

一九七四年十二月十四日　慈母逝世，回台奔喪。

一九七五年五月　購入在長堤市的一百零五房間OUTRRIGER INN。

一九七六年六月　加入Ramada Inn聯鎖旅館系統，並與妻兩人前往Management Development Center高級班受訓。

一九七八年七月　出售Newland Motel，換購一百五十房間在Montebello的Holiday Inn。

一九七九年八月二十四日　入籍美國。

一九七九年　擔任台灣同鄉會組織的南加州聯邦信用合作社理事主席。
到Pomona大學修信用合作(credit union)課程。參加籌備「台灣老人會」。
創立「南加州台灣人社團協調會」。

一九八〇年　與台灣同鄉共同爲甘迺迪總統候選人舉辦千人餐會，募款十萬。
創始洛杉磯「台美商會」，連任會長三屆共六年。
與同鄉合辦台灣人在海外第一份報紙「亞洲商報」，任董事長三年。
接受一九七七～八〇南加州旅館公會傑出服務獎。
妻子王賽美被Ramada Inn雜誌選爲封面人物。

一九八一年　擔任第五屆中國城國際獅子會會長。

一九八一年一月　以亞洲商報董事長身分回台訪問。
代表台僑社團首次往華府國會爭取移民配額。

一九八二年

捐百萬美金創立「台美基金會」獎掖人才，是海外台灣人第一個回饋社會性質的基金會。

投資百萬並聯合商會理事共籌五百五十萬美元救援萬通銀行，任副董事長，董事長由吳全川先生擔任。

被選入一九八一～一九八二Who's Who in California（加州名人錄）。

經台灣同鄉之遊說，台灣獨得兩萬移民配額，經雷根總統批准自元月生效。

接受索拉茲衆議員的台美人社區人道主義與社團領首獎。

接受小台北蒙得利市市長獎。

接受洛杉磯市市長獎。

接受加州州務卿獎。

FAPA（台灣人公共事務會）第一個台灣人的Lobby（遊說國會議員）團隊在洛杉磯成立。

一九八三年　擔任萬通銀行控股公司董事長。

參加世界華商金融會議，並以南加州華資銀行團副團長身分率六人小組回台爭取國家外匯存款。

爲台美基金會在台北召開記者會。

一九八四年　加入花蓮慈濟功德會，捐助慈濟醫院。

邀請日本股票投資專家邱永漢先生在台美商會演講。

爲美國副總統Walter Mondel（孟代爾）競選總統舉行募款餐會。

一九八五年　民主鬥士郭雨新博士逝世，聯合友好捐款設立郭雨新和平紀念獎，以獎勵獻身台灣民主運動的傑出人士。

一九八五年七月　中國國家主席李先念來美，因致詞稿被刪改，拒絕出席爲台灣代表人。

一九八五年八月　從台灣購入34尺×12尺遊艇置於海濱別墅，因常招待台灣黨外來美人士被稱爲「民進黨號」。

一九八六年一月　捐款給南加大(USC)設立獎學金。

一九八六年六月　南加州台灣人社團協調會成立「台灣問題研究小組」，被選爲五人小組之召集人。

一九八六年十一月　參加民進黨海外組織擔任副主席，陪許信良、謝聰敏、林水泉遷台衝關不成。

五月份Long Beach Review雜誌，讚譽我在海灘的房子爲長堤帶入混合古代東西文化。

一九八七年一月　長堤雜誌再度褒獎。

一九八七年五月　被世界華商貿易會議聘爲洛杉磯地區會務委員。

一九八七年九月　受台灣同胞聯誼會的邀請，與楊加猷及曾輝光夫婦訪問中國，在中南海新疆廳與楊尙昆國家主席對談台、中問題。

一九八七年十二月　連續三年擔任FAPA副會長，獲彭明敏會長頒發「台灣人社會特殊貢獻獎」。

一九八八年三月　台灣長輩會鶴園公寓落成，接受洛杉磯市議會的服務獎。

一九八八年五月　被亞太裔傳統委員會遴選爲亞太裔傳統週十年來最傑出的人才。

一九八八年五月三日　在白宮晉見雷根總統，接受Decade Award，並在國會議員的歡迎餐會中發表演講。

一九八八年六月　率領台美商會回國晉見李登輝總統。

一九八八年七月　成立北美台灣商會聯合會任創會第一任會長。

一九八八年十月二十日　在Biltmore Hotel接受第四屆南加州大學支持亞太裔學會的社區特別奉獻獎。

一九八八年十二月　受Santa Fe Springs市長Mr. Kernes頒優良市民獎。Long Beach雜誌譽王家爲One of the Best of Long Beach。

一九八九年四月　被美國民主黨全國委員會主席Ronald H. Brown聘爲財務委員。

一九八九年五月　被推出選爲FAPA代理總會長。

一九八九年六月　參加民主黨全國委員會的財務會議。

一九八九年七月　當選為FAPA總會長，移住華府辦公室。

一九八九年十二月　前往廈門大學訪問，追問「台灣自古屬於中國」一說之來源。

代表FAPA訪問日本國會談論台灣問題。

一九九〇年七月　被李總統聘任為國是會議代表。任台灣長輩會名譽會長。同年倡導組織「索拉茲眾議員之友會」。

一九九〇年十一月　擔任世華觀光會議LA地區會務委員。

一九九一年二月　得到長堤市第五十七屆模範家庭獎。

一九九一年五月　妻賽美得到台灣長輩會最傑出女性獎。

一九九一年十一月　六十歲生日，索拉茲眾議員特飛來洛杉磯慶祝。

一九九二年四月　促成洛杉磯台美商會與日本東京商工會議結盟姊妹會。

一九九三年一月　應邀參加第五十二任美國總統柯林頓及副總統高爾就職典禮。

一九九三年	應聘李登輝總統任命僑務委員。
一九九三年十一月	由台北的獅子會承辦首次在台灣舉辦台美基金會頒獎典禮。
一九九四年	被王又曾、高清愿及辜濂松聘爲第十九屆世界華商貿易會議顧問。
一九九四年二月	在台北成立「王桂榮台美文教基金會」。
一九九四年四月	到馬來西亞參加世界台灣商會聯合會的籌備會議。
一九九五年十一月	台美基金會再次在台北舉辦頒獎典禮。
一九九六年二月二十四日	被南加州聯合社團表揚爲楷模人士。
一九九六年	應聘世界台灣商會聯合總會顧問。
一九九七年三月二十七日	在USC（南加大）設立獎學金（Kenjohn Wang Scholarship）。
一九九七年十一月二十九日	台美基金會首次在外州舉行TAF頒獎典禮。
一九九八年二月	提供土地四萬平方英呎、建物二萬平方英呎做爲「台灣會館」之用。

一九九八年十月二十四日　獲國立中興大學南加州校友會選為傑出校友。

二〇〇一年六月八日　獲選為國立中興大學第五屆傑出校友，在台中母校接受表揚。

二〇〇一年八月十六日　由台灣團結聯盟黨主席黃主文聘為海外後援會榮譽召集人。

二〇〇一年九月二十二日　台聯祕書長蘇進強率團來洛杉磯，協助海外後援會正式成立。

二〇〇一年十一月一日　獲選為台北大學第一屆傑出校友，在三峽本校接受表揚。

二〇〇二年二月一日　次子政中被台聯徵召為立法委員。

二〇〇四年五月二十日　獲聘為總統府顧問。

二〇〇五年五月二十日　再度獲聘總統府顧問。

二〇〇五年七月十六日　台聯主席蘇進強率團來洛杉磯成立海外各地方黨部，以榮譽召集人促其成立。

二〇〇五年九月十日　獲華美博物館第九屆歷史締造者獎。

國家圖書館出版品預行編目資料

一位台美人的奮鬥傳奇：王桂榮回憶錄（增訂版）
/ 王桂榮著. -- 初版 -- 臺北市：遠流. 2005
〔民94〕
面；　公分. --（產業台灣：9）
ISBN 957-32-5686-X(平裝)

1. 王桂榮 ── 傳記

782.886　　94020383